ULTIMATIVE REISEZIELE *für* ZWEI

ULTIMATIVE REISEZIELE *für* ZWEI

Außergewöhnliche Erlebnisse und Abenteuer auf allen Kontinenten

MIKE UND ANNE HOWARD

NATIONAL
GEOGRAPHIC

INHALT

Vorhergehende Doppelseite: Sonnenuntergang über dem friedlichen Sambesi-Fluss in Sambia, kurz bevor er sich in die Victoriafälle ergießt

Von oben nach unten: Grevyzebra in Samburu, Kenia; Mönche in Chiang Mai, Thailand; Fischer in Canoa Quebrada, Brasilien; Bungalows in der Coron-Bucht, Philippinen; Franz-Josef-Gletscher, Neuseeland; Árbol de Piedra im Departamento Potosí, Bolivien

Von oben nach unten: Buddhistische Kunst auf dem Emei Shan, China; entspannte und fröhliche Bungalows auf Caye Caulker, Belize; pummelige Eselspinguine auf den Aitcho-Inseln, Antarktis; Tandem-Seilrutschen in Samaná, Dominikanische Republik; das salzverkrustete Tal des Mondes in der Atacama-Wüste, Chile; Gerätetauchen am Great Barrier Reef, Australien

Diani Beach, Kenia

> *»Reisen ist mehr als nur Sightseeing;*
> *es ist ein tiefer, permanenter Wandel*
> *der eigenen Sicht auf das Leben.«*
>
> MARY RITTER BEARD

EINFÜHRUNG

Auf unserem Weg zu einem der tiefsten Canyons der Welt über die kurvigen Straßen der Anden, im Zickzack Kühen ausweichend, erschien plötzlich eine Gruppe älterer Peruaner in der Mitte der Straße. Wir fuhren langsam weiter, da wir dachten, sie würden uns den Weg freimachen, aber stattdessen klopfte eine Frau in traditionell bestickter Kleidung an unser Autofenster. »Kommt, tanzt!«, sagte sie lächelnd zu uns auf Spanisch.

»Wir lassen euch nicht vorbei, ehe ihr nicht mit uns getanzt habt!« Mike und ich sahen uns an – dann stießen wir gleichzeitig die Autotür auf. Die feiernde Gruppe jubelte uns zu, und die aus Holz gemachten Instrumente der Musiker wurden lauter. Die Frau nahm unsere Hände und zog uns in einen Kreis sich drehender Frauen.

Wir drehten und drehten uns, warfen die Beine vor und zurück und schwangen unsere Hüften, bis schließlich der Schankmann an uns herantrat und uns ein überschäumendes Chicha-Bier eingoss. Wir prosteten beide unseren neuen Amigos mit einem begeisterten »Salud!« zu und tanzten mit ihnen Arm in Arm bis in die Dunkelheit, glücklich darüber, den berühmten Canyon nie erreicht zu haben.

Wie alles anfing

Als wir mit der Planung für unsere Flitterwochen begannen, schrieben wir als Erstes unsere Traumziele auf einen Zettel: Eisklettern in Patagonien, Wandern zum Machu Picchu, Tauchen am Great Barrier Reef, während der großen Wildtierwanderung auf eine Safari gehen … Für all unsere Wünsche war dabei kaum Platz, und es schien uns unmöglich zu sein, uns für eine Auswahl zu entscheiden. Mike fragte mich: »Was, wenn wir einfach überall hinfahren?« Ich konnte mir das nicht vorstellen und lachte über diesen Gedanken. »Nein, ernsthaft«, sagte er. »Wir sind gesund, haben ein paar Ersparnisse und uns – wann sollen wir die Welt entdecken, wenn nicht jetzt?«

Beim Tanzen mit neuen Freunden auf einem unerwarteten Straßenfest in Achoma, Peru

An diesem Abend nahm unser »HoneyTrek«, unsere Flitterwochenreise um die Welt, Gestalt an.

Während der folgenden 16 Monate sparten und recherchierten wir und bereiteten uns intensiv vor. Und dann, am 22. Januar 2012, flogen wir mit einem One-Way-Ticket von New York City in den Dschungel des Amazonas. Wir beide ließen unser Zuhause, unsere Jobs, unsere Familie und unsere Freunde zurück und taten den Schritt in das große Unbekannte. Während wir am Gate warteten, gingen uns sämtliche Ängste durch den Kopf: Was würde aus unserer beruflichen Karriere werden? Unseren Ersparnissen für den Ruhestand? Was, wenn wir krank würden, wenn man uns überfiele, oder noch viel schlimmer, wenn wir verrückt würden, weil wir ununterbrochen zusammen wären? Es schien viele Gründe zu geben, besser zu Hause zu bleiben. Heute, nach unserer mehr als fünfjährigen Reise auf sieben Kontinenten, können wir aber Millionen Gründe nennen, weshalb die Entscheidung zum Aufbrechen die beste war, die wir jemals getroffen haben.

Wir haben Tee mit einem laotischen Medizinmann getrunken, sind im Marlborough-Weingebiet auf einer Traubenerntemaschine gefahren, haben bei einer Initiationszeremonie der Xhosa getrommelt, mit einer Geisha in Kanazawa Freundschaft geschlossen, improvisierten Englischunterricht in einem Hmong-Dorf gegeben und eine Herzlichkeit durch fremde Menschen erfahren, die uns im tiefsten Inneren berührt hat. Keines dieser Erlebnisse war Teil unserer ursprünglichen Reisewunschliste, aber sie gehören zu unseren schönsten und unvergesslichsten Erfahrungen.

Der erste Schritt ist, sich in die Welt hinauszubegeben, sei es für zwei Wochen oder für zwei Monate. Und selbst wenn ihr es nicht bis zum tiefsten Canyon der Welt schafft, werden euch auf eurer Fahrt trotzdem grandiose Dinge begegnen.

Abenteuerreisen für Paare

Es gibt viele Bücher darüber, wie man richtig romantisch reist, in denen Orte mit exquisiten Candle-Light-Dinnern, Paarmassagen und seidiger Bettwäsche beschrieben werden. Natürlich mögen auch wir solche Dinge, aber unauslöschliche Erinnerungen gehen tiefer als ein paar Nächte in einem luxuriösen Hotel. Wenn man eine unberührte Strandbucht, einen überwucherten Tempel oder einen Wasserfall mitten im Wald entdeckt und der einzige Mensch außer einem selbst der ist, den man liebt, ist das süßer als Pralinen auf einem Kopfkissen.

Die Abenteuer in diesem Buch sind auch großartig für Alleinreisende, aber dazu wurde schon mehr als genug veröffentlicht. Dieses Buch betrifft euch, eure Liebe zum Reisen und eure Liebe zueinander. Es handelt davon, Beziehungen durch Handlungen zu vertiefen und das Abenteuer zu einem Teil eures Lebens zu machen.

Wenn ihr Reiseerlebnisse teilt, die nur schwer in Worte zu fassen sind, dann verbindet euch das. Dinge, die ihr anderen Menschen nicht wirklich erklären könnt, versteht euer Partner umgehend, ein Geräusch, ein Aroma oder das Zuwerfen eines flüchtigen Blicks. Selbst missliche Lagen werden zu schönen Erinnerungen: so wie einmal, als unser Bus in Mosambik eine Panne hatte und wir eine Mitfahrgelegenheit auf einem Bananenlaster erhielten, oder ein anderes Mal, als wir auf dem Mount Kenya eine falsche Abzweigung nahmen und von bewaffneten Rangern wieder hinauseskortiert wurden; oder als wir in Norwegen eine Einladung zum Abendessen annahmen, bei dem uns ein Schafskopf mit Augäpfeln serviert wurde (und Gott sei Dank auch Aquavit).

Gemeinsam neugierig sein, Träume verwirklichen und das Leben hochleben lassen – das ist die ultimative Reise für zwei.

Mit Herz und Verstand

Wir sind »Serienabenteurer«, wollen ständig etwas Neues sehen und erleben. Nach unzähligen Exkursionen auf dem Globus können wir aber sagen, dass die Momente unwillkürlichen Eintauchens, in denen wir ziellos durch Seitenstraßen geschlendert sind, mit einem Obstverkäufer geplaudert, an einem spontanen Volleyballspiel teilgenommen oder den Abend im Zuhause eines Einheimischen verbracht haben, den Weltwundern gleichkommen.

Menschen wie das Paar aus Peking, das wir auf dem Weg zur Chinesischen Mauer getroffen haben, oder die Rastafari an den Victoriafällen haben jeden Ort zu etwas Besonderem gemacht. Wir hatten rührende Begegnungen auf der ganzen Welt, aber wir wissen, dass sie nicht nur glücklichen Zufällen zuzuschreiben waren: Wir lernen immer einige Wörter der Landessprache, um die Menschen, die unseren Weg kreuzen, zu grüßen (und wenn ihr einer türkischen Großmutter sagen könnt, dass ihr Essen *lezzetli* – köstlich – ist, habt ihr eine Freundin fürs Leben). Wir sind raffinierter geworden, sind unserem Instinkt gefolgt und haben versucht, jeder Situation mit einem offenen Lächeln zu begegnen.

Eine künstlerische Interpretation unserer ursprünglich geplanten Flitterwochen um die Welt

Weniger planen, mehr erleben

Lasst auf eurer Reise Platz für unerwartete Gelegenheiten. Ob nun eine lokale Feierlichkeit stattfindet, ein religiöses Ritual am Fluss vollzogen wird oder ein Spanferkel auf dem Dorfplatz gegrillt wird – ihr wollt dabei sein. Wenn die Urlaubszeit begrenzt ist, ist es verlockend, jede Minute zu organisieren. Und obwohl etwas Planung natürlich notwendig ist, solltet ihr euch auch entspannen und vom Rhythmus eines Ortes mittragen lassen. Lasst ihn sich euch gegenüber offenbaren, und die daraus entstehenden Momente werden für euch vielleicht zur Hauptattraktion.

Den öffentlichen Bus gemeinsam mit Massai-Kriegern zu nehmen, Enchiladas an einem Marktstand zu essen oder in einem buddhistischen Kloster zu übernachten – all dies sind wertvolle Erfahrungen, die kaum Geld kosten. Opfert ein paar eurer Annehmlichkeiten und folgt dem Beispiel der Einheimischen. Das ist nicht nur günstig, sondern noch viel mehr: authentisch.

Eine so ungeplante Herangehensweise erscheint manchen vielleicht riskant, aber auf unseren ewigen Flitterwochen wurden wir nie ernsthaft krank, überfallen oder verletzt. All das Streetfood, die mit Hühnern beladenen Busse und die Unterkünfte am Straßenrand, mit denen wir in Berührung kamen, sind wohl Beweis genug, dass die Welt nicht so gefährlich ist, wie man glauben könnte. Natürlich ist es sicherer, einfach zu

Straße nach El Chaltén, wo sich Patagoniens ikonischer Fitz Roy befindet

Hause zu bleiben, aber so bereichernde Erlebnisse zu verpassen, ist wohl die weitaus größere Gefahr.

Was ihr in diesem Buch findet

Wenn wir nach unserem Lieblingsort gefragt werden, antworten wir immer: »Welche Art von Ort gefällt dir denn?« Wir waren an über 500 und haben jeden davon aus anderen Gründen geliebt. Wenn ihr uns aber sagt, dass ihr ein Strandliebhaber oder Bergsteiger seid, können wir euch eine ideale Antwort geben. Wir haben dieses Buch nach genau diesem Prinzip aufgebaut. Wir möchten, dass ihr Ziele gemäß euren Leidenschaften, aber auch neue Abenteuer entdeckt. Große Städte lassen wir dabei aus, da ihr sie alle schon kennt, und obwohl wir einige bekannte Sehenswürdigkeiten wie Angkor Wat und das Urubamba-Tal einschließen, zeigen wir euch vor allem neue, überraschende Perspektiven (habt ihr jemals die mit Eiszapfen verkrusteten Niagarafälle gesehen? Wusstet ihr, dass es mehr als einen Inka-Pfad nach Machu Picchu gibt?).

Um sicherzustellen, dass wir reisenden Paaren die besten Ziele vorstellen und die nützlichsten Tipps geben, haben wir elf unserer liebsten Globetrotter-Paare hinzugezogen und sie gebeten, uns ihre Lieblingsorte und praxiserprobten Tipps zu verraten. Jedes dieser Kapitel beinhaltet Empfehlungen eines »Power-Paars«. Damit ihr es wisst: Bei den Tausenden Orten,

Begegnung mit einer Elefantenfamilie in Samburu, Kenia

Abschied von unserem Appartement in Hoboken, New Jersey

die wir besucht haben, könnt ihr euch auf eine gute Auswahl verlassen. Als wir mehr Roadtrip-Vorschläge gebraucht haben, haben wir Lisa Gant und Alex Pelling von 2people1life gefragt, die auf 150 000 zurückgelegte Meilen und 70 durchquerte Länder zurückblicken. Unsere Gewährsleute sind die unerschrockenen Millennials Elayna Carausu und Riley Whitelum des beliebten YouTube-Kanals Sailing La Vagabonde, aber auch die erfahrene Kristin Henning und Tom Bartel mit ihrem Blog Travel Past 50. Ihr Background ist völlig unterschiedlich: von ausgezeichneten kanadischen Reisejournalisten über nomadische Haussitter aus Australien bis hin zu amerikanischen TEDx-Sprechern – ihnen verdanken wir Reiseinspirationen für jedes Paar.

Das hier ist kein typischer Standardreiseführer. Wir möchten für euch den essenziellen Charakter jedes Ortes herausarbeiten und euch damit beeindrucken. Wir ergänzen die Beschreibungen um Entdeckungen abseits konventioneller Pfade, um ausprobierte und für gut befundene Aktivitäten und um ein paar Dinge, für die wir selbst unbedingt zurückkehren wollen. Wir teilen mit euch Geheimtipps, vergnügliche Fakten und

Geschichten »hinter den Kulissen«. Ihr werdet von Reisepannen lesen, von komischen Begegnungen, von berührenden Momenten und etwas über das wirkliche Leben »on the road« erfahren.

Lasst die Reise beginnen

Dieses Buch widmen wir allen, die große Träume haben. Die meisten der vorgestellten Orte sind weit entfernt, und allein der Gedanke an manche Aktivitäten macht euch vielleicht nervös. Dieses Buch ist nicht für den Durchschnittstouristen bestimmt, sondern für solche wie euch, die wagemutig, wissbegierig und bereit für eine Herausforderung sind. Und weil wir das an euch schätzen, halten wir auch einige der dekadentesten und luxuriösesten Erfahrungen für euch bereit, um euren Abenteuergeist zu belohnen. Unser Ziel ist es, eine Balance zu finden, damit ihr nicht nur entspannt, sondern auch gestärkt nach Hause zurückkehrt. Indem wir unsere Geschichten mit euch teilen, verraten wir euch unsere Geheimnisse, in der Hoffnung, dass sie eure eigenen Entdeckungsreisen inspirieren, die ihr eines Tages vielleicht mit uns teilen werdet.

ARKTISCHER

West-grönland
Grönland
170

Norwegische Fjorde
Norwegen
136

Churchill
Kanada
96

Nordküste
Irland und Nordirland 208

Olympic-Halbinsel
Vereinigte Staaten
188

Oberes Mittelrheintal
Deutschland
56

Gent
Belgien
116

Mount Rainier
Vereinigte Staaten
34

Zentral-Vermont
Vereinigte Staaten
172

Lauterbrunnental
Schweiz
32

Moab
Vereinigte Staaten
142

N O R D -

Niagarafälle
Vereinigte Staaten und Kanada
174

A M E R I K A

Der Südwesten
Vereinigte Staaten
206

Sintra
Portugal
118

Kaua'i
Vereinigte Staaten
66

Durango
Mexiko
148

North Eleuthera
Bahamas
68

A T L A N T I S C H E R
O Z E A N

Guanajuato
Mexiko
114

Westkuba
Kuba
214

Samaná
Dominikanische Republik
78

Mesoamerikanisches Riff
Belize
126

St. Lucia
Kleine Antillen
190

Monteverde
Costa Rica
186

Tortuguero
Costa Rica
100

ÄQUATOR

Galapagos
Ecuador
84

Vulkan-straße
Ecuador
212

Yasuní
Ecuador
192

Manaus
Brasilien
194

Jericoacoara
Brasilien
150

P A Z I F I S C H E R
O Z E A N

S Ü D -
A M E R I K A

Urubamba-Tal
Peru
38

Titicacasee *Bolivien und Peru*
52

Legende

- ■ Berge
- ■ Seen, Flüsse & Wasserfälle
- ■ Strände & Inseln
- ■ Auf Safari
- ■ Geschichte & Architektur
- ■ Auf See
- ■ Wüsten & Dünen
- ■ Schnee & Eis
- ■ Dschungel & Regenwald
- ■ Roadtrips
- ■ Übernatürliches

Departamento Potosí
Bolivien
220

Atacama-Wüste
Chile
154

Iguazú-Fälle
Argentinien und Brasilien
46

Los Glaciares
Argentinien
174

Torres del Paine
Chile
40

Antarktische Halbinsel
Antarktis
160

A

A N

OZEAN

Tromsø
Norwegen
166

EUROPA

ASIEN

Zentralgeorgien
Georgien
210

Kappadokien *Türkei*
108

Pamukkale *Türkei*
224

Kykladen
Griechenland
135

Ladakh *Indien*
230

Annapurna
Sanctuary
Nepal
24

Emeishan
China
28

Wulingyuan *China*
234

Fenghuang *China*
112

PAZIFISCHER
OZEAN

Bagan
Myanmar
106

Nam-Ou-Flusstal *Laos*
60

Inle-See
Myanmar
48

Siem Reap
Kambodscha
232

Mũi Né
Vietnam
144

Cordillera Central
Philippinen
26

Nördliches Palawan *Philippinen*
130

Khao Sok
Thailand
182

Mekong-Delta *Vietnam*
58

AFRIKA

Railay
Thailand
74

ÄQUATOR

Tioman *Malaysia*
76

Samburu *Kenia*
94

Virunga-
Vulkane
Ruanda
36

Kraterhochland *Tansania*
92

Sansibar *Tansania*
72

Zentral-Flores
Indonesien
222

Komodo
Indonesien
132

Südluangwa *Sambia*
98

INDISCHER
OZEAN

Top End
Australien
86

Daintree
Australien
180

Livingstone
Sambia
54

Wüste
Namib
Namibia
152

Kruger
Südafrika
88

AUSTRALIEN

Westkap
Südafrika
200

0   2000 km

Rotorua
*Neu-
seeland*
228

Westland
Neuseeland
162

Tasman
District
Neuseeland
124

Südinsel
Neuseeland
202

ANTARKTIS

Uyuni Salt Flats, Bolivien

REISESTIL

Jeder hat eine individuelle Art zu reisen. Wenn man zu zweit unterwegs ist, bedarf es also etwas Feingefühl, um seine unterschiedlichen Bedürfnisse miteinander zu vereinbaren. Findet eure Gemeinsamkeiten. Lasst euch auf die Leidenschaften eures Partners ein – ihr könntet Gefallen daran finden. Besiegt Ängste, denn ihr seid zusammen. Eure Traumziele zu entdecken, das richtige Maß an Aktivität zu finden und jedem Tag Romantik zu verleihen, ist der goldene Mittelweg zu eurem absoluten Reiseglück.

REISEZIELE WÄHLEN

»Was erwarten wir von unserem nächsten Urlaub?« ist eine Frage, über die viele Paare nicht nachdenken. Fast immer geht es bei der Planung vorrangig darum, ein Reiseziel zu bestimmen – der Gedanke, was diese Region eigentlich zu bieten hat, spielt erst später eine Rolle.

Sprecht stattdessen darüber, was ihr von eurer Reise erwartet, und lasst euch davon leiten. Bevor ihr euch wie selbstverständlich auf einen Ort fixiert, von dem alle schwärmen, oder einfach nur dorthin zurückkehrt, wo es euch schon in der Vergangenheit gefallen hat, fragt euch: »Möchten wir neue Kulturen entdecken? In der Wildnis wandern gehen? Auf das Meer hinaus fahren? Eine Fertigkeit verfeinern? Oder etwas ganz Neues versuchen?«

Schreibt alle eure Ziele auf und erkennt eure Gemeinsamkeiten. Findet die Orte, die euren Wünschen entsprechen, als Individuum, aber auch als Paar. Diese einfache Übung, eure Gedanken niederzuschreiben und sie miteinander zu vergleichen, wird nicht nur die Vorfreude auf eure Reise erhöhen und eine Entscheidungshilfe sein, sondern auch eine Chance, etwas Neues übereinander zu lernen.

Abenteuerlich sein

Ihr werdet nicht jünger. Reist deshalb weiter und länger, wandert höher, taucht tiefer und unternehmt jetzt, so viel ihr könnt. Als wir die Ziele für unsere Flitterwochen um die Welt ausgesucht haben, war unsere Philosophie, Orte zu besuchen, die zu weit entfernt für einen einwöchigen Urlaub und zu rau sind, um sie mit knackenden Knien bewältigen zu können. Eine 153 Kilometer lange Rundwanderung zum Annapurna-Basislager, wobei wir in einfachen himalayischen Teehäusern übernachtet haben, war eines unserer besten Abenteuer. Aber hätten wir das ein oder zwei Jahrzehnte später genauso empfunden oder gar in die Tat umgesetzt?

Fragt euch: »Wo liegen meine Grenzen, und welche Abenteuer finden sich dort?« Egal, wie alt ihr seid, es ist nie zu spät, sich auf den Weg zu machen. Je mehr Zeit vergeht, desto mehr werdet ihr auf Komfort Wert legen und desto unwahrscheinlicher wird es sein, dass ihr die unberührten, wilden Ecken der Erde erreicht. Fordert euch selbst heraus und verlasst die federweichen Touristenpfade, bevor euch irgendetwas vom Gegenteil überzeugt.

Faulenzen in der Casa Lucila in Mazatlán, Mexiko

Zieht Entwicklungsländer in Betracht

Wir lieben Städte von Weltrang – ihr werdet sie in diesem Buch nur nicht finden. Wir müssen euch nicht sagen, wie großartig Paris oder Kyoto sind. Und diese Städte werden auch immer eine Option bleiben: Die meisten schützen sorgfältig ihr historisches Erbe, bieten westlichen Komfort und eine gute Infrastruktur. Man kann sie auch leicht später im Leben besuchen – sie werden ähnlich, wenn nicht sogar noch besser ausgebaut sein. Der Inle-See oder die Vulkanstraße dagegen verändern sich schnell. Sie sind reif für das Abenteuer, reich an Kultur und noch unberührt vom Massentourismus. Um sie noch in dieser Form zu erleben, ist jetzt der richtige Zeitpunkt.

Entwicklungsländer sind auch unglaublich erschwinglich. Ein durchschnittliches Drei-Sterne-Hotel in Hanoi kostet zwei Drittel weniger als in London. Also lasst euch nicht durch den Flugpreis davon abhalten, weit entlegene Orte zu besuchen. Solche Reisen sind am Ende oftmals günstiger als vermutet, und ihr werdet sie in Zukunft vielleicht nicht mehr auf dieselbe Art erleben können.

Reiseziele für euer Budget

Wenn es einen Ort gibt, den ihr unbedingt erleben wollt, dann los! Einmalige Erfahrungen wie Paragliding über den römischen Ruinen von Pamukkale oder Tau-chen zwischen Wracks aus dem Zweiten Weltkrieg auf den Philippinen sind jeden Cent wert. Das alte Sprichwort ist wahr: »Reisen ist die einzige Investition, die reicher macht.« Bevor ihr euch durch finanzielle Überlegungen abschrecken lasst, erinnert euch, dass es für jeden Ort Möglichkeiten gibt, ihn bezahlbar zu machen. Betrachtet nichts von vornherein als ausgeschlossen – im Kapitel »Smartes Reisen« (S. 239) findet ihr Tipps dazu, wie ihr die Kosten für euren Traumurlaub senken könnt.

Man kann zwar ständig versuchen, seine Reisekosten durch geschickte Deals zu reduzieren, aber es ist gut zu wissen, dass einige Orte grundsätzlich günstiger sind. Mittelamerika, Osteuropa und Südostasien gehören zu den Regionen der Welt, in denen ein kleines Budget keine geringere Qualität bedeutet. Reist also in Länder, die eure Ausgaben in Grenzen halten, euch aber unbezahlbare Erlebnisse ermöglichen.

Sicherheit

In den meisten Fällen ist euer Wunschziel wahrscheinlich sicher, aber es ist trotzdem klug, sich über die aktuelle Lage zu informieren. Besucht hierzu die Website des Auswärtigen Amts, lest die lokalen Nachrichten und konsultiert Reiseforen (bleibt dabei aber kritisch), um zu entscheiden, ob der richtige Zeitpunkt für eure Reise jetzt oder lieber später ist.

AUSGEWOGENES REISEN

Reisen ist eine Gelegenheit, Interessen zu entdecken. Versucht einen neuen Wassersport, übt eine Sprache, macht einen traditionellen Kochkurs, besteigt einen Vulkangipfel und unternehmt alles, was zu Hause nicht möglich ist. Die ganze Welt steht euch offen, um das Passende für euch auszuwählen. Wenn ihr Trekking liebt, besteigt den Himalaya, aber belasst es nicht dabei: Reist weiter zu den mittelalterlichen Städten, den weltberühmten Stromschnellen und den Regenwäldern am Fuß des Gebirges, in denen Nashörner leben.

Für uns ist Reisen eine Chance, die exotischen Schätze eines anderen Landes und seine kaum bekannten Vergnügungen zu entdecken. Lasst alles aus, was ihr an jedem Tag eures Lebens tun könnt (wie beispielsweise einen Burger am Pool zu essen), und fordert euch zu neuen Erfahrungen heraus, wie türkische Meze in einer byzantinischen Höhle zu genießen oder Fassbiere in einem Zisterzienserkloster zu kosten.

Eindrücke gewinnen

Esst an den Straßenständen einer Stadt, und ihr werdet verstehen, was die schicken Fusion-Restaurants zu ihren Geschmackskreationen inspiriert. Verbringt Zeit mit den Bergvölkern, um zu sehen, woher Boutiquen ihre Ethnomuster und viele ihrer Accessoires entlehnen. Stapft für ein paar Tage von Berghütte zu Berghütte durch den Schnee, und die Laken eines Hotels werden sich um ein Vielfaches weicher anfühlen. Wenn ihr eure Reise durch Gegensätze gestaltet – teuer bis günstig, von der Stadt auf das Land, Abenteuer und Entspannung –, wird dies einem Ort Charakter geben und die Reise bedeutungsvoller machen.

Lokale Kultur mit Luxus verbinden

In eurem Urlaub habt ihr euch ein kleines Verwöhnprogramm verdient. Feinschmeckermenüs, ein Zimmer mit Meerblick, Spabehandlungen und andere Annehmlichkeiten sollten daher nicht fehlen. Wir lieben Boutiquehotels im Stil der lokalen Kultur, die diese durch geschichtsträchtige Antiquitäten, traditionelle Menüs und kulturelle Elemente in jedem Winkel ihres Hauses zum Strahlen bringen. Genießt diese Traumwelt – lasst euch dadurch aber nicht davon abhalten, euch auch auf das Leben jenseits der Hotelanlage einzulassen. Schlendert ohne Reiseführer durch die Straßen und lasst euch ein paar Mahlzeiten in einem der einfachen Restaurants schmecken. Übernachtet einige Nächte in einer privaten, über Airbnb vermittelten Unterkunft. Zwar wird es dort weder eine Espressomaschine in eurem Zimmer noch einen Hotelpagen geben, aber die Authentizität und Herzlichkeit im Kontakt mit den Einheimischen ist ein unbezahlbares Upgrade.

Tibetische Mönche genießen das Gedong-Maskenfestival in Benzilan, China

Planung und Spontaneität

Gerade wenn unsere Urlaubszeit begrenzt ist, wollen wir das Beste daraus machen und so viele Aktivitäten wie möglich umsetzen. Von der Sorge geplagt, dass es am Reiseziel überfüllt sein könnte, buchen viele ihre Touren, Hotels und Transportmittel daher bereits im Voraus. Das ist vollkommen verständlich, und wenn ihr nicht auf bestimmte Aktivitäten verzichten wollt (vor allem während der Hochsaison), ist es tatsächlich ratsam, diese vor dem Beginn der Reise zu buchen. Trotzdem solltet ihr es, wann immer es geht, ganz anders machen:

- Es ist oft günstiger und besser für die lokale Wirtschaft, vor Ort zu buchen.
- Viele der authentischsten Angebote findet ihr zwar nicht online, bei eurer Ankunft werden sie euch aber gleich auffallen.
- Man kann wetterabhängige Aktivitäten präzise planen.
- Örtliche Veranstaltungen, Festivals oder Einladungen ergeben sich oft unerwartet, und ihr wollt sie nicht wegen einer Reservierung verpassen.

Setzt die Aktivitäten, die euch besonders wichtig sind, in die Tat um, aber lasst Raum für spontane Gelegenheiten, die sich ergeben.

Die Balance finden

Oft kommen Reisende völlig geschlaucht wieder nach Hause und sagen: »Ich brauche Erholung von meinem Urlaub.« Obwohl wir finden, dass das besser ist, als zu sagen: »Wir haben Sonnenbrand und fünf Kilo durch das Buffet zugenommen«, möchten wir euch helfen, eine gute Balance zwischen Abenteuer und Entspannung zu finden. Verteilt eure Unternehmungen über mehrere Tage und Wochen, statt unter dem Druck zu stehen, von morgens bis abends aktiv sein zu müssen.

Spaziert an einem Tag bei Sonnenaufgang durch die Straßen und beobachtet, wie die Läden öffnen und der Ort langsam zum Leben erwacht. Unternehmt ein oder zwei Dinge und entspannt euch dann bei einer Nachmittagssiesta, um euch abends mit frischer Energie in das Nachtleben zu stürzen. Wenn ihr einen Ort zu verschiedenen Tageszeiten erlebt, erhaltet ihr eine ganzheitliche Perspektive darauf.

Sucht euch nach einem abenteuerlichen Tag eine gemütliche Bank auf dem Dorfplatz oder entspannt euch in einem Café. Leute zu beobachten und mit Einheimischen ins Gespräch zu kommen, sind stark unterschätzte Reiseaktivitäten, obwohl sie kulturell viel aufschlussreicher sein können als der Besuch eines Museums. Beendet jeden Tag damit, den Sonnenuntergang zu bestaunen und eure Zweisamkeit ausgiebig zu genießen.

REISEN ALS PAAR

Ein afrikanisches Sprichwort sagt: »Wenn du schnell gehen willst, dann geh allein. Wenn du weit gehen willst, dann geh zu zweit.« Der gesamte Ablauf einer Reise wird euch in vielerlei Hinsicht verbinden, angefangen beim Sammeln eurer Traumziele und dem Herausarbeiten einer Route. Ankommen in einem fernen Land, sich zurechtfinden in der Fremde und Erfahrungen machen, die ihr euch niemals erträumt hättet. All das sind Errungenschaften, auf die ihr gemeinsam anstoßen könnt.

Ein exotisches Umfeld ist romantisch, aber auch herausfordernd. Abgesagte Touren, Magenschmerzen, schlechtes Wetter oder das Verlaufen im Städtedschungel sind alles andere als traumhaft. Es ist wichtig, mit derlei Hindernissen umgehen zu können, um hinterher wieder in gewohnter Weise Spaß zu haben.

Kompromisse schließen

Legt eure Reiseroute gemäß euren gemeinsamen Interessen fest. Dadurch ist eure Ferienzeit wahrscheinlich schon ausgefüllt. Wenn eure Wünsche aber stark auseinandergehen, dann seid trotzdem empfänglich für die Vorstellungen des anderen. Eurem Partner durch Taten zu zeigen, dass euch seine Wünsche wichtig sind, bedeutet mehr als alle Worte. Wechselt eure Unternehmungen bezüglich eurer Vorlieben ab. Ein Abend bei einem Fußballspiel ist eine faire Gegenleistung für einen Opernbesuch. Erinnert euch beim ersten Murren liebevoll daran, dass Reisen bedeutet, Neues zu versuchen.

Zeit getrennt voneinander verbringen

Es ist ganz natürlich, unterschiedliche Interessen zu haben – widmet euch also ohne schlechtes Gewissen einigen davon allein. Reisen ist eine wunderbare Gelegenheit zur Selbstreflexion, und es tut jedem gut, sich selbst Freiraum zu schaffen. Nehmt euch einen Tag oder Nachmittag Zeit dafür, getrennt das zu tun, wonach euch der Sinn steht. Und, wie man zu sagen pflegt: Abwesenheit steigert die Zuneigung – besonders, wenn ihr dem anderen am Ende des Tages eine spannende Geschichte erzählen könnt.

Wildes Campen am Lake Alexandria, Neuseeland

Die Dinge nehmen, wie sie kommen

Urlaub ist für die meisten von uns die »perfekte« Flucht (hat hier jemand »Paradies« gesagt?). Wenn also etwas schiefläuft, überfordert uns das oft, weil wir nicht damit rechnen. Um solche Situationen zu vermeiden, akzeptiert einfach, dass nicht immer alles nach Plan läuft, und beschließt gemeinsam, schnell darüber hinwegzukommen. Wenn unvorhersehbare Geschehnisse eure Pläne durchkreuzen, dann haltet Ausschau nach anderen Möglichkeiten, die vielleicht sogar besser sind. Und wenn das nicht der Fall ist, nehmt es mit Humor – all das gehört zum Reisen.

Seid vorbereitet

Hunger, Hitze und ein leerer Handyakku sind Streitauslöser. Indem ihr bestimmte Vorkehrungen trefft, etwa Proviant, Wasser und ein Ladegerät mitnehmt, könnt ihr solchen Problemen vorbeugen. Aber wenn wirklich einmal alles schiefgeht, geht in euch und versucht gelassen zu bleiben – wütend zu werden, wird euch nicht helfen. Attackiert euch nicht gegenseitig wegen Dingen, die einfach durch das Essen eines Müsliriegels gelöst werden können, und verwechselt momentane Launen nicht mit wahren Gefühlen.

Zeit zum Nichtstun

In unserem Überschwang, so viel wie möglich zu unternehmen, gehen die kleinen Dinge oft unter. Vergesst eure Reiseroute für ein oder zwei Tage: Nehmt euch an der Hand, schlendert durch hübsche Alleen, folgt dem Duft frischer Backwaren, stöbert in Antiquitätenläden und unterhaltet euch mit den Einheimischen, denen ihr auf eurem Weg begegnet. Manchmal ist es auch wichtig, nicht zu sprechen. Schlaft euch aus, frühstückt im Bett und seht euch ein paar Momente länger in die Augen.

Wie ihr eurer Reise Romantik verleiht

Tanzende Polarlichter am Himmel über euch, ein minutenlanger Sonnenuntergang am Meer, in Nebel gehüllte uralte Tempel – Reisen ist eine Zeit, in der Romantik endlich einmal Platz hat. Unfassbare Naturschönheiten und eure Urlaubsstimmung machen euch unabhängig von üppigen Fünf-Gänge-Menüs oder termingebundenen Theaterkarten. Ein paar aufmerksame Gesten und einfache Überraschungen können für euch jeden Ort zu etwas Besonderem machen. Wenn ihr auf der Suche nach Romantik seid, dann werdet ihr an folgenden Tipps Gefallen finden ... Und vergesst nicht, euch zu küssen:

- Packt Duftkerzen, Massageöl und Schaumbad ein.
- Esst Dessert überall, nur nicht am Tisch.
- Schaut in einer Hängematte für zwei in den Sternenhimmel.
- Plant ein Date, aber haltet die Details geheim.

WÄHLT EIN ABENTEUER

Dieses Buch ist keine Standardanleitung zur Gestaltung eurer Reise, sondern es ist voll mit einzigartigen Erlebnissen. Findet die Aktivitäten, die euer Herz höher schlagen lassen – Hundeschlittenfahren, Ultraleichtfliegen, Wracktauchen, Eisbärensafaris –, und findet heraus, wo in der Welt ihr sie verwirklichen könnt. Blättert einfach zu der entsprechenden Seite; vielleicht stoßt ihr auf ein Land, von dem ihr immer geträumt habt, oder auf ein Reiseziel, das euch völlig neu ist. Seid offen, frönt eurer wilden Seite und lasst euch vom Abenteuer leiten. Und wenn ihr euch jemals mit Altem zu langweilen beginnt, dann schlagt diese Seite auf und verleiht den Dingen wieder Würze:

Gegenüberliegende Seite: Antreiben eines Schlittenhundegespanns auf Tromsøya, Norwegen

Torres del Paine, Chile

»Nun sind wir in den Bergen und sie sind in uns,
sie entfachen Leidenschaft, bringen jeden Nerv zum Zittern,
sind in jeder Pore und Zelle unseres Körpers.«

JOHN MUIR

Kapitel eins

BERGE

Berge, die sich am Horizont erheben, sind unbeschreiblich faszinierend. Wege führen über sie in alle Richtungen: an einem Fluss entlang, durch einen Wald oder in ein Tal hinab. Jeder davon ist ein Abenteuer für sich. Entscheidet euch für den Aufstieg auf einen 6000 Meter hohen Gipfel, und die Landschaft verändert sich vom tropischen Regenwald mit turnenden Affen zu hängenden Gletschern, wo Schneeleoparden lauern. Ein altes Steinaquädukt führt euch zu einer verlorenen Zivilisation und Relikten der Vergangenheit.

Eure Muskeln, eure Atemzüge und euer Wille tragen euch in ungeahnte Höhen, und ihr befindet euch in einem Amphitheater aus zerklüfteten Felsen. Lehnt euch zurück und fühlt, was ihr geleistet habt, oder steigt weiter hinauf – der Gipfel ist für viele Abenteurer der heilige Gral. Berge gelten über viele Kontinente und Kulturen hinweg seit langer Zeit als Heiligtum und werden vielfach bis heute verehrt. Man kann in China Trekking von Tempel zu Tempel machen, zu den Klippenaltären in Peru wandern oder den eigenen spirituellen Ort in Patagonien finden. Wandert, klettert, entdeckt Höhlen, macht Paragliding oder fahrt Kajak – aber macht euch auf den Weg. Die Berge rufen.

ANNAPURNA SANCTUARY

Nepal

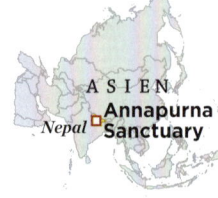

ASIEN
Nepal □ **Annapurna Sanctuary**

Wenn acht der zehn höchsten Berge der Erde sich in einem einzigen Land befinden, sollte man entweder den großen Schritt wagen oder nach Hause fahren. Betretet das Herz des Himalaya über den schmalen Pass zwischen dem Machapuchare und dem Hiunchuli. Folgt dem Weg entlang dem Gletscherfluss Modi Khola in den Ring aus 6000 Meter hohen Gipfeln am Annapurna-Basislager (ABL). Während ihr über 2100 Meter Höhenunterschied von rosa Rhododendronwäldern in eisiges Gebirge aufsteigt, offenbart sich euch eine erstaunlich vielfältige Landschaft. Die alten Fußpfade sind nicht nur für Trekker gedacht, sondern verbinden auch abgelegene Bergdörfer miteinander und erlauben einen Blick auf die traditionelle Gurung- und Magar-Kultur. Auf dem Weg zum ABL befinden sich in dichten Abständen Teehäuser, die hausgemachte Mahlzeiten, gemütliche Betten und alles anbieten, was ihr braucht, um die Campingausrüstung und das Überleben in der Wildnis für eine Nacht zu vergessen. Nach fünf oder sechs unvergesslichen Tagen werdet ihr das 4100 Meter hoch gelegene Basislager und das majestätische Panorama des Annapurna-Massivs erreichen. Erwacht während des Sonnenaufgangs über dem heiligen Gipfelring und fühlt, wie jeder Schmerz in eurem Körper sich in Luft auflöst.

BESTE REISEZEIT

Die Monate Oktober bis November sowie April bis Mai (mit Rhododendronblüte) bieten ideales Wanderwetter.

ÜBERNACHTEN

Jhinu Guest House: Einfach, aber in perfekter Lage nahe den heißen Quellen, die ihr nicht verpassen dürft. **Chomrong Cottage:** Westlicher Komfort einige Tageswanderungen weit im Himalaya mit einem Angebot an Schokoladenkuchen, Burritos und umwerfender Aussicht. *Hinweis:* In fast allen Dörfern auf dem Weg gibt es Teehäuser mit Buchungsmöglichkeit bei der Ankunft.

ROMANTIK

Packt eine kleine Flasche Massageöl ein. Abendliche Massagen werden für euch zu einem romantischen (und notwendigen) Ritual werden.

HONEYTREK-TIPP

Bucht euer Trekking nicht im Voraus bei einem westlichen Unternehmen. Tut dies lieber in der Annapurna-Trekkinghauptstadt Pokhara bei einem der vielen kompetenten einheimischen Fremdenführer zu einem Bruchteil des Preises.

Bad in den heißen Quellen von Jhinu am Modi-Khola-Fluss

ABENTEUER FÜR PAARE

Old Gurung Museum ▲

Für die einheimischen Gurung ist das Annapurna Sanctuary ein heiliger Ort, an dem hinduistische, buddhistische und animistische Götter wohnen. Besucht das Museum in Ghandruk, um etwas über die faszinierenden Traditionen der Einwohner und ihre überraschende Vergangenheit als furchtlose Kämpfer der britischen Armee zu erfahren.

Heiße Quellen von Jhinu ▲

20 Minuten entfernt vom Dorf Jhinu sammelt sich das Wasser natürlicher heißer Quellen in einem malerischen steinernen Becken dicht beim wasserreichen Modi-Khola-Fluss. Hier könnt ihr eure Muskeln nach einem anstrengenden Trekkingtag bei einem ausgiebigen Bad entspannen.

Abseits des Basislagers ▲▲

Gedenkt an der mit Gebetsfahnen geschmückten Stupa der abgestürzten Bergsteiger, streift über die felsigen Schafweiden, klettert über die steinige Moräne des südlichen Annapurna-Gletschers, spielt mit dem Personal

✦ Trekkingfutter: Dal Bhat

Das landestypische Gericht Nepals und euer ABL-Power-Food ist unbestritten Dal Bhat. Wörtlich übersetzt handelt es sich hierbei um eine einfache Linsen-Reis-Suppe, aber tatsächlich repräsentiert dieses Gericht durch seine Gewürzvielfalt und verschiedenen Gemüsecurrys unterschiedliche Regionen. Ingwer, Chilis, Tamarinde, Kurkuma und Mango-Pickle verleihen eurem Dhal Bat an jedem Tag eine andere Würze, aber eines bleibt immer gleich: Ihr könnt so viel essen, wie ihr möchtet. Nehmt also zwei- oder dreimal nach – ihr habt es euch verdient.

Eine klassische Portion Dal Bhat, Nachschlag garantiert

des ABL Volleyball und stoßt mit einem Glas Raksi auf eure Tagesleistung beim Trekking an.

Sonnenaufgang über dem Poon Hill ▲▲▲

Steht eine Stunde vor der Morgendämmerung auf, nehmt eine Mütze und Stirnleuchte mit und wandert von Ghorepani zum Poon Hill. Dann erlebt ihr, wie sich die Annapurna-Kette und das Dhaulagiri-Massiv von einer leuchtenden Silhouette in ein schneebedecktes Panorama rauer Gipfel verwandeln. Der etwa fünftägige Trek zum Poon Hill ist für sich allein genommen eine großartige Alternative zum ABL (ca. 10 Tage), wenn man weniger Zeit hat.

WAS ES AUF DIESEM KONTINENT NOCH ZU ENTDECKEN GIBT:

» Seen: Inle-See, Myanmar · S. 48

» Übernatürliches: Wulingyuan, China · S. 234

CORDILLERA CENTRAL
Philippinen

A S I E N **Cordillera Central**

Philippinen

Trotz ihrer beeindruckenden Größe ist es vielmehr die Tradition des Widerstands, welche die längste Gebirgskette Luzons so faszinierend macht. In einem Land, das von Spaniern, Amerikanern, Briten und Japanern besetzt war, gaben die Bewohner der Cordillera Central niemals ihren Lebensraum oder ihren traditionellen Lebensstil auf (auch wenn sie dafür zu brutaler Gewalt greifen mussten). Bei der Kultivierung ihrer steilen Hänge zu blühenden Reisterrassen während der letzten 2000 Jahre machten sie sich die natürliche Beschaffenheit der Landschaft zunutze und schufen von Hand ein Netzwerk aus Reisfeldern mit Mauern aus Stein und Ton, die durch den Regenwald bewässert werden und durch Treppen verbunden sind, die lang genug sind, um darauf den halben Globus zu umrunden. Die sich darin ausdrückende Harmonie zwischen Natur und menschlicher Zivilisation führte zu einer neuen UNESCO-Kategorie: Kulturlandschaften. Die einzelnen Gemeinschaften sind durch diese Agrargeschichte verbunden, unterscheiden sich über die Provinzen Kalinga, Mountain und Ifugao hinweg aber in ihrer Religion, Kunst und Kultur. Wandert zu den hängenden Särgen von Sagada, nehmt an einer Mondernte in Batad teil oder lasst euch eine Stammestätowierung in Buscalan machen. Was auch immer ihr in den Kordilleren unternehmt – es wird ein Abenteuer.

☒ BESTE REISEZEIT

April bis Juni und September bis November bleiben weitgehend regenfrei, während die Reisterrassen leuchtend grün sind und man die Ernte beobachten kann.

🏨 ÜBERNACHTEN

Native Village Inn: Traditionelle Strohhütten mit freundlichem Service und großartiger Aussicht auf die Reisterrassen von Banaue.
Misty Lodge: Gemütliche Holzzimmer und ein exzellentes Café in der friedlichen Umgebung des Urwalds direkt vor dem Dorf Sagada.

💚 ROMANTIK

Trinkt einen Nachmittagstee im Sagada Lemon Pie House. Die fröhliche gelbe Hütte mit hoher Decke, großen Fenstern und Sitzkissen auf dem Boden ist ein behaglicher Ort, um Süßigkeiten und Bergtee zu genießen.

✅ HONEYTREK-TIPP

Fahrt statt auf der überfüllten Sitzbank in einem Jeepney auf dessen geräumigerem Dach mit, um frische Luft zu atmen, eine umwerfende Aussicht zu genießen und mit den Einheimischen zu scherzen. Benutzt eure Jacke als Sitzkissen und haltet euch sehr gut fest.

Banaue, das Herz der Ifugao-Reisterrassen

Wanderpause über den Reisterrassen des Dorfes Batad

ABENTEUER FÜR PAARE

Reisterrassen-Trekking ▲▲▲

Wandert auf dem Awan-Igid-Pfad zwei Tage lang tief hinein in die Reisterrassen von Ifugao zu den traditionellen Dörfern Pula, Kambulo und Batad. Wenn eure Zeit knapp ist, beschränkt euch auf das spektakuläre Batad. Erkundet die ineinander verschachtelten Reisfelder, das Dorf mit seinen Stelzenhäusern und den 61 Meter hohen Tappiya-Wasserfall.

Stammestätowierungen in Buscalan ▲▲▲▲▲

Durch die kürzliche Auszeichnung der Tätowierkünstlerin Whang-od mit dem philippinischen National Living Treasures Award lebte diese 1000 Jahre alte Kalinga-Tradition in ihrem entlegenen Zuhause wieder auf. Seht Meistertätowierern dabei zu, wie sie mit in Tinte getränkten Dornen bei 100 Stichen pro Minuten Stammesmotive tätowieren, oder holt euch euer eigenes bleibendes Hautkunstwerk.

Hängende Särge des Echo-Tals ▲▲

Wenn ihr oberhalb der Marienkirche in Sagada entlang und von dort hinunter zum Aussichtspunkt lauft, seht ihr bemalte hölzerne Särge, die hoch in den Klippen

befestigt sind. Dieses beeindruckende Igorot-Bestattungsritual wird bereits seit zwei Jahrtausenden praktiziert.

Erkundung der Sumaguing-Höhle ▲▲▲

Folgt den unterirdischen Wasserfällen, die in einer Kalksteinkaverne Hunderte Meter hinabstürzen. Springt von Teich zu Teich, spielt mit Licht und Schatten, hangelt euch über unwirklich anmutende Felsformationen hinweg und erlebt eine der besten Höhlenwanderungen auf den Philippinen.

✣ Individualverkehr mal anders

Jeepneys findet man ausschließlich auf den Philippinen, und sie gehören zu unseren liebsten einheimischen Transportmitteln. Sie wurden aus Militärfahrzeugen konstruiert, die die USA nach dem Zweiten Weltkrieg zurückgelassen hatten. Seither haben sie sich zu Regionalbussen mit individuellem Flair entwickelt. Keine zwei Jeepneys gleichen einander – jeder ist durch den Kunstsinn, den Humor und die Angeberei seines Fahrers geprägt. Im Inneren sind oft Witze, Familienfotos, Flirtsprüche und Bibelverse zu sehen, und außen ist alles erlaubt, solange es Aufmerksamkeit erregt.

Philippinisches Transportmittel und kulturelles Symbol zugleich

WAS ES AUF DIESEM KONTINENT NOCH ZU ENTDECKEN GIBT:

» Auf See: Nördliches Palawan, Philippinen · S. 130
» Übernatürliches: Zentral-Flores, Indonesien · S. 222

Ankunft am Xixiang-Chi-Tempel nach einem Tag Trekking

EMEI SHAN
China

ASIEN

□ Emeishan

Wenn ihr jemals eine traditionelle chinesische Malerei mit Bergen im Dunst und gemeißelten Steintreppen, die zu roten Pagoden hinaufführen, vor Augen hattet, dann kommt der Emei Shan dieser Vorstellung ziemlich nahe. Dieser heilige Gipfel in Sichuan ist der Ort, an dem Bodhisattva Samantabhadra (Pŭxián) zur Erleuchtung kam und wo im 1. Jahrhundert einer der ersten buddhistischen Tempel Chinas erbaut wurde. Pilger und chinesische Touristen besuchen die Hauptmonumente in Scharen, aber jeder, der den 3050 Meter hohen Berg während eines zweitägigen Trekkings besteigt, um auf dem Weg seine 150 Klöster, Tempel und Pavillons zu bestaunen, wird um eine himmlische Erfahrung reicher. Auf eurem Weg durch die Bambuswälder, Teeplantagen und Kalksteinpässe werdet ihr fast im Stundentakt einen Tempel durch die Bäume blitzen sehen, der euch dazu einlädt, eine meditative Pause einzulegen und die religiöse Kunst darin zu bestaunen, sich durch Weihrauch benebeln zu lassen und euren Durst beim Klang von Mönchsgesängen zu löschen. Schließlich erreicht ihr euer Ziel, den »Goldgipfel«, eine Tempelanlage direkt auf den Klippen, wo ihr gemeinsam mit den ehrfürchtigen Besuchern die Magie dieses heiligen Ortes in euch aufnehmen könnt.

 BESTE REISEZEIT

März bis Mai mit angenehmen Temperaturen und der Azaleenblüte, September bis Oktober mit rot belaubten Ahornbäumen.

 ÜBERNACHTEN

Emeishan Hostel C: Ein schönes, englischsprachiges Basislager, bevor ihr zum Trekking aufbrecht, das auch die Aufbewahrung schwererer Gepäckstücke anbietet. **Kloster Hongchunping:** Einfache Unterkunft auf halber Höhe des Berges, die durch die sakrale Umgebung aufgewertet wird, in der Nähe des Hard Wok Café.

 ROMANTIK

Graviert eure Namen in ein Vorhängeschloss und befestigt es am Zaun des Qingyin-Pavillons als Symbol des Glücks und ewiger Liebe.

 HONEYTREK-TIPP

Wenn ihr die malerischste Route sehen wollt, dann lauft den Baoguo-Tempel-Pfad von seinem Westende hinauf. Plant zwei Tage für diesen 58 Kilometer langen Weg ein und verbringt am Ende eine Nacht auf dem Goldgipfel.

Schöner, aber schelmischer Tibetmakake

ABENTEUER FÜR PAARE

Baoguo-Kloster ▲▲
Verbringt eure erste Nacht in diesem buddhistischen Kloster am Fuß des Emeishan. Wacht beim spirituellen Gesang von Mönchen während ihres Sonnenaufgangs-rituals auf, wandelt durch die weitläufigen Bauten aus dem 17. Jahrhundert und ihre Gärten, deckt euch mit Trinkwasser ein und beginnt den Aufstieg!

Qingyin-Pavillon ▲
Nach elf Kilometern auf dem Baoguo-Tempel-Pfad erscheint ein roter Pavillon mit einem schwalbenschwanz-förmigen Dach, gewölbten Holzbrücken und üppigen Tannen zwischen zwei Wasserfällen vor uns. *Tipp:* Geht hinab zum Flussufer, um gute Fotos von diesem Kleinod aus der Tang-Dynastie zu machen.

Vom Niuxin-Pavillon bis zum Xianfeng-Tempel ▲▲▲
Biegt am Qingyin-Pavillon links ab, um auf den schönsten Abschnitt des Wanderwegs zu gelangen. Über die Klippenwege und Seilbrücken des Heilongjiang-Plankenwegs, vorbei an Rudeln von Tibetmakaken, erreicht ihr schließlich die taoistischen Jiu-Lao-Höhlen, den sehr gut erhaltenen Xianfeng-Tempel und dramatisch anmutende Kalksteinklippen.

Der Goldgipfel ▲▲
Durch seine Lage an einer steil abfallenden Klippe in etwa 3050 Metern Höhe ist die Anlage des Tempels aus dem 1. Jahrhundert der spirituelle und physische Höhepunkt der Wanderung. Erlebt, wie das Licht der untergehenden Sonne durch das glänzende Gold der Gebäude reflektiert wird, feiert bei einem deftigen Essen im Golden Summit Hotel, erwacht bei Sonnenaufgang und staunt über das Meer an Wolken über dem Tal.

✛ Abstecher: Flusskreuzfahrt auf dem Jangtsekiang

Da der drittlängste Fluss der Erde nur wenige Stunden von Emeishan entfernt ist, wollten wir unbedingt wenigstens einige seiner 6357 Kilometer befahren. Und wenn wir »befahren« sagen, dann sprechen wir von einem drei Deck hohen Flussschiff inklusive Karaokebar, vier elektrischen Mahjong-Tischen, 498 chinesischen Touristen und zwei Besuchern aus dem Westen. Eigentlich wollten wir die Schönheit der Drei-Schluchten-Region, ihre Bergpagoden und die einzigartige Geschichte dieser alten Handelsroute erleben, aber wir stellten fest, dass der Austausch mit den anderen Passagieren schon die halbe Miete war. Obwohl wir nur ein anderes Pärchen trafen, das Englisch sprach, gewannen wir durch Gesten, Qingdao-Bier und endloses Lächeln ein ganzes Schiff voller Freunde.

Spontaner Mahjong-Unterricht auf dem Jangtsekiang

WAS ES AUF DIESEM KONTINENT NOCH ZU ENTDECKEN GIBT:
» Flüsse: Nam-Ou-Flusstal, Laos · S. 60
» Geschichte: Fenghuang, China · S. 112

Hirtentradition

Beim Wandern durch Andendörfer mit ihren Häusern aus Stein, die durch offenes Feuer beheizt werden, fragten wir uns, ob sie sich je ändern würden. Die Bewohner wissen um die modernen Annehmlichkeiten der Vorgebirgsregion, aber dennoch wird hier seit Jahrhunderten eine einfache Lebensweise gepflegt. Wenn wir das nächste Mal das Heilige Tal durchwandern, dann hoffen wir, diesen jungen Hirten, der nachdenklich die majestätischen Berge betrachtet, als erwachsenen Mann zu treffen.

Ein junger Hirte in den Anden am Cachicata-Pfad, Peru

LAUTERBRUNNEN-TAL
Schweiz

EUROPA
Lauter-
brunnental
Schweiz

Wo den Berner Alpen 72 Wasserfälle entspringen und sich traditionelle Chalets mit Schnitzereien zwischen die
schroffen Felsen schmiegen, erscheint das Lauterbrunnental
wie ein Schweizer Märchen. Nur eine Stunde von der Adrenalin-
hauptstadt des Landes, Interlaken, entfernt, befinden sich
die Dörfer des Lauterbrunnentals in einem der tiefsten und
schmalsten Täler der europäischen Alpen sowie einem der größten Naturschutzgebiete der Schweiz. Sie sind durch Seilbahnen,
Bergbahnen und Fußwege miteinander verbunden, und ihre
Einwohner sind glücklich darüber, jenseits der Touristenpfade zu
leben (wenn sie nicht sogar extra dorthin gezogen sind). Indem
sie Entwicklungsprojekte wie Skiresorts und Straßenbau abge-
lehnt haben, haben sich viele Einheimische für einen unver-
fälschten Lebensstil entschieden, dem sie sich bei Chasselas
und Fondue hingeben. Eine alte Volksweisheit lautet: »Wenn
mich der Himmel enttäuscht, dann schicke mich zurück nach
Gimmelwald.« Unter den unzähligen idyllischen Dörfern befinden sich Mürren, Stechelberg und Lauterbrunnen mit der
4158 Meter hohen Jungfrau als luftigstem Nachbarn. Allein von
einem Bergdorf zum nächsten zu wandern, ist ein Erlebnis, aber
man kann mit Aktivitäten wie Paragliding, Basejumping und
anderen Aufregungen noch nachlegen.

✈ BESTE REISEZEIT
Im Mai ist das Tal ein einziges Blütenmeer,
und bis Oktober herrschen ideale Wander-
bedingungen.

🏨 ÜBERNACHTEN
Hotel Staubbach: Ein traditionelles Bed and
Breakfast in Lauterbrunnen mit großzügigen
Zimmern und deftigem Frühstück. **Hotel
Alpenruh:** In diesem mittelteuren Berghotel im
autofreien Dörfchen Mürren findet ihr sowohl
alpine Dörflichkeit als auch Zugang zu
Top-Abenteuern.

♥ ROMANTIK
Spielt James Bond und Bond-Girl bei Sonnen-
untergangs-Martinis im Drehrestaurant auf dem
Schilthorn. Wie in *Im Geheimdienst Ihrer Majes-
tät* gezeigt, bietet das Piz Gloria auch atemberaubende Aussichten auf die vielen Berggipfel
und schimmernden Gletscher.

✓ HONEYTREK-TIPP
Füllt eure Rücksäcke mit regionalen Köstlichkeiten für ein spontanes Picknick auf dem
Berggipfel. Ihr werdet so zum besten Mittags-
tisch-Preis in den Genuss der besten Aussichten der Schweiz kommen.

In den Dörfern im Lauterbrunnental steht die Zeit scheinbar still.

Stolze Hausbesitzer konkurrieren um den schönsten Garten.

ABENTEUER FÜR PAARE

Besteigung der Via Ferrata ▲▲▲▲
Rüstet euch in Mürren aus und steigt über Eisensprossen, Stifte, Leitern und Brücken hinab in den bezaubernden Ort Gimmelwald (so verrückt es klingt, aber dies ist tatsächlich eine klassische Art, sich zwischen steil gelegenen Bergdörfern zu bewegen). Macht beim Klettern entlang der 2,2 Kilometer langen Strecke entlang der Lauterbrunnenwand Halt auf den Plattformen und beobachtet, wie Basejumper aus 365 Metern Höhe in die Tiefe springen.

Paragliding zwischen den Gipfeln ▲▲▲▲
Steigt über dem Schilthorn in die Höhe und bestaunt die Aussicht auf die Jungfrau, den Eiger und den Mönch sowie auf die französischen Alpen und den deutschen Schwarzwald. Keine Fenster, keine Türen und kein Motor – nur der frische Aufwind und der Wind in euren Haaren.

Ausflug zu den Trümmelbachfällen ▲
Über Jahrtausende ist Gletscherwasser über diese zehn Wasserfälle über das Innere des Schwarzen Mönchs bei Lauterbrunnen abgeflossen. Um dem Wasser auf seinem Weg zu folgen, haben Schweizer Ingenieure ein ausge-

✤ Die Basejumper-Bar

Gleich neben dem Staubbachfall in Lauterbrunnen wirkte das Horner Pub wie ein uriges Plätzchen für ein Bier. Wir öffneten die geschnitzte Tür und fanden in der traditionellen Schweizer Bierstube ein Duzend ausgelassener Kerle vor, ein paar von ihnen mit Gipsverband und Krücken. Als wir Gespräche über Fallschirmdefekte und Beinahe-Zusammenstöße mit Felswänden mithörten, wurde uns klar, dass es der Vorabend der Wingsuit-Weltmeisterschaften war, und stießen mit den ausgeflipptesten aller Barbekanntschaften an.

Grasende Kühe zwischen Bergdörfern

klügeltes Wegesystem durch die Bergschlucht angelegt, auf dem man die Wasserfälle aus sämtlichen Blickwinkeln betrachten kann.

Übernachtung im zeitlosen Obersteinberg ▲▲
Wandert von Stechelberg zwei Stunden entlang der Lütschine und hängenden Gletschern bis zum Berggasthaus Obersteinberg, ein Berghotel aus dem 19. Jahrhundert, in dem die Zeit stehen geblieben zu sein scheint. Genießt Essen frisch vom Bauernhof bei einer Aussicht auf einen 304 Meter hohen Wasserfall und macht es euch bei Kerzenlicht gemütlich (die einzige Art der Beleuchtung). Eine längere Wanderung beginnt über das idyllische Gimmelwald oder Mürren (oder führt euch dorthin zurück).

WAS ES AUF DIESEM KONTINENT NOCH ZU ENTDECKEN GIBT:

» **Auf See: Norwegische Fjorde, Norwegen · S. 136**

» **Roadtrips: Zentralgeorgien · S. 210**

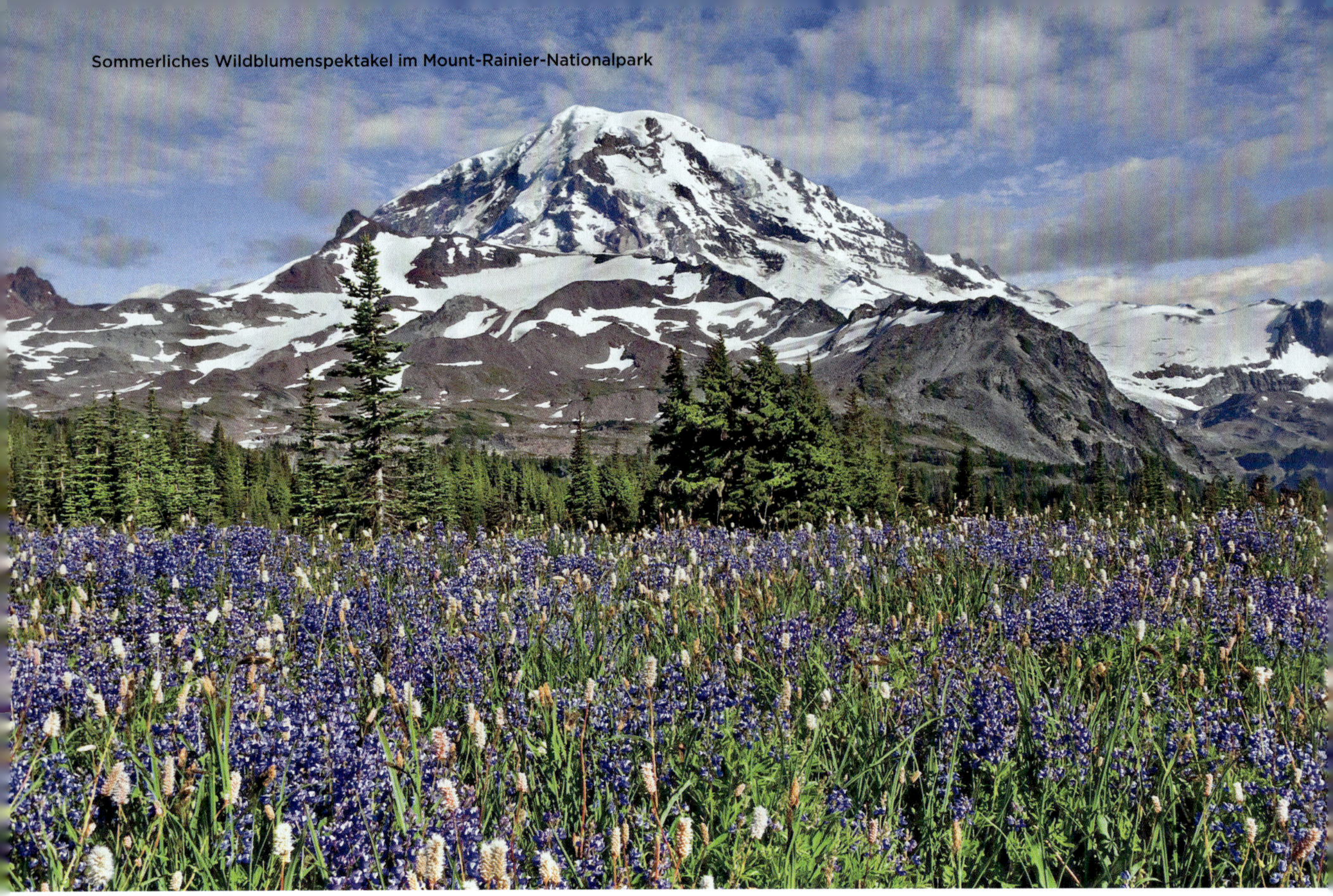

MOUNT RAINIER
Vereinigte Staaten

NORD-
AMERIKA
Mt. Rainier
*Vereinigte
Staaten*

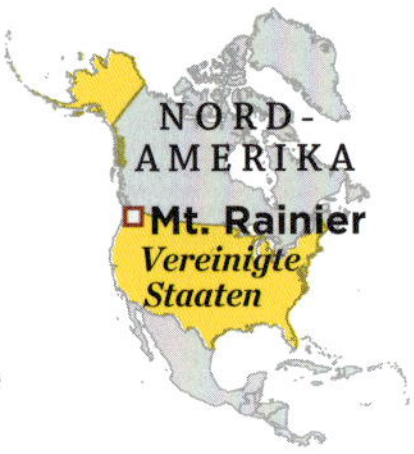

Einer der gefährlichsten Vulkane der Erde ist zugleich eine der größten Attraktionen des Staates Washington. Aber alle Warnungen sind vergessen, wenn die Wolken den 4392 Meter hohen Gipfel freigeben und sich die Sonne in seinen zwei Dutzend Gletschern widerspiegelt. Dann zieht Mount Rainier Naturliebhaber wie ein Magnet an. In diesem Nationalpark nur zwei Stunden südöstlich von Seattle kommen Tagesausflügler, Bergsteiger, Skiläufer, Vogelbeobachter und Botaniker auf ihre Kosten. Der Berg hat zwei zentrale Zugangspunkte: Sunrise und Paradise. Paradise ist einer der schneereichsten Orte der Erde, mit einem Jahresdurchschnitt von 16,5 Metern. Von November bis Ende Mai gibt es eine Fülle von Möglichkeiten zum Schneeschuhwandern, Geländeskifahren und Schlittenfahren. Im Juli ist die Landschaft mit farbenprächtigen Wildblumen übersät, die Wasserfälle stürzen tosend herab, und gemäßigte Regenwälder versprechen traumhafte Wanderungen. Wandert den legendären Wonderland Trail entlang oder genießt einen einfachen Rundweg um eine Insel mit 1000 Jahre alten Bäumen. Auf Mount Rainier findet ihr weder Drehrestaurants noch Sommerrodelbahnen, dafür aber reine, unberührte Natur.

☒ BESTE REISEZEIT

Der gesamte Park ist von Juli bis September geöffnet, während Schneehasen das ganze Jahr über durch Paradise hoppeln.

🏠 ÜBERNACHTEN

Paradise Inn: Ein historisches Hotel so nah am Gipfel, wie dies ohne Zelt möglich ist. **Packwood Lodge:** Kürzlich renoviert und nur 6,5 Kilometer vom Südosteingang des Parks entfernt.

🗨 ROMANTIK

Macht einen Roadtrip zum Crystal Mountain, um eine atemberaubende Aussicht auf den Mount St. Helens und Glacier Peak zu genießen, und fahrt dann mit der Gondel zum Summit House Restaurant oder genießt ein Picknick auf dem Suntop Lookout.

☑ HONEYTREK-TIPP

Den Tagesausflüglern aus Seattle geht man am besten aus dem Weg, indem man den Park in der Wochenmitte besucht; beginnt längere Wanderungen bei Sonnenaufgang und kürzere in der Mitte des Nachmittags.

Die Sunbeam Falls fließen vom vergletscherten Mount Rainier herab.

An einem zauberhaften Frühlingstag hatten wir große Lust, den Skyline Trail entlangzuwandern. Mit straff geschnürten Turnschuhen folgten wir dem Pfad, der aber bald unter einer Schneedecke verschwand. Männer in Skitourenausrüstung überholten uns und machten uns unserer schlechten Ausrüstung bewusst. Auf dem Trampelpfad versanken wir bei jedem Schritt knietief im Schnee. Als wir schließlich den Panorama Point erreichten, stießen wir mit unseren Wasserflaschen auf den Sieg an und überlegten fieberhaft, wie wir wohl wieder herunterkämen. Uns blieb nur, unsere Jacken zu Schlitten umzufunktionieren und unseren Weg auf amüsante Weise zurückzulegen.

Murmeltiere sind häufig – vor allem während der Mittagszeit.

ABENTEUER FÜR PAARE

Wonderland Trail ▲▲▲▲▲

Folgt den Gletschertälern und vulkanischen Gebirgsketten um Mount Rainier auf einer 150 Kilometer langen Trekkingtour. Der Höhenunterschied von 6700 Metern führt euch vom gemäßigten Regenwald zu alpinen Hochebenen, herabstürzenden Wasserfällen, Schneefeldern und zu einer Farbenpracht aus Blumen.

Grove of the Patriarchs Trail ▲

Der Ohanapecosh-Fluss bewahrte diese Insel über Jahrhunderte vor Waldbränden, sodass viele der dort wachsenden Bäume bereits 1000 Jahre alt sind. Überquert die Hängebrücke und schlendert den 2,4 Kilometer langen Rundwanderweg zwischen Douglasien, Rotzedern und Hemlocktannen entlang. Setzt eure Wanderung fort zur Stevens Canyon Road, um die prachtvollen Silver Falls zu erleben.

Skyline Trail ▲▲▲

Wer in kurzer Zeit eine Vorstellung von der beeindruckenden Gebirgswelt bekommen möchte, wandert auf diesem neun Kilometer langen Rundweg, der euch an den felsigen Hängen von Mount Rainier, dem Nisqually-Gletscher, den rauen Gipfeln der Tatoosh-Gebirgskette entlangführt und euch bis zum Mount Hood in Oregon blicken lässt. Pausiert für ein Picknick am Panorama Point (Vorsicht vor dreisten Murmeltieren!), geht noch hinunter zu den fotogenen Myrtle Falls, bevor ihr nach Paradise zurückkehrt.

Pyjamaparty in Schneeschuhen ▲▲▲

Macht in dem gepflegten Wegesystem von Mount Tahoma, das mehrere Hütten miteinander verbindet, eine Schneeschuhwanderung oder Skilanglauf in den Abendstunden. Kocht euch ein Abendessen in einer Hütte oder Jurte, kuschelt am Kaminfeuer und wacht am Morgen in eurem Bett mit Blick auf die schneebedeckte Landschaft auf. Setzt eure Wanderung auf diesem Wanderwegenetz fort oder bleibt ein paar Tage. Auch im Sommer geöffnet.

WAS ES AUF DIESEM KONTINENT NOCH ZU ENTDECKEN GIBT:

» Regenwälder: Olympic-Halbinsel, Vereinigte Staaten · S. 188

» Roadtrips: Der Südwesten, Vereinigte Staaten · S. 206

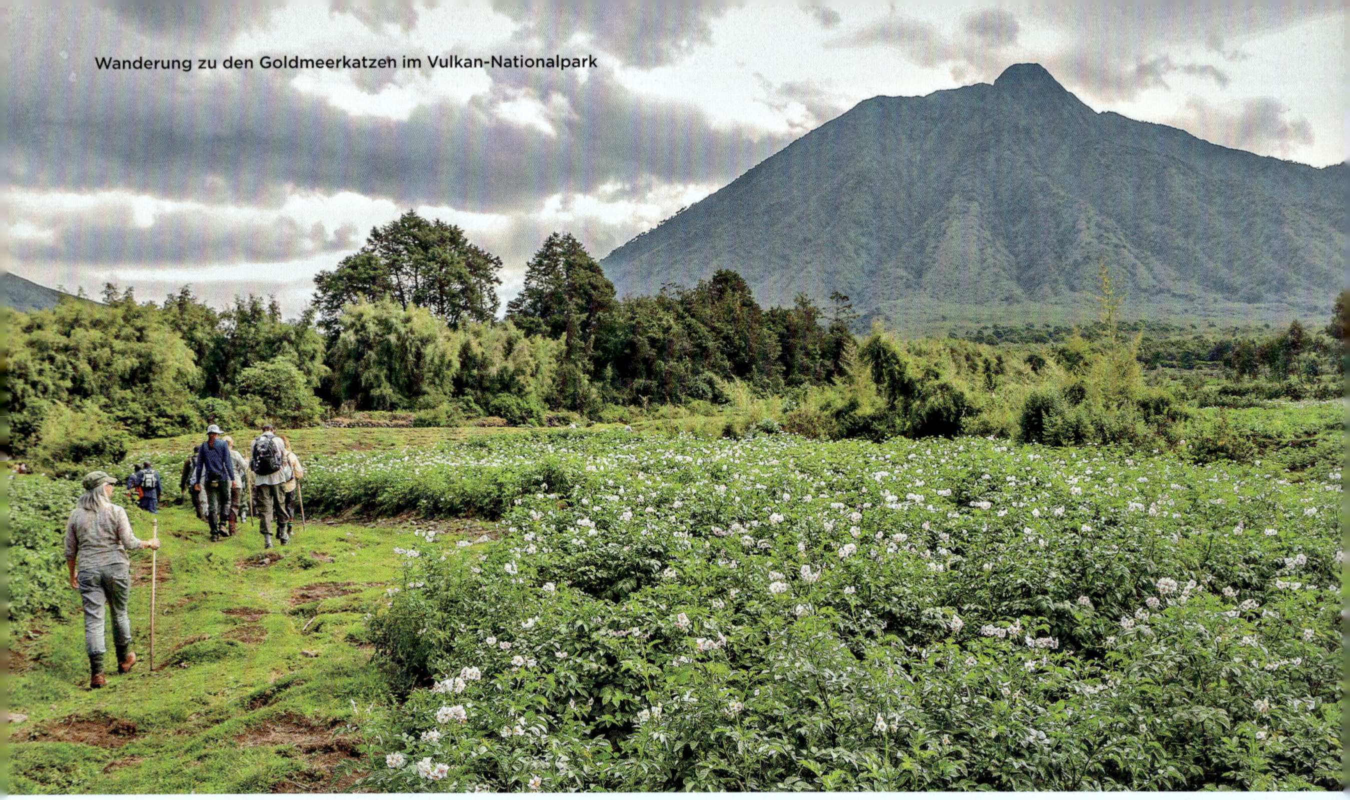

VIRUNGA-VULKANE

Ruanda

VON BRET LOVE UND MARY GABBETT

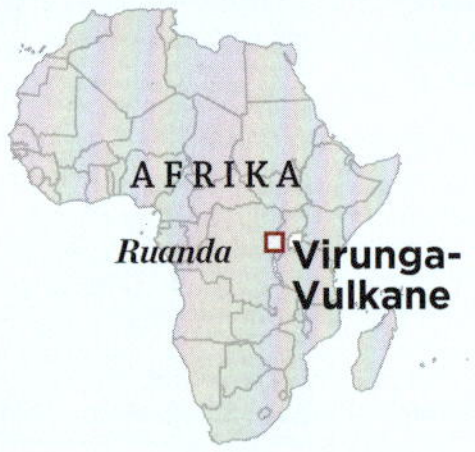

AFRIKA

Ruanda □ **Virunga-Vulkane**

Wenn ihr euch inmitten der majestätischen Virunga-Vulkane befindet – eine Kette aus emporragenden Vulkanhügeln, die sich entlang der Grenze zwischen Uganda und der Demokratischen Republik Kongo erstreckt –, versteht ihr, weshalb Ruanda auch »das Land der tausend Hügel« genannt wird. Die ostafrikanische Nation ist weithin für den 1994 dort verübten Völkermord bekannt, bei dem mehr als 800 000 Tutsis und mit ihnen sympathisierende Hutus nach jahrzehntelangen Bürgerunruhen starben. Seither hat sich Ruanda jedoch radikal verändert, indem es sich politisch stabilisierte, seine Infrastruktur deutlich verbesserte und sein wirtschaftliches Wachstum durch seine blühende Ökotourismusindustrie zunahm. Die meisten Touristen kommen, um den vom Aussterben bedrohten Berggorilla zu sehen, von dem es nur noch 900 wildlebende Exemplare gibt – die Hälfte davon in Ruandas Vulkan-Nationalpark. Die dynamische Landschaft, die sich vom Kivu-See im Süden bis zu Ugandas Edward-See im Norden erstreckt, gehört zu den schönsten, die wir jemals gesehen haben, und hält reichlich Abenteuer für aktive Reisende und Naturliebhaber bereit.

BESTE REISEZEIT

Die lange Trockenzeit von Juni bis September ist besonders beliebt. Plant euren eigenen Besuch für die kürzere Trockenzeit von Dezember bis Februar, um den Menschenmassen zu entgehen.

ÜBERNACHTEN

Sabyinyo Silverback Lodge: Fünf-Sterne-Service, der lokalen sozialökonomischen Projekten zugutekommt. **Mountain Gorilla View Lodge:** Beste Unterkunft für atemberaubende Ausblicke auf Virunga mit Liveunterhaltung und günstigen Preisen.

ROMANTIK

Beobachtet durch riesige Panoramafenster einen Sonnenuntergang über dem Gebirge, während ihr in eurem gemütlichen Zimmer am Kaminfeuer einen Drink genießt.

GREEN-GLOBAL-REISETIPP

Fragt bei der Reservierung eures Trekkingführers nach François Bigirimana. Er ist der älteste Ranger im Park, hat als Gepäckträger für Dian Fossey gearbeitet und ist mindestens genauso unterhaltsam wie die Berggorillas.

ABENTEUER FÜR PAARE

Gorillatrekking im Vulkan-Nationalpark ▲▲▲
Der Schwierigkeitsgrad der Wanderungen zu den zehn Berggorillafamilien reicht von mäßig bis schwer, wobei der Hin- und Rückweg jeweils ein bis drei Stunden dauert. Ihr werdet nie den Moment vergessen, wenn ihr eine Lichtung erreicht und von Gorillamüttern, ihren Babys und riesigen Silberrücken umgeben seid.

Gefährdete Goldmeerkatzen ▲▲
Diese bedrohten Altweltaffen leben nur auf den Virunga-Vulkanen und sind über eine einfache Wanderung durch blühende Chrysanthemenfelder erreichbar. Bestaunt die Affengemeinschaften, wie sie Bambussprossen verzehren und in den Baumwipfeln herumspringen.

Iby'Iwacu Cultural Village ▲
Von einem ehemaligen Wildhüter gegründet, bietet diese unterhaltsame Einführung in die traditionellen Kulturen Ruandas alternative Beschäftigungsmöglichkeiten für Ex-Wilderer und ihre Familien. Für einen Tag könnt ihr König und Königin sein, euch im Bogenschießen üben, Getreide mahlen und an der Vorführung einer Hochzeitszeremonie teilnehmen.

Besuch an Dian Fosseys Grab ▲▲▲▲
Die letzte Ruhestätte von Dian Fossey liegt direkt auf ihrem ehemaligen wissenschaftlichen Forschungscamp (Karisoke genannt, gemäß seiner Lage zwischen dem Karisimbi und Visoke) und ist durch eine einfache Tafel gekennzeichnet, umgeben von den Gräbern ihrer geliebten Gorillas. Die beschwerliche Wanderung dauert drei bis vier Stunden, was den Respekt für Fosseys bahnbrechende Arbeit nur noch steigert.

✢ Ratschlag für Paare

Die richtige Balance ist für uns das Geheimnis dauerhafter Beziehungen. Plant daher Routen, die eure unterschiedlichen Interessen angemessen berücksichtigen: Zwischen Aktivität und Abenteuer sollte Zeit für ein Verwöhnprogramm oder Kultur übrig bleiben. Bret liebt wilde Natur und möchte sie immer wieder erkunden, während Mary ein bisschen Luxus und Entspannung braucht. Am Ende macht diese Vielseitigkeit unsere Reisen bunter und kommt unserer Persönlichkeit zugute.

Ein junger Berggorilla in der üppigen Vegetation des Sabyinyo

WAS ES AUF DIESEM KONTINENT NOCH ZU ENTDECKEN GIBT:

» Inseln: Sansibar, Tansania · S. 72
» Auf Safari: Samburu, Kenia · S. 94

POWER-PAAR: *Bret & Mary*

2010 gründete dieses amerikanische Paar die Website *GreenGlobalTravel.com*, um sein Interesse für Ökotourismus mit anderen zu teilen und Menschen zum nachhaltigen Reisen und Leben zu ermutigen sowie dazu beizutragen, diese Welt besser zu machen. Sie sind unter anderem freiberuflich für Organisationen wie National Geographic, Marriott und Hilton Hotels tätig.

URUBAMBA-TAL

Peru

Peru · Urubamba-Tal · SÜD-AMERIKA

D as Zentrum des Inka-Reichs, ein Gebirgszug aus gletscherbedeckten Gipfeln und die Glanzpunkte andiner Kultur: Das Heilige Tal ist das schönste Schmuckstück der peruanischen Kultur. Den Machu Picchu zu erreichen, ist für fast alle Reisenden ein Muss, aber durch die Fixierung auf die »Verlorene Stadt der Inkas« geht der Blick für die Schönheit unterhalb dieser Zitadelle aus dem 15. Jahrhundert oftmals verloren. Über das gesamte Tal verstreut liegen Festungen, Tempel und historische Dörfer, die durch ein umfassendes Wegesystem verbunden sind. Wenn ihr die Vorfreude auf den Machu Picchu noch steigern möchtet, verbringt ein paar Tage in der Stadt Cusco, die von der UNESCO in die Liste der Welterbestätten aufgenommen wurde, und macht dann eine mehrtägige Wanderung auf einem alternativen Inka-Pfad. Die meisten Wanderer entscheiden sich für den gepflasterten, überfüllten »klassischen Inka-Pfad«, aber ihr könnt auch alten Kurierpfaden und Aquädukten zu noch kaum bekannte Ruinen und Dörfern zwischen den 6100 Meter hohen Gipfeln folgen. Traditionelle andine Kultur wird euch in Gestalt von Bauern begegnen, die ihre Quinoafelder von Hand bearbeiten, von Frauen, die Lamawolle weben, und von Pferden, die die tägliche Kartoffelernte transportieren. Nach dieser stimmungsvollen Reise durch das Heilige Tal wird euch der Maccu Picchu noch spektakulärer erscheinen.

✖ BESTE REISEZEIT

April bis Juni und September bis Oktober, um die starken Regenfälle und Touristenströme zu vermeiden.

⊞ ÜBERNACHTEN

Andenes al Cielo: Ein Herrenhaus aus der Kolonialzeit in Fußnähe zur Plaza de Armas in Cusco. **Inkaterra Maccu Picchu:** Von National Geographic als weltweit einzigartig bezeichnet, oberhalb von Aguas Calientes im Stil andiner Dorfarchitektur. **Andean Treks:** Exzellentes Angebot an mehrtägigen Wanderungen zum Machu Picchu seit 1980, einschließlich des weniger bekannten Cachicata-Pfads (auch Mondstein-Pfad genannt).

♡ ROMANTIK

Spaziert abseits des lebhaften Aguas Calientes zu den friedlichen Mandor-Gärten. Genießt dort die Wasserfälle, Schmetterlinge, Orchideen und Vögel und ein frühes Abendessen im Mama Angelica.

✔ HONEYTREK-TIPP

Obwohl man auch ohne den Kauf eines Boleto Turistico einige großartige Sehenswürdigkeiten besuchen kann, benötigt man dieses Eintrittsticket für 16 der größten Höhepunkte der Region.

Inti-Punku-Ruinen vor der Kulisse des 5860 Meter hohen Veronica-Bergs

Einer der großartigen Gepäckträger von Andean Treks

ABENTEUER FÜR PAARE

Mondstein-Sonnentempel-Trek ▲▲▲▲

Diese Trekkingroute führt euch drei Tage lang über alte Kurierpfade der Inkas, auf denen ihr vergessene Tempel, Steinbrüche und Aquädukte sehen werdet. Durchquert authentische Andendörfer im Schatten gletscherbedeckter Gipfel. Der Cachicata-Pfad endet in Ollantaytambo, wo euch die malerische Zugstrecke nach Aguas Calientes führen wird, dem Tor zum Machu Picchu.

Ollantaytambo-Zitadelle ▲

Mit einer der wichtigsten Festungen und Tempelanlagen der Inkas sprüht diese Andenstadt vor Geschichte und Charme. Streift durch die Behausungen aus der Zeit um das 15. Jahrhundert (sie gehören zu den ältesten in Südamerika), erkundet die klippenseitige Zitadelle und wandert zum besten Ausblick auf die Stadt von den Pinkuylluna-Kornkammern aus.

Den Huayna Picchu besteigen ▲▲▲

Dieser Aufstieg über gut 300 Meter ist berauschend und bietet euch die beste Aussicht auf den Machu Picchu. In Stein gemeißelte Treppenstufen, Seile und Tunnel

erleichtern den Weg auf den Gipfel (angeblich die Nase eines liegenden Inka-Gesichts darstellend) mit der früheren Kultstätte.

Salinas-Salzebenen ▲▲

Ein Fleckenteppich aus milchigen Becken mit kristallübersäten Wänden überzieht diesen Berg. Die Salzpfannen werden schon seit den Zeiten der Inkas benutzt. Mit breitkrempigen Hüten und traditionellen Gewändern vor der Sonne geschützt, gewinnen die Einheimischen das Salz durch natürliche Verdunstung und gewähren dem Besucher einen Einblick in eine jahrhundertealte Tradition.

✣ Belohnendes Festmahl

Wir schlugen unser Lager am Fuß des schneebedeckten Urubamba-Gebirges auf. Als die Sonne unterging, waren die einzigen Lichtquellen der sternenübersäte Himmel und der Steinofen. Lamm und Gemüse von einem örtlichen Hirten schmorten unter heißen Steinen und wilden Gräsern. Die Kälte in fast 4600 Metern Höhe und die Schmerzen in unserem Körper nach zwei Tagen Trekking waren bald vergessen, dank eines Abendessens, das einem Festmahl für Inka-Könige glich.

Osteospermum-Blüte am Wegesrand

WAS ES AUF DIESEM KONTINENT NOCH ZU ENTDECKEN GIBT:

» Seen: Titicaca-See, Bolivien & Peru · S. 52

» Regenwälder: Yasuní, Ecuador · S. 192

Das Paine-Massiv mit seinen spitzen Cuernos (Hörnern)

TORRES DEL PAINE
Chile

SÜD-
AMERIKA

Chile

**Torres del
Paine**

An der Spitze Südamerikas, wo Eisfelder auf subpolare Wälder, windige Steppen auf sägezahnförmige Gipfel treffen, befindet sich Patagonien als großes Finale des Kontinents. Das Juwel der chilenischen Seite ist zweifellos der 1814 Quadratkilometer große und von der UNESCO zum Biosphärenreservat erklärte Nationalpark Torres del Paine. Betretet ihn über Punta Arenas oder Puerto Natales und folgt den windzerzausten Gräsern der patagonischen Steppe, haltet Ausschau nach langwimprigen Guanakos und durch die Lüfte gleitenden Andenkondoren, bis ihr Berge erreicht, die jegliches Vorstellungsvermögen übersteigen. Mit schroffen Gipfeln, rauen Tälern und tiefen Seen wirkt das Paine-Massiv (eine Gebirgskette), als ob die gewaltige Kraft von Riesenhänden sie geformt hätte. Die Torres del Paine, drei turmartige Granitgebirge in der Mitte der Gebirgskette, laden alle Wanderer zum Aufstieg ein, sei es über den W-Trek entlang des French Valley und des Grey-Gletschers über den 128 Kilometer langen Q-Rundweg oder direkt über die Moräne zum Mirador Las Torres. Hier ist der Ort, um höher zu wandern, angestrengter zu paddeln und weiter zu fahren als irgendwo sonst. Kaum eine Gebirgslandschaft kann schöner sein als diese.

⊠ BESTE REISEZEIT

Die wärmeren Monate im kühlen Patagonien sind November bis April; bereitet euch auf vier Wetterextreme pro Tag vor.

⊞ ÜBERNACHTEN

EcoCamp: Luxuriöse Zimmer mit geodätischer Kuppel mit Blick auf die Torres; exzellente Küche und herausragender Service. **Hostería Pehoé:** Ein überraschend preisgünstiges Bed and Breakfast auf einer Insel, umgeben vom Pehoé-See und den Gipfeln der Torres del Paine.

♡ ROMANTIK

Sucht euch einen Platz in der Pampa, breitet eine Decke aus und haltet nach fantastischen Wolkenformationen Ausschau – ein Wal mit Wasserfontäne, fluffige Pfannkuchen oder das Raumschiff Enterprise. Die Lenticularis-Wolken der Torres del Paine verleiten beim Kuscheln zum Träumen.

✓ HONEYTREK-TIPP

Plant eure Route mit einem Zeitpuffer von zwei Tagen. Die Entfernungen sind riesig, das Wetter unberechenbar, und der Park ist schöner, als ihr es euch vorstellen könnt.

Die Festung aus Gletschereis auf dem Grey-See

ABENTEUER FÜR PAARE

Kajakfahren auf dem Grey-See ▲▲▲

Paddelt zwischen blauen Eisbergen hindurch auf den Grey-Gletscher zu, ein schroffer 3,2 Kilometer breiter und 30,5 Meter hoher Teil des Südpatagonischen Eisfelds. Kehrt zum Ufer zurück und wärmt euch bei heißer Schokolade auf oder setzt eure Kajaktour über die Stromschnellen des Grey-Flusses fort, bis ihr Serrano erreicht.

Der »O«-Rundweg ▲▲▲▲▲

Diese weniger frequentierte Route wird euch acht Tage lang den Atem rauben. Sie schließt den berühmten W-Trek ein, setzt sich um das gesamte vergletscherte Bergmassiv fort und endet bei einem dramatischen Sonnenuntergang an den Torres del Paine.

Pioniere zu Pferd ▲▲

Erkundet das Gebiet wie die chilenischen Cowboys von damals bei einem Ritt zum Sonnenuntergang am Cerro Paine oder galoppiert quer durch den Torres-del-Paine- und Bernardo-O'Higgins-Nationalpark von Ranch zu Ranch. Auf Wegen abseits der Straßen und Wanderpfade werden euch Criollos in sonst unerreichbare Landschaften tragen.

Abkürzung zu den Torres ▲▲▲

Wenn euch die Idee einer mehrtägigen Campingexpedition nicht reizt, versucht stattdessen den acht Kilometer langen Mirador-Pfad zur Basis der Torres. Während ihr im Zickzack über die Moräne lauft und über Felsen zu versteckten Seen klettert, lassen emporragende Gipfel eure Träume über die Torres del Paine aufleben.

✛ Ein Hoch auf Mate

Jeder Wanderer hat Wasser, Snacks und eine Regenjacke bei sich. Und ein richtiger chilenischer Wanderer? Ein komplettes Mate-Geschirr. Wir saßen inmitten der im Sonnenlicht glänzenden Gipfel der Torres, während unser Fremdenführer Rafael seine Thermoskanne, Kalebasse und Tüte mit Mate herausnahm. Nachdem die Teeblätter gebündelt und aufgegossen waren, bereitete er das Trinkgefäß vor und bot uns einen Schluck durch den Metallstrohhalm an (wie dies zwischen Freunden in Chile und Argentinien üblich ist). Das Teilen dieser koffeinhaltigen Flüssigkeit hoch auf den Torres del Paine war das patagonische Äquivalent zu sprudelndem Champagner.

Mike schlürft Mate auf dem Mirador Las Torres.

WAS ES AUF DIESEM KONTINENT NOCH ZU ENTDECKEN GIBT:

» Wüsten: Atacama-Wüste, Chile · S. 154

» Eis: Los Glaciares, Argentinien · S. 174

Beim Wandern auf dem Tongariro Alpine Crossing, Neuseeland

Unglaubliche Tagestouren

Einmalige Treks, nach denen ihr immer noch pünktlich zum Abendessen kommt

NEUSEELAND

1. Tongariro Alpine Crossing

Mit Flusstälern, feuerroten Kratern, smaragdgrünen Zwillingsseen und dem »Schicksalsberg« aus den *Herr der Ringe*-Filmen hat dieser 19 Kilometer lange Wanderweg durch Neuseelands ältesten Nationalpark einen Oscar in der Kategorie Wandern verdient.

VEREINIGTE STAATEN

2. Humu'ula Trail auf den Mauna Kea

Würde man diesen hawaiianischen Berg anders als üblich von seiner Basis auf dem Grund des Pazifiks bis zum Gipfel messen, dann käme man auf knapp über 10 000 Meter, von denen 4205 Meter über dem Meeresspiegel liegen. Man bezwingt 1400 Höhenmeter dieses schlafenden Vulkans während einer Tageswanderung. Zusätzlicher Anreiz: Auf dem Gipfel befindet sich eine der bedeutendsten Sternwarten der Welt.

NORWEGEN

3. Trolltunga

Wörtlich als »Trollzunge« übersetzt, erhebt sich dieser Felsvorsprung etwa 1100 Meter über dem Stausee Ringedalsvatnet in luftige Höhe. Wandert 11 Kilometer an Seen, Fjorden und gletscherbedeckten Bergen vorbei und posiert für ein kultiges Reiseabenteuerfoto.

JAPAN

4. Subashiri-Pfad

Wählt den weniger bevölkerten Weg hinauf auf den Berg Fuji, Japans höchster Punkt und Nationalsymbol. Beginnt den 14,5 Kilometer langen Trek am Abend und genießt Wald-

und Seenblick und das nächtliche Lichtermeer der Hauptstadt Tokio. Mit einer Schüssel Udon-Nudeln und einem Mitternachtsschläfchen an der siebten Station tankt ihr frische Energie. Steigt dann wieder ab, um den Tagesanbruch im Land der aufgehenden Sonne zu erleben.

NICARAGUA

5. Maderas-Vulkan

Zwei Vulkane ragen aus dem Nicaraguasee. Sie bilden die Insel Ometepe und gehören zu den schönsten Wanderzielen. Beide sind anspruchsvoll, während der Maderas abwechslungsreicher ist, da man auf ihm Kaffeeplantagen, Petroglyphen, Nebelwälder und auf seiner Spitze einen See findet, in dem man schwimmen kann.

ITALIEN

6. Puez-Geisler-Gruppe

Die kantigen Dolomiten bieten vielfache Gelegenheiten zu Hüttenwanderungen, aber wenn euch nur ein Tag zur Verfügung steht, könnt ihr trotzdem einen der höchsten Gipfel in den südlichen Kalkalpen erklettern. Wandert die 19 Kilometer lange Route bis zur Puez-Hütte entlang, wo ihr eine Rundumsicht bei einer Portion Apfelstrudel bestaunen könnt.

SÜDAFRIKA

7. Sentinel Peak Hike

Folgt den blanken Hängen des Amphitheaters und erklettert den Mont-Aux-Sources auf Hängeleitern. Erkundet den flachen Gipfel und schaut hinüber zu den Tugela-Fällen, mit 948 Metern einer der höchsten Wasserfälle der Erde.

VEREINIGTE STAATEN

8. Cascade Canyon Trail bis Lake Solitude

Die Dimensionen des 1255 Quadratkilometer großen Grand Teton National Park werden entlang dieses zehn Kilometer langen Wanderwegs erst richtig fassbar. Ihr durchquert unberührte Ökosysteme mit Spezies aus prähistorischer Zeit, lauft vorbei an zauberhaften Seen und Wasserfällen und erlebt eine Aussicht auf die Gipfel der Cathedral Group.

ÄGYPTEN

9. Berg Sinai

Ganz gleich, welcher Konfession man angehört: Die Geschichte und Schönheit dieser heiligen Wanderroute werden von jedem Wanderer geschätzt. Beginnt eure Wanderung drei Stunden vor Sonnenaufgang bei einem der ältesten bewohnten Klöster und steigt die Stufen der Reue (von Mönchen von Hand in den Fels gehauen) hinauf. Setzt euch auf dem Gipfel vor die Kirche und Moschee, bewundert bei Sonnenuntergang die Wüste und lasst ihre biblische Vergangenheit auf euch wirken.

KANADA

10. Rockbound Lake

Als Kanadas ältester Nationalpark besitzt Banff ein ausgeklügeltes Wanderwegesystem, wobei Rockbound zu den Höhepunkten gehört. Der gewundene Pfad durch die Rockies führt euch zur Gipfelwand des Castle Mountain: Klippen um einen blaugrünen See mit Aussichten auf den Park.

Uros-Inseln, Peru

*»Wir müssen nicht jedes Detail
des Flusses kennen – denn täten wir dies,
gäbe es kein Abenteuer mehr.«*

JEFFREY R. ANDERSON

Kapitel zwei

SEEN, FLÜSSE & WASSERFÄLLE

Süßwasser ist die Quelle allen Lebens. Seit dem Beginn der Zivilisation wurden die Menschen von Seen und Flüssen angezogen. Wenn man genug zu trinken, frischen Fisch, die Gelegenheit zu einem erfrischenden Bad und ein Boot hat, um darin in den Sonnenuntergang zu rudern, wird alles leichter. Wasser entspannt uns, bietet aber auch Nervenkitzel. Es ist kein Zufall, dass Orte, die als »Abenteuerhochburg« (ob nun von Ecuador, Afrika oder der ganzen Welt) bezeichnet werden, sich oft an Flüssen oder Seen befinden. Canyoning, Surfen, Jetbootfahren und Riverrafting benötigen fließende Gewässer. Wasserfällen haftet etwas Romantisches an – in ihrem Sprühnebel verbergen sich exotische Blumen, Regenbogen und Liebespärchen. Selbst kleine Wasserfälle sind stimmungsvoll. Wenn es aber um Wasserfälle von der Größe der Iguazú- oder Victoriafälle geht, sprühen Funken.

IGUAZÚ-FÄLLE
Argentinien & Brasilien

SÜD-AMERIKA · *Brasilien* · *Argentinien* · □ Iguazú-Fälle

Nicht nur einer, sondern 275 einzelne Wasserfälle, die sich über knapp drei Kilometer verteilen – die Iguazú-Fälle sind nicht bloß eine Sehenswürdigkeit, sie wollen von euch entdeckt werden. Die Angel-Fälle in Venezuela sind höher und die Victoriafälle breiter, aber die Iguazú beeindrucken durch ihre überraschende Vielschichtigkeit. Teils in Brasilien und teils in Argentinien gelegen, werden sie durch den Teufelsschlund geteilt: eine Schlucht von 150 mal 700 Metern, die die Hälfte des Flussvolumens verschlingt. Die enorme Kraft des Wassers lässt im feinen Sprühnebel nicht nur unzählige Regenbögen entstehen, sondern schafft auch ein einzigartiges Mikroklima für die exotische Flora und Fauna mit Tukanen, Kaimanen, Jaguaren und über 2000 Pflanzenspezies. Beginnt euren Besuch auf der brasilianischen Seite, wo sich das beste Panorama über die Wasserfälle bietet. Erkundet für einige Stunden die verschiedenen Pfade und ruht euch dann für ein oder zwei Tage auf der argentinischen Seite aus, wo sich 80 Prozent der Wasserfälle befinden. Wandert die ausgedehnten Pfade durch den Regenwald entlang, wagt eine wilde und nasse Schlauchbootfahrt und verliert euch im größten Wasserfallsystem der Erde.

 BESTE REISEZEIT

Nach der Regenzeit (Oktober bis März) im April und Juni, wenn die Wasserfälle besonders viel Wasser führen, die Vegetation üppig ist und die Sonne scheint.

 ÜBERNACHTEN

Boutique Hotel de la Fonte: Erschwinglicher Luxus in Puerto Iguazú, Argentiniens nächster Ort an den Wasserfällen. **Sheraton Iguazú:** Das einzige Hotel in Argentiniens Nationalpark ist etwas in die Jahre gekommen, aber sein Geld wert.

 ROMANTIK

Wandert durch den Regenwald zum Arrachea-Wasserfall. Die fünf Kilometer lange Wanderung endet in einem friedlichen Naturpool fernab der Menschenmassen, in dem ihr schwimmen könnt.

 HONEYTREK-TIPP

Lasst euer Ticket abstempeln, bevor ihr den Park verlasst, und euer Besuch am zweiten Tag kostet nur die Hälfte. Ihr übernachtet im Sheraton? Dann sind Tag drei und vier ebenfalls inbegriffen.

Ein Riesentukan am oberen Rundweg

ABENTEUER FÜR PAARE

Den gesamten Rundweg wandern ▲▲

Kostet euren Besuch aus und meidet die Schmalspurbahn – erkundet stattdessen den kostbaren Regenwald. Nehmt den grünen Pfad zum unteren Rundweg: Er verbindet acht unterschiedliche Aussichtspunkte, von denen jeder etwas Neues offenbart. Schlendert zum oberen Rundweg, auf dem euch die durch den Fluss zerstörten Brücken und massenhaft Orchideen auffallen werden. Lasst euch entlang des Wegsaums von der umwerfenden Aussicht beeindrucken.

Schlauchbootfahrt zu den Wasserfällen ▲▲▲▲

Der Teufelsschlund wirkt mit etwa 12,9 Millionen Litern herabstürzendem Wasser pro Sekunde nicht wie ein idealer Ort für Vergnügungsfahrten. Schiebt den Gedanken daran einfach beiseite – auf einem Schlauchboot für 30 Leute, das über die weißen Wassermassen der Isla San Martín mitten in das tosende Herz der Iguazú-Fälle gleitet. Ihr werdet durchnässt sein und diese 15 Minuten niemals vergessen.

Wandertour bei Vollmond ▲▲

In Iguazú wird die Dunkelheit von Regenbogen besiegt: Jedes Mal bei Vollmond veranstalten die Ranger während

✣ Grenzgänger

Gäbe es doch einen idyllischen Pfad über den Iguazú-Fluss von Argentinien nach Brasilien! Aber nein: Stattdessen findet man einen Highway mit Grenzkontrolle und Visumpflicht für 30 bis 140 Euro (abhängig von eurer Nationalität). Wenn ihr es euch leisten könnt, solltet ihr den brasilianischen Nationalpark besuchen. So könnt ihr die Grenze für einen Tag überqueren:

1. Beantragt in eurem Heimatland ein Visum für Brasilien (Dauer etwa zwei Wochen).
2. Erhaltet ein Visum bei der brasilianischen Botschaft in Puerto Iguazú, Argentinien (etwa zwei Stunden).
3. Verlasst euch auf euer Glück. Taxis und Busse werden manchmal ohne Kontrollen durchgewunken. Wenn ihr aber unter allen Umständen Foz do Iguaçu besuchen wollt, besorgt euch ein Visum.

Mit jeweils einem Bein in Brasilien und Argentinien

fünf Nächten Wanderungen vom Regenwald zum Teufelsschlund. Lasst die schimmernden Farben über den Wasserfällen auf euch wirken und stoßt mit einem Cocktail auf euren ersten Mondregenbogen an. Reserviert euren Platz im Voraus. Esst im La Selva zu Abend und verbringt auf diese Weise eine Extrastunde im Park.

WAS ES AUF DIESEM KONTINENT NOCH ZU ENTDECKEN GIBT:

» **Dünen: Jericoacoara, Brasilien · S. 150**
» **Eis: Los Glaciares, Argentinien · S. 174**

INLE-SEE
Myanmar

ASIEN

Myanmar · Inle-See

Vergesst die Ferienhäuser und den Wassersport auf gewöhnlichen Seen. Der Inle bietet etwas weitaus Fesselnderes: eine Reise in die Vergangenheit. 50 Jahre lang herrschte in Myanmar (auch als Burma bekannt) eine Militärdiktatur, die das Land für den Tourismus völlig abriegelte. Abgeschirmt von jeglicher Modernisierung pflegten die Einwohner von Inle Traditionen, die bis heute erhalten sind: Wohnen in Stelzenhäusern aus Bambus, Landbewirtschaftung mit der Kraft von Wasserbüffeln, Handweben farbenfroher Stoffe und Kanufahren nach der einzigartigen und graziösen Art der Inle (am Bug stehend und mit einem Bein rudernd). Das Land öffnete sich 2011, und obwohl es sich danach schnell zu einem begehrten Reiseziel entwickelte, ändern sich seine tausendjährigen Bräuche glücklicherweise kaum. Nyaung Shwe ist Inles Reiseknotenpunkt. Hier befinden sich ein Busbahnhof, ein Hafen, Gästehäuser, Fahrradläden und vieles mehr. Nehmt Inle als Ausgangspunkt, um die Gegend zu erkunden, oder checkt in einem der Landgasthäuser ein, um die Aussicht auf den See und den Service zu genießen. Fahrt mit dem Fahrrad entlang der bunten Kanäle, verbringt Zeit in den schwimmenden Dörfern (die Menschen in Myanmar gehören zu den freundlichsten weltweit) und engagiert einen einheimischen Bootsführer, der euch durch 116 Quadratkilometer Kanäle chauffiert, während ihr eine faszinierende Kultur in euch aufnehmen könnt.

⊠ BESTE REISEZEIT
Oktober bis Februar, um dem Monsun und den heißesten Temperaturen zu entgehen, oder Oktober, um die Blumen in voller Blüte zu erleben und dem jährlichen Phaung-Daw-Oo-Pagodenfestival beizuwohnen.

🏨 ÜBERNACHTEN
Pristine Lotus Resort: Schicke Suites am Seeufer und Maisonette auf dem Wasser. **Nawng Kham, The Little Inn:** Ein einfaches, preisgünstiges Gästehaus im Zentrum mit einer einladenden Außenanlage.

♥ ROMANTIK
Genießt ein Abendessen und eine überraschend gute Weinverkostung in den Red Mountain Estate Vineyards. Spaziert kurz vor Sonnenuntergang durch die Weinberge und nehmt an einem Tisch im Freiluftrestaurant Platz.

✓ HONEYTREK-TIPP
Bittet euren Bootsführer darum, die abgedroschenen Touristenattraktionen wie die Regenschirmfabrik, die Silberläden und das Jumping Cat Monastery (fragt nicht einmal danach) auszulassen. Verbringt lieber mehr Zeit auf dem Fünf-Tage-Markt und in der Shwe-Indein-Pagode und schwelgt in der Ruhe des Inle-Sees.

Ein Fischer, der sein Boot auf traditionelle Art rudert

Die unzähligen Stupas der Shwe-Indein-Pagode

ABENTEUER FÜR PAARE

Private Bootstour ▲

Engagiert einen Bootsführer am Dock, um bei Sonnenaufgang aufzubrechen. Seht dabei zu, wie morgendlicher Nebel über dem See emporsteigt, und beobachtet das ballettartige Rudern der Inle-Fischer. Macht in jedem Fall Halt im Dorf Inn Paw Khon, um einige der besten Weber von Myanmar zu sehen, und beobachtet das Ende des rotierenden Fünf-Tage-Marktes (die geschäftigen Bergvölker beim Beladen ihrer Boote zu beobachten, war unser Lieblingsmoment). Lasst euch in gemütlichem Tempo treiben, bis die Sonne untergeht.

Shwe-Indein-Pagode ▲

Hoch über dem See stehen über 1000 majestätische Stupas auf einem kleinen Hügel. Wandert zwischen den spektakulären Ruinen aus dem 14. bis 18. Jahrhundert und auf dem benachbarten, von einem Tempel gekrönten Berg umher. Verbindet euren Besuch mit einem halbtägigen Ausflug zum großartigen Wochenmarkt in Indein. Wenn eure Zeit knapp ist, kombiniert Indein mit einer ganztägigen Seentour (ihr braucht 45 Minuten, um den idyllischen Flusslauf hinaufzufahren, also müsst ihr wahrscheinlich euren Bootsführer überzeugen).

Radtour am See entlang ▲▲

Mit dem Fahrrad gewinnt man interessante Einblicke in das tägliche Leben der Einheimischen. Auf dem Weg von Nyaung Shwe nach Südosten erlebt man Bauern, die ihre Kohlpflanzen von Hand bewässern, Frauen in eleganten Longyis bei Straßenbauarbeiten und Braumeister, die in Kesseln mit Zuckerrohr rühren. Nach etwa zehn Kilometern erreicht ihr das Dorf Maing Thauk (erkennbar an einer auffallend langen Fußgängerbrücke). Pausiert zum Mittagessen in einem der schwimmenden Cafés und lasst euch im Boot zum anderen Seeufer übersetzen.

✣ Weise Worte

Wir haben noch nie freundlichere Menschen als in Myanmar getroffen. Kinder und Großmütter werden euch im Vorbeigehen Luftküsse zuwerfen, Fremde werden euch zum Tee einladen, und stolze Einheimische werden euch ihr Dorf zeigen – und erwarten dafür nichts weiter als eure Gesellschaft. Ein paar Ausdrücke in der Landessprache zu lernen, erleichtert diese Kontakte. Für den Anfang sind folgende Sätze hilfreich:

Hallo: *Min ga la ba.*
Wie geht es dir?: *Nei kaung la?*
Gut, danke: *Ne kaon ba de.*
Wie heißt du?: *Na meh be lou kor d'le?*
Schön, dich zu treffen: *Tway ya da wanta ba de.*
Dein Essen schmeckt köstlich: *Thate koun ta be.*
Danke: *Kyei zu tin ba de.*

Eine Marktverkäuferin verpasst Anne ein birmanisches Make-up (*thanaka*).

WAS ES AUF DIESEM KONTINENT NOCH ZU ENTDECKEN GIBT:

» Architektur: Bagan, Myanmar · S. 106
» Regenwälder: Khao Sok, Thailand · S. 182

Blick auf den Vulkan von unserem Bungalow im Bahía Zapatera, Nicaragua

Die Macht des Sees

Nur wenige Menschen kennen die zweitgrößte Insel des Nicaraguasees. Als einstiges spirituelles Zentrum der Chorotega-Indianer und privates Rückzugsgebiet der politischen Dynastie der Chamorro-Cordova schien die Isla Zapatera unerreichbar zu sein – bis vor Kurzem. Nach seinem Ausstieg aus der Politik beschloss Rafael Cordova, diese magische Insel mit Touristen zu teilen. Er zeigte uns die Kraterlagune, versteckte Petroglyphen und Artefakte, die er als Kind entdeckt hatte. Beim Schaukeln in den Hängematten der Bahía Zapatera fühlten wir uns, als hätten wir einen geheimen Schatz von nationalem Rang entdeckt.

TITICACASEE

Bolivien & Peru

Peru
Titicaca-see □ *Bolivien*

SÜD-AMERIKA

Als spiritueller Geburtsort der mächtigen Inkas ist der Titicacasee einer der größten Seen Südamerikas und wird oft als die höchstgelegene befahrbare Wasserfläche der Erde gerühmt. Die Inkas kamen im 15. Jahrhundert hierher, aber indigene Kulturen gab es dort schon seit Jahrtausenden. Sowohl die peruanische als auch die bolivianische Seite wollen unbedingt erwandert werden; Ruinen, ein Aufenthalt im Zuhause einer einheimischen Familie und ein Segelausflug zu abgelegenen Stränden stehen dabei auf dem Programm. Puno in Peru ist die Touristenhochburg, aber wir raten dazu, euer Lager in der lebhaften Kolonialstadt Copacabana in Bolivien aufzuschlagen. Ihre Energie erstrahlt von den geziegelten Kuppeln ihrer Basilika (wartet, bis ihr die tägliche Segnung der Autos seht) bis hinunter an den Strand mit seinen bemalten Fischerbooten, Ceviche-Ständen und bolivianischen Frauen mit ihren Melonenhüten und Petticoats. Macht euch durch eine Wanderung auf den Calvario mit der Umgebung vertraut. Von dieser Warte aus könnt ihr die Copacabana, die schneebedeckten Berge, die zerklüfteten Inseln und die endlose Weite des Titicacasees überblicken. Zieht nach ein oder zwei Tagen in der Stadt weiter zu den Inseln, um unvergessliche kulturelle Erfahrungen zu machen.

✖ BESTE REISEZEIT

Die wärmste und trockenste Zeit ist von Mai bis September, mit Tagestemperaturen zwischen 15 und 21 Grad Celsius am Tag und –6 bis –1 Grad Celsius bei Nacht. Auf 3810 Metern Höhe ist ein Alpakapullover eine gute Wahl.

▦ ÜBERNACHTEN

Rosario Lago Titicaca: Ein modernes Hotel mit einem Touch von bolivianischem Dekor und vielen westlichen Annehmlichkeiten. **La Cúpula:** Ein Bed and Breakfast mit 17 Zimmern in eigenwilliger Bauweise, das zentral gelegen, dabei aber sehr preiswert ist

♥ ROMANTIK

Brecht zu einem halbtägigen Bootsausflug auf und entspannt euch an abgelegenen Stränden mit einem gemieteten Boot von Inka Sailing. Dazu gibt es eine Flasche Cava, die ihr vor einer wunderschönen Kulisse trinkt.

✔ HONEYTREK-TIPP

Taucht durch eine Übernachtung bei einer einheimischen Familie in die indigene Kultur ein. Stellt euch auf eine rustikale Unterbringung ein und genießt sie.

Ruderer zwischen den schwimmenden Inseln der Urus

ABENTEUER FÜR PAARE

Wandern auf der Isla del Sol ▲▲▲
Erkundet die rund 80 Ruinen, die über dieser heiligen Insel der Inkas verstreut liegen. Lasst euer Gepäck in Copacabana und nehmt nur Ausrüstung für eine Übernachtung und ein Picknick mit. Besteigt dann das Wassertaxi nach Yumani. Wandert von Süden nach Norden entlang des acht Kilometer langen Wegs, vorbei an traditionellen Dörfern, unberührten Stränden und Sehenswürdigkeiten wie dem Pumapunku und dem Sonnentempel. Beendet euren Ausflug in Challapampa mit einem herzhaften Essen und erholsamem Schlaf und nehmt dann die Fähre zurück.

Die schwimmenden Inseln der Urus ▲
Nur aus Schilfgras und Seilen wurden diese Inseln vom Volk der Urus von Hand geschaffen, um der Herrschaft der Inkas zu entfliehen. Sie haben ihre ungewöhnliche Bautradition bis heute erhalten und zeigen sie stolz ihren Besuchern. Obwohl dieser Inseltrip ziemlich touristisch ist, ist er einfach zu pittoresk, um ihn auszulassen.

✥ Bendición de Movilidades

Vor der Basilika der Jungfrau von Candelaria in Copacabana stand eine lange Schlange von Autos, verziert mit Luftschlangen, Konfetti, Hüten und Spielzeug. Fahrer waren gekommen, um die Schutzheilige Boliviens um Schutz auf ihren Fahrten entlang der tückischen Bergstraßen zu bitten. Ein Priester trat mit Weihwasser an einen Minivan heran und sprenkelte es auf den Motor, auf alle vier Seiten des Vans und auf den Fahrer. Dessen Familienangehörige jubelten, zündeten Feuerwerkskörper und ließen Coca-Cola über die Motorhaube sprudeln (der Champagner des einfachen Mannes). Der Priester ging weiter zum nächsten Auto, eines von Dutzenden in der täglichen Bendición de Movilidades, und kehrte am folgenden Tag für dieses einzigartige bolivianische Ritual zurück.

Ein Priester segnet einen Minivan für seine künftigen Fahrten.

Übernachtung auf Taquile ▲▲▲
Verbringt die Nacht mit den Taquileños, einer Gemeinschaft, die von der UNESCO wegen ihrer bunten Textilien in die Liste des immateriellen Kulturerbes aufgenommen wurde. Die häusliche Unterbringung ist sehr einfach (ohne Elektrizität), aber dieses Erlebnis ermöglicht einen wertvollen Einblick in das Kunsthandwerk, die Küche und das Alltagsleben dieser Menschen. Wandert bei Tag zu den Prä-Inka-Ruinen und betrachtet nachts den unglaublichen Sternenhimmel.

WAS ES AUF DIESEM KONTINENT NOCH ZU ENTDECKEN GIBT:

» Berge: Urubamba-Tal, Peru · S. 38

» Übernatürliches: Departamento Potosí, Bolivien · S. 220

LIVINGSTONE
Sambia

AFRIKA

Sambia
Livingstone

Vielleicht liegt es am Getöse oder dem gewaltigen Sprühnebel des Wasserfalls, die über Kilometer wahrnehmbar sind, dass die Gegend um die Victoriafälle so faszinierend ist. Als Grenze zwischen Simbabwe und Sambia fließt der Sambesi über 2574 Kilometer, bis er schließlich als einer der größten Wasserfälle der Erde 108 Meter vor einer überwältigenden Szenerie in die Tiefe stürzt, die durch exotische Tiere, tropische Blumen und tiefe Schluchten fasziniert. Die Victoriafälle tragen den Namen der Königin von England aus dem 19. Jahrhundert, aber wir bevorzugen den einheimischen Tonga-Namen »Donnernder Rauch«. Anders als die meisten Wasserfälle bringt dieser bei jedem Abenteuer eine weitere Facette zum Vorschein – Riverrafting, Ultraleichtfliegen, Felsenwandern und das todesmutige Eintauchen in den Teufelspool. Wenn ihr euch stromaufwärts bewegt – sei es auf einer Safari im Mosi-oa-Tunya-Nationalpark oder bei einer Kanufahrt auf dem Oberlauf –, dann verändert sich die Landschaft von üppigem Regenwald in Buschland mit umherziehenden Elefanten, Giraffen, Zebras und dem einen oder anderen Löwen. Beendet jeden Tag mit einem Sundowner und lasst euch das afrikanische Essen in einem der Restaurants am Fluss oder in einem schwimmenden Esszimmer schmecken. Die Natur in Livingstone mag wild sein, an Luxus mangelt es dort aber nicht.

✕ BESTE REISEZEIT
April bis August ist die beste Zeit, um einen voluminösen Wasserfall, viele Wildtiere und angenehme Temperaturen zu erleben.

⬚ ÜBERNACHTEN
Tongabezi Lodge: Teils Luxus-Öko-Lodge, teils Abenteuerveranstalter und einfach wunderbar. **The Royal Livingstone:** Hotel im klassischen Kolonialstil in nächster Nachbarschaft zu den Wasserfällen.

♥ ROMANTIK
Esst allein auf einem laternenbeleuchteten Sampan. Wenn ihr in der Tongabezi Lodge seid, kann euch ein afrikanischer Chor euer Dessert versüßen.

✓ HONEYTREK-TIPP
Verbringt Zeit am oberen Flussabschnitt, um den Menschenmassen zu entgehen, und lernt die friedliche Seite des Sambesi kennen. Paddelt mit dem Kanu von Insel zu Insel – vergesst nicht Mosi Lager (ein lokales Bier), Angeln und Ferngläser für Nilpferdsichtungen einzupacken.

Die Victoriafälle erstrecken sich über Simbabwe (links) und Sambia (rechts).

Ein afrikanischer Elefant entlang unserer Kanuroute

ABENTEUER FÜR PAARE

Knife-Edge-Brücke ▲

Lauft den Weg parallel zur 1708 Meter breiten Wasser-fläche entlang. Zieht eure Regenjacken an und amüsiert euch, während ihr durch den Sprühnebel und die Regen-bögen eines der sieben Naturweltwunder lauft.

In den Himmel steigen ▲▲▲▲

Drachenflieger trifft auf Go-Kart – ein Ultraleichtflugzeug lässt euch über die Wasserfälle schweben und ermöglicht euch damit die ultimative Aussicht sowohl auf die sambi-sche als auch auf die simbabwische Seite – ganz ohne Visum.

Livingstone-Insel ▲▲▲

Nehmt ein Schnellboot zu der berühmten Insel am Abgrund der Wasserfälle. Haltet euch an den Händen, während ihr, so nah ihr euch traut, durch das Wasser in Richtung des Abgrunds watet, und fühlt den »Donnern-den Rauch«. *Tipp:* Bucht die letzte Tagestour, um vom Sonnenuntergang und einem Cocktailservice zu profitieren.

⊹ Nur nicht nachdenken!

Wir waren für den Sambesi Gorge Swing zusam-mengeschnallt, bereit, 50 Meter hinabzustürzen, um dann bei 160 Kilometern pro Stunde wie ein Pendel hin- und herzuschwingen. Wir schoben uns an den Rand der Plattform. »Eins, zwei ...« – unsere Fersen schoben sich noch weiter nach vorn – »... drei ... Springt!« Ich zögerte, vergaß aber, dass ich an Mike geschnallt war, der schnell in die Tiefe sauste. Diese halbe Sekunde Verzögerung führte dazu, dass wir seit-wärts direkt auf das steinige Flussbett zurasten. Wir schrien – ich in Todesangst und Mike aus extremer Euphorie. Als das Pendeln nachließ, konnte ich aber nicht anders, als zusammen mit ihm zu kreischen und zu lachen. Mit geschlossenen Augen und überglücklich, dem Tod entronnen zu sein, begannen wir uns unkon-trolliert zu küssen. Der Gorge Swing war schließlich doch nicht so fürchterlich.

Mike beim Ultraleichtfliegen über den Victoriafällen

Safari im Mosi-oa-Tunya-Nationalpark ▲▲

Unternehmt eine Pirschfahrt durch das palmengespren-kelte Grasland, um Elefanten bei der Überquerung eines Flusses, Warzenschweinjagden, grasende Zebras und springende Impalas zu beobachten. Fahrt den Rundweg auf eigene Faust, nehmt an einer organisierten Tour teil oder kombiniert eine Autofahrt mit einer Fußsafari, um Nashörner aus nächster Nähe zu erleben.

WAS ES AUF DIESEM KONTINENT NOCH ZU ENTDECKEN GIBT:

» **Auf Safari: Südluangwa, Sambia · S. 98**

» **Wüsten: Namib, Namibia · S. 152**

Burg Gutenfels über Kaub am Rhein

OBERES MITTELRHEINTAL *Deutschland*

VON AUDREY SCOTT UND DANIEL NOLL

EUROPA
Oberes
Mittelrheintal
Deutschland

D er Rhein ist seit dem Römischen Reich eine vielbefahrene Handelsroute. Über die Jahrhunderte sind entlang seines Ufers viele Städte und Schlösser entstanden, um Waren zu produzieren und diese lebendige Verkehrsroute zu schützen. Obwohl die Handelsbedeutung dieser Region abgenommen hat, versprechen die mittelalterlichen Städte und Weindörfer Kultur und Abenteuer. Das Mittelrheintal zwischen Rüdesheim und Koblenz wurde von der UNESCO aufgrund seiner historischen, kulturellen und geografischen Bedeutung als Welterbe Kulturlandschaft erfasst. Fachwerkhäuser reihen sich entlang kopfsteingepflasterter Straßen, durch die hügeligen Weinberge winden sich Wege, und zu beiden Seiten des Flusses befinden sich Schlösser – sie sind alle sehenswert. Wahrscheinlich werdet ihr den reizvollen und zentral gelegenen Marktplatz im Zentrum von Städtchen wie Bacharach oder Oberwesel aufsuchen, aber wir empfehlen euch auch, durch die Gassen und Seitenstraßen zu schlendern, um einen intensiven Eindruck von der lokalen Kultur zu erhalten. Die Einwohner der Rheingegend sind stolz auf ihre Städte und vor allem auf ihre Weine und die traditionelle Küche – fragt also nach ihren Empfehlungen und nehmt euch Zeit, um euren Aufenthalt in dieser Region zu genießen.

BESTE REISEZEIT
April bis Mai und September bis Oktober sind warm genug und weniger touristisch. Im Dezember finden besonders viele Festlichkeiten statt.

ÜBERNACHTEN
Breuer's Rüdesheimer Schloss: Ein familiengeführtes Hotel in einem renovierten Gebäude aus dem 15. Jahrhundert zwischen dem mittelalterlichen Ort und den Weinbergen. **Hotel im Schulhaus:** Eine ehemalige Schule, die von einem ihrer Schüler zu einem Boutiquehotel umgestaltet wurde.

ROMANTIK
Packt eine Flasche Rheingauer Riesling ein und macht euch auf in die Weinberge vor Lorch. Setzt euch auf eine Bank am Hügel und seht die Sonne über dem Rheintal untergehen.

UNCORNERED-MARKET-TIPP
Plant nicht zu viele Aktivitäten. Auf der Landkarte wirken die Entfernungen vielleicht kurz, aber der größte Spaß dieser Gegend liegt darin, sie gemütlich zu Fuß, auf dem Fahrrad oder per Schiff zu entdecken.

ABENTEUER FÜR PAARE

Seilbahnfahren in Rüdesheim am Rhein ▲▲

Erhebt euch über die Weinberge und blickt über das malerische Tal. Spaziert, oben angekommen, zum Niederwalddenkmal, um etwas über die Geschichte der deutschen Einigung im 19. Jahrhundert zu erfahren. Kehrt über die Fußwege durch die Weinberge in die Stadt zurück.

Fahrradfahren auf dem Rheinsteig ▲▲▲

Fahrt auf dem 321 Kilometer umfassenden Wegenetz durch Dörfer, Weinberge und an Bauernhöfen vorbei. Wenn ihr nicht Rad fahren wollt, könnt ihr auf diesen Wegen genauso gut wandern – tut dies bis zur Dämmerung und nehmt dann den Zug, den Bus oder die Fähre zurück zu eurem Hotel.

Weinverkostung im Rheingau ▲▲

Die ersten Weinreben im Rheingau pflanzten die Römer. Seither haben die Winzer dieser Region ihren Riesling und Pinot Noir zur Perfektion gebracht. Um in den Genuss lokaler Rebsorten und ihres Terroirs zu kommen, macht Halt beim Weinstand auf dem Rüdesheimer Marktplatz (März–Oktober), wo ihr Vintage-Weine von vier einheimischen Kellereien probieren könnt. Falls es euch hier zu kalt ist, zieht weiter zum Drosselkeller mit seinem Verkostungsraum, Museum und Vinothek.

Wanderung zur Burg Stahleck ▲▲

Um Bacharach, eine der idyllischsten Städte am Oberrhein, wirklich schätzen zu lernen, folgt ihr am besten dem steilen Pfad hinter der Hauptkirche hinauf zur 1000 Jahre alten Burg. Dieser sagenumwobene Bau ist heute eine beeindruckende Jugendherberge – tretet also ein, genießt einen Snack und lasst euch vom Panoramablick bezaubern.

⊹ Ratschlag für Paare

Verteilt eure Verantwortlichkeiten bezüglich der Reiseplanung und täglichen Entscheidungen nach dem Prinzip »mein Tag, dein Tag«. Derjenige, der an der Reihe ist, trägt die Verantwortung für die Logistik, die Karten und eine finale Entscheidung, wenn einmal Zweifel aufkommen. Dieser Ansatz teilt Aufgaben ausgewogen zu, die vielleicht lästig sind, und hilft dabei, unwesentliche Entscheidungen zügig zu treffen und nicht zu einem unnötigen Problem zu machen.

Die lebhafte Drosselgasse in der Fußgängerzone von Rüdesheim

WAS ES AUF DIESEM KONTINENT NOCH ZU ENTDECKEN GIBT:
» Berge: Lauterbrunnental, Schweiz · S. 32
» Architektur: Gent, Belgien · S. 116

POWER-PAAR: *Dan & Audrey*

Dieses Ehepaar hinter dem ausgezeichneten Reiseblog *UncorneredMarket. com* inspiriert Menschen dazu, ihrer Neugier zu folgen und ein ereignisreiches Leben zu leben. Sie vertreten eine menschliche Sichtweise, hinterfragen Stereotypen und eröffnen Freiräume für veränderte Wahrnehmungen. Nach 16 Jahren gemeinsamen Reisens in über 90 Länder ist ihre Abenteuerlust noch lange nicht gestillt – und sie sind immer noch verheiratet.

Fischer auf dem Mekong sehen in der Morgendämmerung nach ihren Netzen.

MEKONG-DELTA
Vietnam

M it landwirtschaftlichen Erzeugnissen beladene hölzerne Kähne drängen sich aneinander: Zierliche Frauen mit kegelförmigen Hüten strecken sich aus, um exotische Früchte miteinander zu tauschen. Palmen und Reisfelder bilden eine grüne Kulisse, und der Fluss verleiht der Szenerie einen zarten Schimmer. Kaum ein Ort ist so fotogen wie das Mekong-Delta, aber seine Energie lässt sich nur schwer einfangen. Im Delta, häufig als »Reisschüssel« Vietnams bezeichnet, wird ein Drittel der landwirtschaftlichen Erzeugnisse des Landes auf nur einem Zehntel seiner Fläche angebaut. Fischereien produzieren jährlich drei Millionen Tonnen Fisch, und in der Region werden mehr als 2000 Pflanzenarten kultiviert. Die Einheimischen sind ein regsames Volk, und obwohl sie nicht immer die Warmherzigsten sind, sind sie inspirierende Menschen. Der Mekong fließt vom Himalaya in 18 Flüssen herunter, die sich weiter in Tausende Kanäle teilen, und ist leicht über Ho-Chi-Minh-Stadt oder Phnom Penh zu erreichen, aber es ist schwierig, einen Einstieg zu finden. Cần Thơ, die größte Stadt des Mekong-Deltas mit dem größten schwimmenden Markt, ist einen Besuch wert, aber die kleineren Dörfer bringen euch näher an das Geschehen. Zeit auf dem gewaltigen Fluss zu verbringen, ist ein wunderbares Naturerlebnis – aber achtet darauf, dass ihr auch hinter den grünen Vorhang der Ufer blickt. Mit dem Fahrrad auf den schmalen Pfaden zwischen den Reisfeldern hindurchzustrampeln, mit dem Motorrad auf einen Berg zu fahren und Zeit auf den unzähligen Marktplätzen zu verbringen, sind faszinierende Alternativen zum Leben auf dem Fluss. Das Mekong-Delta ist nicht nur malerisch, sondern hat auch viele Dimensionen.

ASIEN

Vietnam

Mekong-Delta

 BESTE REISEZEIT

Dezember bis Mai mit ihrem klaren Himmel, üppiger Vegetation und ruhigen Gewässern. Von Januar bis März könnt ihr unglaublich schöne Blumen bewundern.

 ÜBERNACHTEN

Nam Bộ Boutique Hotel: Cần Thơ's moderne Unterkunft im Kolonialstil mit Flussblick, einem exzellenten Restaurant und zentraler Lage.
Oasis: Das Beste im bescheidenen Bến Tre mit einem Pool und Leihfahrrädern.

 ROMANTIK

Durchquert die Kanäle auf eurem eigenen schwimmenden Hotel mit Kapitän, Koch, Servicekraft und Barkeeper, einschließlich Fahrrädern und einem Ruderboot für Ausflüge. In den zwei Tagen und drei Nächten an Bord des Song Xanh Sampan werdet ihr wichtige Orte entlang des Mekong wie Sa Đéc, Cần Thơ und einige weniger bekannte Flussarme kennenlernen.

 HONEYTREK-TIPP

Seid auf der Hut vor gefälschter Markenware und feilscht, feilscht, feilscht ... Viele sind auf der Jagd nach schnellem Geld, nennen viel zu hohe Preise oder handeln nur im eigenen Interesse. Informiert euch, vergleicht Preise und nehmt nichts persönlich.

Wassermelonen auf dem schwimmenden Markt Phong Điền

ABENTEUER FÜR PAARE

Rund um den schwimmenden Markt Phong Điền ▲▲

Lasst die morgendlichen Menschenmengen des giganti-schen schwimmenden Marktes Cái Răng in Cần Thơ hin-ter euch und bittet euren Kapitän, euch zum kleineren schwimmenden Markt von Phong Điền zu bringen. Dort könnt ihr eine Einkaufserfahrung mit allen Sinnen erleben, von Boot zu Boot hüpfen, an Melonen riechen, euch unter die Bauern mischen und massenhaft Kostproben nehmen. Schlendert auf dem Rückweg durch die reizvollen kleinen Gemeinden entlang der Kanäle und seht dann die wuch-tigen Boote in Cái Răng.

Radtour entlang des Bến Tre ▲▲▲

Bekommt während einer halbtägigen Radtour einen Ein-druck vom ländlichen Leben. Überquert von der Stadt aus den Bến-Tre-Fluss und folgt den schmalen Wegen in den Dschungel, in Kokosnussplantagen und in Reisfelder. Zeigt Abenteuergeist (es gibt immer ein Boot, das euch zurück in die Stadt bringen kann), und ihr werdet diese ruhige Seite des Mekong voll auskosten können.

Koloniales Sa Déc ▲

Französische Kolonialarchitektur, buddhistische Tempel, schwimmende Blumengärtnereien und ein geschäftiger Markt am Ufer – kaum eine Stadt am Mekong ist reizvoller als diese. Besucht die kunstvoll verzierte Villa von Huỳnh Thủy Lê (Schauplatz des Buchs *Der Liebhaber* von Mar-guerite Duras) und die Thiên-Hậu-Pagode und riecht an den Tausenden Blumenarten im »Garten des südlichen Vietnam«.

✧ Spielt mit!

Wir lieben Volleyball (und haben uns auch dabei kennengelernt) und versuchen immer, wenn wir zufällig an einem Volleyballspiel vorbeikommen, mit von der Partie zu sein. In Bến Tre standen wir lächelnd an der Seitenlinie – und ehe wir uns ver-sahen, spielten wir auch schon mit und hatten zwölf neue Freunde. Egal, welchen Sport ihr mögt, er ist immer eine großartige Möglichkeit, um Sprach-barrieren zu überbrücken und in Kontakt mit den Einheimischen zu treten.

Anne beim Angriffsschlag für ihr Straßenteam

WAS ES AUF DIESEM KONTINENT NOCH ZU ENTDECKEN GIBT:

» Dünen: Mũi Né, Vietnam · S. 144

» Übernatürliches: Siem Reap, Kambodscha · S. 232

NAM-OU-FLUSSTAL

Laos

ASIEN

Nam-Ou-
Flusstal

Laos

Während ihr in einer Hängematte bei einem laotischen Bier entspannt, gleitet ein farbenfrohes Langheckboot auf dem Nam Ou durch das Karstgebirge. Ihr fragt euch: »Könnte das schöne Leben noch einfacher sein?« Dann nehmt ihr ein Boot stromaufwärts von Nong Khiaw nach Muang Ngoi Neua. Bis 2013 war dieses Dorf noch nicht über eine Straße mit der Außenwelt verbunden, und bis heute gibt es dort kein stabiles Stromnetz. Aber es wird noch ursprünglicher: Setzt euren Weg einige Stunden bis zu den Bergvölkern fort, wo sich seit Jahrhunderten kaum etwas verändert hat. Die Häuser werden nach wie vor aus Bambus geflochten, Hühner und Schweine laufen frei herum, und Tauschhandel ist die gängige Währung. Verbringt die Nacht mit laotischen Dorfbewohnern, entdeckt die kantigen Berge und taucht in eine Welt ein, wo die Zeit stehen geblieben ist. Auch wenn dies oberflächlich betrachtet nicht so scheint, hat Laos eine komplexe Geschichte. Die spektakulären Karsthöhlen von Nong Khiaw wurden während des Vietnamkriegs und des laotischen Bürgerkriegs als Zufluchtsorte genutzt. Bis heute finden Bauern im Gebiet von Muang Ngoi Neua beim Bearbeiten ihrer Felder Sprengkörper. Die Schönheit von Laos liegt auch in seiner Widerstandsfähigkeit.

❎ BESTE REISEZEIT

Oktober bis Februar bieten sehr angenehme Wetterverhältnisse, bevor die heiße Regenzeit von März bis September beginnt.

🏨 ÜBERNACHTEN

Nong Kiau Riverside: Die luxuriösesten Bungalows im Ort (nicht vergessen: Ihr seid in einer einfachen Umgebung). **Nicksa's:** Angenehme Unterkunft mit Restaurant am Flussufer in Muang Ngoi Neua, die sich auch ideal als Basis für mehrtägige Ausflüge in umliegende Dörfer eignet.

💗 ROMANTIK

Probiert ein traditionelles laotisches Barbecue bei einem romantischen Abend in der Q Bar von Nong Khiaw. Seid euer eigener Chefkoch, während ihr vor einem knisternden Tischgrill mit einer Auswahl an köstlichem Fleisch und Gemüse sitzt.

✅ HONEYTREK-TIPP

Verlasst euch nicht auf die Verfügbarkeit von Geldautomaten, Elektrizität und der meisten modernen Annehmlichkeiten. Reist mit extra Bargeld, einer Stirnlampe und einer offenen Einstellung an.

Kinder beim Schwimmen in der Abenddämmerung in Muang Ngoi Neua

Einer der 100 Wasserfälle auf dem Nong-Khiaw-Trek

ABENTEUER FÜR PAARE

Übernachtung im Dorf Huay Bo ▲▲▲
Wandert oberhalb von Muang Ngoi Neua zwei Stunden weiter, um in die laotische Bergkultur einzutauchen. Übernachtet im örtlichen Gästehaus und helft bei der Gemüseernte, fischt mit Netzen und bastelt an selbst gebauten Flussturbinen herum (die Hauptquelle für Elektrizität) – lebensnäher geht es nicht.

Phadeng-Gipfel ▲▲
Wandert zu einer Panoramaaussicht auf den Nam-Ou-Fluss, sägezahnförmige Gipfel und traditionelle Dörfer. Nehmt nach dem zweistündigen Aufstieg über Nong Khiaw die Szenerie im Schatten einer Bambushütte in euch auf.

Wanderung zu den 100 Wasserfällen ▲▲▲
Anders als die meisten anderen Routen, bei denen der Wasserfall sich am Ende befindet, führt dieser Weg direkt durch einen herabstürzenden Fluss. Mit der Hilfe der Fremdenführer von Tiger Trail, Bambusleitern und Abenteuergeist werdet ihr anderthalb Kilometer entlang an Wasserfällen Felsen hinaufklettern, bevor ihr den beeindruckendsten erreicht, um dort ein Mittagessen einzunehmen und euch im Wasser zu erfrischen. Folgt einem Dschungel-Trek wieder nach unten und nehmt ein Flussboot zurück nach Nong Khiaw.

Pha-Tok-Höhlen ▲▲▲
Höhlen wie die Pha-Tok-Höhle dienten während des Bürgerkrieges landesweit als Luftschutzbunker. Besucht die zerklüfteten Kalksteinhöhlen, um sowohl etwas über die Geschichte als auch über die Geologie zu erfahren.

✣ Ewige Reisende

Auf dem Boden eines Holzboots nach Muang Ngoi Neua waren wir zusammengepfercht mit jungen Rucksackreisenden, Dorfbewohnern und einem französischen Paar um die 60. Wir waren neugierig und fragten sie, was sie dazu gebracht hatte, so ein unbequemes Transportmittel zu wählen. »Wir haben uns 1972 beim Rucksackreisen kennengelernt«, sagte Michel, »und waren schon immer Anhänger eines einfachen, authentischen Reisestils.« Sie erzählten uns von der Zeit, als sie per Anhalter durch Thailand reisten, mit ihren Kindern in Europa campten und von ihrer bevorstehenden Reise nach Nordindien. In jeder Phase ihres Lebens hatte Reisen eine wesentliche Bedeutung. Und wie Christiane, Michels Ehefrau, sagte: »Mit jeder gemeinsamen Reise wird unsere Verbindung enger.«

Boote am Dock von Muang Khua

WAS ES AUF DIESEM KONTINENT NOCH ZU ENTDECKEN GIBT:

» **Regenwälder: Khao Sok, Thailand · S. 182**

» **Übernatürliches: Siem Reap, Kambodscha · S. 232**

Kajakfahren entlang der Felswände der Apostelinseln, Wisconsin

Ultimative Süßwasserabenteuer

Findet euren Adrenalinkick in diesen wilden Flüssen, Seen und Wasserfällen.

NEUSEELAND

1. Auf Gummireifen durch Waitomo

Treibt durch ein Netzwerk aus natürlichen Kalksteintunneln und Grotten und gleitet Wasserfälle hinab, während ihr eine Galaxie aus biolumineszenten Algen bewundert, die einen schillernden Effekt erzeugen – ob ihr euch nun in einem der Gummireifen dahintreiben lasst oder euch an einem der unterirdischen Wasserfälle abseilt.

VEREINIGTE STAATEN

2. Kitesurfen in der Columbia River Gorge

Die opulente Kluft an der Grenze zwischen Washington und Oregon wird vom Wind der Pazifikküste durchströmt und bietet die besten Voraussetzungen der Welt für Kitesurfer. Die Trainingsschulen vor Ort haben den höchsten Standard, also können sich auch Anfänger darin versuchen.

NEUSEELAND

3. Jetbootfahren auf dem Shotover

Der Shotover Jet mit Düsenantrieb ist eine neuseeländische Erfindung und rast mit 80 Stundenkilometern durch flache Gewässer. Zischt den wunderschönen Shotover-Fluss entlang, in einem Jetboot, das scharfe Kehrtwenden und 360-Grad-Drehungen ermöglicht – haarscharf an Felswänden und euren Nervenenden vorbei.

VEREINIGTE STAATEN

4. Kajakfahren zwischen den Apostelinseln

Die ehemaligen Gletscher des Lake Superior, wuchtige Wellen und Wintertemperaturen unter dem Gefrierpunkt formten diese roten Sandsteininseln und machten daraus einen Traum für Kajakfahrer. Folgt den vielen Rundungen der faszinierenden Inselküsten dieses Archipels bis hinein in verborgene Meereshöhlen.

ECUADOR

5. Kanufahren im Cashuarco-Canyon

Zwischen den Anden und dem Amazonas liegt die Stadt Baños de Agua Santa, die Abenteuerhochburg Ecuadors, insbesondere für Kanuten. Wandert durch den Dschungel, durchquert auf einer Seilrutsche eine Schlucht und springt von einer Klippe in den Fluss.

NORWEGEN

6. Parabungee in Voss

Beginnt mit Parasegeln über einem Gletschersee, und sobald ihr euch etwa 180 Meter hoch in der Luft befindet, springt von der luftigen Plattform und erlebt Bungeejumping in einer anderen Dimension – für Adrenalinjunkies ein doppeltes Hochgefühl.

MALAWI

7. Schnorcheln im Malawi-See

Süßwasserschnorcheln ist gewöhnlich nicht besonders aufregend, aber der Malawi-See ist ein regelrechtes Aquarium voll mit 600 verschiedenen Arten von Buntbarschen in allen erdenklichen Farben. Verbringt Zeit unter und auf dem Wasser dieses ökologisch und kulturell faszinierenden afrikanischen Sees.

NIEDERLANDE

8. Stehpaddeln über die Kanäle von Amsterdam

Auch wenn sie nicht prädestiniert für Wassersport sind, bieten die mehr als 150 Kanäle der Stadt die aufregendste Möglichkeit, die niederländische Hauptstadt zu entdecken. Stehpaddelt unter großartigen Renaissancebrücken hindurch, vorbei an historischen Häusern (darunter das Anne-Frank-Haus), und erobert die knapp 100 Kilometer malerischer Wasserwege.

NEPAL

9. Riverrafting auf dem Sun-Kosi-Fluss

Paddelt durch Klasse-V-Stromschnellen, die zwischen den schmalen Schluchten und bewaldeten Canyons des Himalaya hindurchbrechen. Folgt dem Sun Kosi bis zum Ganges und beobachtet, wie sich die Umgebung von den höchsten Bergen der Erde in tropische Regenwälder mit schwatzenden Affen verwandelt.

ISLAND

10. Erforschen der Eishöhlen auf dem Gletschersee Jökulsárlón

Der tiefste See Islands ist von Eisbergen durchsetzt und von einem Gletscher, Vulkanen und schwarzen Sandstränden umgeben. Erkundet die blauen Eishöhlen und bleibt lange wach, um möglicherweise Polarlichter zu sehen.

»Am Strand ist das Leben anders. Ein Tag vergeht nicht von Stunde zu Stunde, sondern springt von Stimmung zu Moment. Wir gehen mit der Strömung, richten uns nach den Gezeiten und folgen der Sonne.«

SANDY GINGRAS

Kapitel drei

STRÄNDE & INSELN

Lange Sandstrände vor einem türkisfarbenen Meer sind idyllisch – aber wir erwarten mehr von Inseln und Stränden. Natürlich ist es schön, sich zurückzulehnen und beim Klang der sich brechenden Wellen zu entspannen. Aber sobald wir am Strand entlangspaziert sind, unter einem Sonnenschirm ein Magazin gelesen haben und feierlich eine Piña Colada geschlürft haben, haben wir Sehnsucht nach mehr. Wir wollen zerklüftete Küsten, Sandbänke, die durch die Ebbe freigelegt werden, und Inseln mit mehr Tiefgang als nur einer hübschen Küstenlinie. Die besten Strände sind nicht nur schön anzusehen – sie wollen mit Schwimmflossen, Stiefeln und Surfbrettern entdeckt werden. Wenn wir also dieses perfekte Sandidyll erreichen, dann fühlen wir uns, als hätte es schon auf uns gewartet. Wir können die schönsten Fleckchen nicht immer für uns allein beanspruchen, aber wenn wir sie schon mit anderen teilen müssen, dann sollten diese Menschen den Ort bereichern – mit einer Kultur von Entdeckern, Gewürzhändlern, Königen, Kunsthandwerkern und einer Geschichte, die prunkvoller ist als das älteste Resort. Hinterfragt eure Vorstellung vom Traumstrand und entdeckt euer eigenes Paradies.

Flug in einem türlosen Hubschrauber über die Nā-Pali-Küste

KAUA'I
Vereinigte Staaten

NORD-AMERIKA

□ **Kaua'i**

Vereinigte Staaten

ine Vulkaninsel, die sich vom Grund des Meeres erhebt, bedeckt mit tropischem Regenwald, durchschnitten von Canyons und umgeben von rauen Klippen – Kaua'i ist mehr als nur ein schöner Strand. Hawaiis »Garteninsel« hat viele Gesichter, die entdeckt werden wollen, von den Luxusresorts von Hanalei Bay über die Hippiekommune des Kalalau Beach bis zu den Salzteichen in Hanapepe. Fliegt in das Zentrum der Insel, Lihue, mietet ein Cabrio und fahrt nach Norden, wo die Szenerie bereits als Kulisse zahlreicher Filme gedient hat (bekannt aus *Jurassic Park* und *Fluch der Karibik*). Segelt an der steilen Bergküste entlang, fliegt über den »Grand Canyon des Pazifiks« und schnürt eure Schuhe, um die atemberaubende Na-Pāli-Küste entlangzuwandern. Diese uralte Insel ist voller Abenteuer, aber macht euch keine Sorgen: Ihr findet dort auch 50 weiße Sandstrände und Dutzende von Resorts, in denen ihr euch fürstlich verwöhnen lassen könnt (damit die Balance eures Ferien-Yin-und-Yang stimmt). Ob ihr euch nun lieber per Helikopter oder rollendem Liegestuhl fortbewegt, Kaua'i macht es möglich.

⌧ BESTE REISEZEIT
März bis Mai und September bis November, um der Masse der Touristen, dem Regen und saisonalen Preiserhöhungen zu entgehen. Vergesst nicht Sonnencreme und Sonnenschirm.

🏨 ÜBERNACHTEN
St. Regis Princeville: Die Lage in der Hanalei-Bucht, die Küche von Jean-Georges Vongerichten und ein 465 Quadratmeter großer, scheinbar grenzenloser Pool sind schwer zu überbieten. **Fern Grotto Inn:** Hütten mit Selbstverpflegung und gut durchdachter Ausstattung wie Kajaks und Fahrrädern, gleich nördlich hinter Lihue.

♥ ROMANTIK
Schwelgt im Sonnenuntergang bei einem Ananasmojito im Beach House, ein Restaurant am South Shore mit einer Küche, die der Aussicht in nichts nachsteht.

☑ HONEYTREK-TIPP
Mietet unbedingt ein Auto. Es gibt zwar Taxis und organisierte Bustouren, aber ihr werdet ständig anhalten wollen, um ein Foto zu machen, Wanderpfade auszuprobieren und niedliche Städtchen zu besichtigen.

Ein handgeschnitztes Segelkanu legt in Hanalei Bay an.

Die rosa Salzkörner, die wie Kristalle auf den Esstisch rieselten, waren so wertvoll, wie sie aussahen. Die Einwohner von Kaua'i ernten seit Generationen das Salz des Feldes in Hanapepe und sind heute die Einzigen auf dem Archipel, die diese alte hawaiianische Tradition noch ausüben. Es ist Knochenarbeit ohne finanzielle Entlohnung – wie es die Ahnen vorschrieben, darf Hanapepe-Salz nur verschenkt werden.

Wir streuten die Kristalle langsam über unsere Goldmakrele (Mahi Mahi) und dachten an die Familien, die auf den roten Salzfeldern zusammenarbeiteten und dieses Mahl bereicherten. Wir dankten unserem einheimischen Freund Kai für das exzellente Abendessen. Er übergab uns einen kleinen Beutel mit Hanapepe-Salz und sagte: »Willkommen in Kaua'i.«

ABENTEUER FÜR PAARE

Segelkanu-Exkursion ▲▲

Entdeckt die Hanalei-Bucht auf einem 14 Meter langen traditionellen Kanusegelboot, handgeschnitzt von dem gebürtigen Hawaiianer Trevor Campbell. Nehmt an seinem Morgenschnorcheln teil, um in ruhigen Gewässern Delfine und Meeresschildkröten zu sehen, oder an der Nachmittagsführung zur Geschichte von Hanalei.

Mit dem Helikopter über die Insel ▲▲

Falls ihr dachtet, Kaua'i könne nicht noch schöner werden, dann organisiert einen Helikopterflug. Über Waimea (oft auch der »Grand Canyon des Pazifiks« genannt), entlang an den Windungen der Na-Pāli-Küste und hinein in den Krater von Mount Waialeale, ist er die beste Methode, einen Zugang zu den extremen Ausprägungen der Insellandschaft zu finden. Steigert das Abenteuer noch mit einem türlosen Helikopter von Jack Harter Helicopters.

Wanderung auf dem Kalalau Trail ▲▲▲

Nur auf einem 18 Kilometer langen Fußpfad erreichbar, erstreckt sich dieser Abschnitt der Küste von Kaua'i über fünf üppige Täler und dramatische Meeresklippen; hier findet ihr außerdem einige der schönsten Strände Hawaiis. Auf halbem Weg biegen die meisten Wanderer beim Fluss links ab, um den Wasserfall zu sehen, aber folgt nicht den Massen, sondern steuert stattdessen die

Abholbereite Surfbretter

Hippiekommune an (seid aber nicht schockiert, falls ihr ein paar barbusige Radfahrerinnen seht).

Surfen wie ein König ▲▲▲

Surfen war einst eine spirituelle und kunstvolle Praktik des polynesischen Königtums und ist damit eine urhawaiianische Erfahrung. Nehmt Anfängerstunden am leichter zu surfenden Hanalei oder Poipu Beach oder, wenn ihr zwischen November und Februar anreist – die »Big Wave Season« –, seht Profis am North Shore durch die Pipelines surfen.

WAS ES AUF DIESEM KONTINENT NOCH ZU ENTDECKEN GIBT:

» Berge: Mount Rainier, Vereinigte Staaten · S. 34
» Geschichte: Guanajuato, Mexiko · S. 114

NORTH ELEUTHERA
Bahamas

NORD-
AMERIKA
Bahamas
North Eleuthera

Etwas breiter als 1,5 Kilometer und 177 Kilometer lang, trennt das schmale Eleuthera kühn die smaragdgrüne Karibik vom tiefblauen Atlantik. Umgeben von über 100 Stränden, die von Ananasfeldern durchsetzt sind, ist es eine makellose karibische Insel ohne Hotelketten, Shopping-malls und sogar Ampeln. Einsame rosa Sandstrände und Lagu-nen mit Korallenriffen bieten reichlich Entspannung, während der lebhafte Harbour-Island-Distrikt nur zehn Minuten per Wassertaxi entfernt ist. Die winzige Insel war früher die Haupt-stadt der britischen Kolonie Bahamas. Geschmückt wird sie von farbenfrohen Holzrahmenhäusern und kopfsteingepflas-terten Straßen, die gerade breit genug für einen Golfwagen sind (das Haupttransportmittel). Aristokraten wie die Herzogin von Windsor und Stilikonen wie Diane von Fürstenberg haben viel Zeit auf Harbour Island verbracht. Trotz dieser Prominenz ist Briland (wie die Einheimischen die Insel nennen) charmant geblieben und nicht überheblich. Die erstklassigen Restaurants servieren Fisch, der mit von Hand ausgeworfenen Netzen gefangen wurde, Designerboutiquen befinden sich gleich neben Ständen mit Strohdach, und der Getränkemarkt ver-spricht ebenso viel Spaß wie die schicken Strandbars. North Eleuthera ist ein Ort der Kontraste, Überraschungen und Annehmlichkeiten – mit einem Wort: ein Paradies.

BESTE REISEZEIT

Dezember bis April ist Hochsaison, doch auch die Zwischensaison garantiert ebenso schönes Wetter wie eine einladende einheimische Szene.

ÜBERNACHTEN

The Cove: In einer Sandbucht gelegen, einge-rahmt von Korallenriffen, ist dieses Resort der Star von North Eleuthera. **Coral Sands:** Ein historisches und kürzlich renoviertes Boutique-hotel auf den fünf Kilometern rosa Sandstrand von Harbour Island.

ROMANTIK

Diniert in der Sommerresidenz The Landing aus dem 18. Jahrhundert. Erkundet die eleganten Räumlichkeiten im Plantagenstil und blickt bei Sonnenuntergang von der Terrasse aus auf den Hafen mit Segelbooten, während ihr Hummer mit Zitronengrasrisotto genießt.

HONEYTREK-TIPP

Auf Eleuthera gibt es keine öffentlichen Ver-kehrsmittel, aber auf der einzigen geteerten Straße gibt es immer freundliche Menschen, die in die gleiche Richtung wie ihr fahren. Es gibt zwar Taxis, aber lasst euch lieber von jeman-dem mitnehmen – die Begegnung mit Einheimi-schen ist eine unbezahlbare Erfahrung!

Der Fußpfad zum rosa Sandstrand von James Point

Mit dem Golfwagen auf der Hauptstraße von Harbour Island

ABENTEUER FÜR PAARE

Stehpaddeln entlang der Meeresklippen ▲▲▲
Schwingt euch auf ein Paddleboard, fahrt die Küste entlang und entdeckt auf eurem Weg die vielen privaten Strände und atemberaubenden Felsformationen. Die karibischen Gewässer sind ruhig, deshalb könnt ihr unbesorgt auch größere Entfernungen zurücklegen. Der Küstenabschnitt nördlich von Gregory Town (bei dem Haus von Lenny Kravitz) ist besonders schön. Fragt in eurem Hotel nach Boards oder lasst sie euch von Eleuthera Beach Toy Rentals liefern.

Eintauchen in die Queen's Baths ▲▲
Die Wellen des Atlantiks haben aus den Kalksteinklippen eine Unzahl von Farben, Texturen und künstlerisch anmutenden Formationen sowie auch mehrere natürliche Swimmingpools geformt. Kommt während der Ebbe und erkundet den Rand der tiefen Bucht; klettert dann über die Felsen hinunter und wärmt euch in den von der Sonne erwärmten Pools.

Wracks am Devil's Backbone ▲▲▲
An dieser zerklüfteten Kette seichter Korallenriffe zerschellten Hunderte Jahre lang Schiffe. Schlecht für die Seeleute, aber gut für Schnorchler und Taucher, um versunkene Relikte zu entdecken. Wenn ihr Sporttaucher seid, dann seht euch die *Carnarvon* an, ein 100 Jahre altes Wrack eines Frachtschiffs, bei dem ihr durch den Dampfkessel schwimmen könnt, wobei euch Adlerrochen, Schildkröten und sogar Hammerhaie begegnen. Für

Schnorchler eignen sich das seichter gelegene Potato & Onion oder das Train Wreck, ein Eisenbahnwaggon, der während des amerikanischen Bürgerkriegs von einem Binnenschiff fiel.

Historische Tour mit dem Golfwagen ▲
In der ersten Hauptstadt der Bahamas, Harbour Island, begannen Kultur und Stil der Bahamas. Besteigt zusammen mit Martin Grant, einem Brilander der fünften Generation, einen frisierten Golfwagen und seht die reizvollen Cottages, die St. John's Anglican Church (sie ist hellrosa) und die Lieblingsplätze der Einheimischen.

✢ Kein Moment der Langeweile

W o wollt ihr hin?«, rief uns eine ältere Dame von ihrem Golfwagen aus zu. Als wir antworteten: »Spanish Wells, Zentrum!«, antwortete sie: »Ihr seid gerade daran vorbeigelaufen!« Uns wurde klar, dass es hier nicht viel zu tun gab, und wir beschlossen, uns einfach von jedem mitnehmen zu lassen, der es uns anbot. Als Nächstes: Der kettenrauchende Richard und sein Schoßhund Peanut. Er war so versessen darauf, »neue Leute« mitzunehmen, dass er beinahe in uns hineinfuhr. Als wir erwähnten, dass wir Reiseschriftsteller seien, bestand er darauf, dass wir über das Bed and Breakfast seiner Schwester schreiben sollten. Sie führte uns herum und setzte uns dann am Markt ab, damit wir Sheenahs Ananaskuchen probieren konnten. Wir tourten den ganzen Tag über die Insel, aßen Gebäck und unterhielten uns mit schillernden Einheimischen.

Holzboot auf Girls Bank, ein Hotspot für Angler

WAS ES AUF DIESEM KONTINENT NOCH ZU ENTDECKEN GIBT:
» **Auf See: Mesoamerikanisches Riff, Belize · S. 126**

» **Roadtrips: Westkuba · S. 214**

Die Sprache der Inseln

Die aus dem 13. Jahrhundert stammenden Fischerdörfer der Insel Lošinj in Kroatien sind mit ihren bunten Häusern und kreuz und quer verlaufenden Steintreppen der Traum jedes Schriftstellers. Wir bekamen Gelegenheit zum Haussitting und machten diese idyllische Insel für einen Monat zu unserem Arbeitsplatz. Wir blickten aus dem Fenster über die Adria mit ihren Segelbooten und ihrer Bergkulisse, während wir dieses Kapitel schrieben. In diesem Buch wird Kroatien nicht eigens als Reiseziel vorgestellt, aber seine Meeresbrise und seine Sonnenuntergänge verbergen sich zwischen den Zeilen.

Das Einfallstor nach Stone Town, Sansibars historischem Zentrum

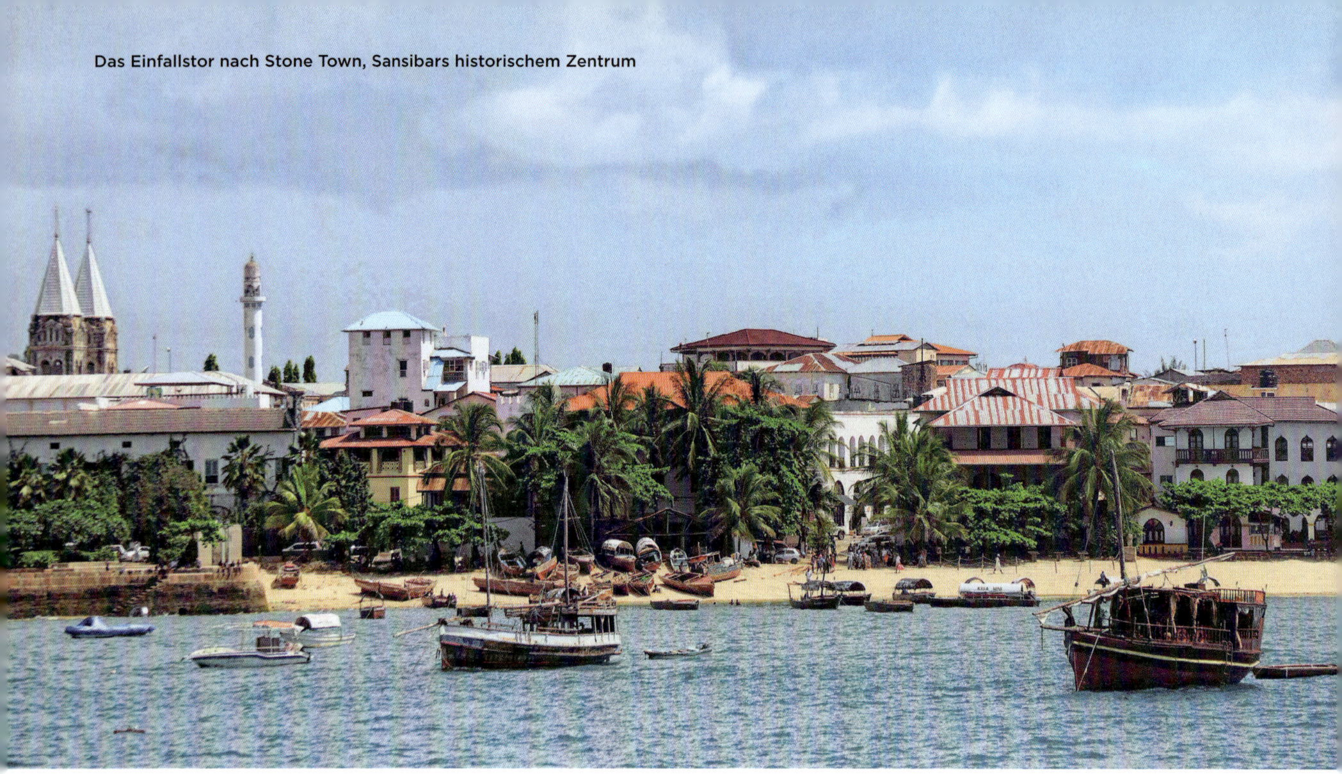

SANSIBAR

Tansania

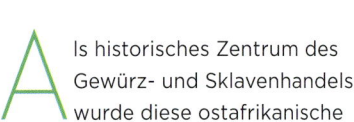

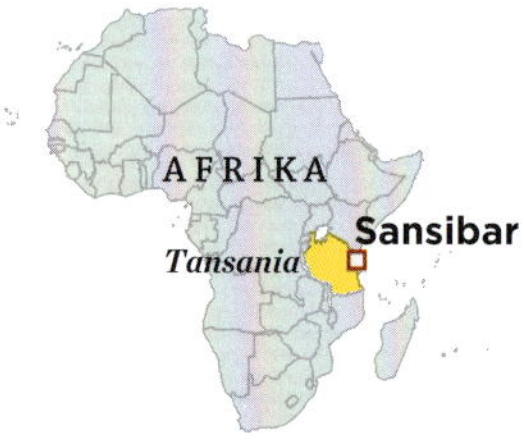

Als historisches Zentrum des Gewürz- und Sklavenhandels wurde diese ostafrikanische Insel von den vielfältigen Nationalitäten geprägt, die an ihren Ufern anlegten. Der Sansibar-Archipel wurde seit 600 v. Chr. von Seglern angefahren, während portugiesische Entdecker, britische Kolonialherren, arabische Kaufleute, indische Händler und omanische Sultane kaum eine andere Wahl hatten, als sich hier niederzulassen. Wer ließe sich nicht von einem so wunderschönen Ort verführen, mit seiner üppigen Vegetation, die eingesäumt ist von Sandstränden und einem von Leben überquellenden Meer? Trotzdem wissen kluge Reisende, dass die eigentliche Schönheit Sansibars in seiner bunten Mischung aus verschiedenen Kulturen und seinem mysteriösen Charme liegt. Bis heute existiert keine definitive Landkarte von Stone Town. Die schmalen Straßen scheinen sich in Knoten zu verwinden und in alle Richtungen auszufransen. Der Gebetsruf hallt durch die Gassen, und in bunte Hidschabs gekleidete Frauen spähen hinter Holztüren mit Schnitzwerk hervor. Sobald die Sonne untergeht, verbreitet sich der Duft von gegrillten Meeresfrüchten und der Klang von Swahili-Musik, während die funkelnden Lichter des Nachtmarkts am Hafen alle anlocken. Entdeckt die Gewürzplantagen hinter den Currys, segelt in den hölzernen Daus der Händler von einst und schlendert goldene Strände entlang, die durch eine vielseitige Kultur bereichert werden.

BESTE REISEZEIT

Dezember bis Februar bieten perfektes Wetter zum Sonnenbaden. Juni bis Oktober sind immer noch trocken, etwas kühler und fallen mit der Safarisaison des Festlands zusammen.

ÜBERNACHTEN

Baraza: Dieses aufwendige Refugium im omanischen Stil am östlichen Strand kultiviert die beste Mischung aus Glückseligkeit und Strandabenteuer. **Zanzibar Coffee House:** Der beliebteste Coffeshop von Stone Town besitzt ein stylishes Bed and Breakfast im angrenzenden Gebäude aus dem 19. Jahrhundert.

ROMANTIK

Auf der Dachterrasse mit Panoramablick des Emerson Spice Tea House könnt ihr es euch auf einem Meer aus bunten Kissen gemütlich machen, während ihr bei Livemusik sansibarische Köstlichkeiten genießt.

HONEYTREK-TIPP

Spart euch den Flughafen Dar-es-Salaam: Der Flug auf die Insel dauert länger, als die 35 Kilometer auf der Fähre zurückzulegen. So spart ihr nicht nur Zeit und Geld, sondern schont die Umwelt, seht die wunderschöne Küstenlandschaft und kommt in Kontakt mit der einheimischen Kultur.

Mit dem Fahrrad entlang der Korallenküste der Michanwi-Pingwe-Halbinsel

ABENTEUER FÜR PAARE

Rundgang durch Stone Town ▲

Spaziert mit einem einheimischen Fremdenführer durch das von der UNESCO zum Welterbe ernannte Viertel, der euch das Labyrinth etwas zugänglicher macht, indem er Stätten wie das omanische Alte Fort und den Sklavenmarkt erklärt. Er macht euch auf die schönsten Schnitztüren (das Wahrzeichen Sansibars), Gewürzläden und die besten Chapatis aufmerksam und führt euch zu den Schätzen der Insel. Wenn ihr allein seid, dann besucht unbedingt das Museum »Palast der Wunder« und den besonders authentischen Darajani-Markt.

Auf einer Dau zur Sandbank ▲▲

Segelt auf einer traditionellen Dau zur Insel Bawe. Schnorchelt dort über den Korallen und Tropenfischen, fahrt weiter zur Sandbank, eine Insel, die nicht von dieser Welt zu sein scheint und sich mit dem Gezeitenwechsel zeigt oder verschwindet. Macht ein Strandpicknick und lasst euch durch die Vielzahl an Vögeln sowie von skurrilen Geisterkrabben unterhalten.

Verkostung auf einer Gewürzplantage ▲

Lernt etwas darüber, wie die Gewürze Sansibars die Geschichte des Landes bereichert haben, indem ihr eine der vielen Gewürzplantagen der Insel besucht. Auf einer Anlage wie Tangawizi könnt ihr frisches Zitronengras,

Kardamom, Lychees, Jackfrucht und andere berauschende Köstlichkeiten anfassen und kosten.

Radtour zum Rock ▲▲

Macht einen Ausflug zur Halbinsel Michanwi Pingwe, fahrt mit dem Fahrrad über den glatten Strand, springt ins Wasser und freut euch auf The Rock. Auf dieser winzigen Koralleninsel ist gerade genug Platz für eine Gourmetküche, zwölf Tische und eines der verträumtesten Restaurants am Indischen Ozean. Je nach Wasserstand könnt ihr zu diesem unvergesslichen Seafood-Erlebnis waten, laufen oder mit dem Boot fahren.

✤ Unsere verrückte Überlandfahrt

Google Maps gab an, dass die Küstenroute von der Insel Ibo, Mosambik, nach Sansibar nicht zu bewältigen sei. Aber es waren doch nur 800 Kilometer gerade an der Küste entlang – wie schwer konnte es schon sein? Also segelten wir in Daus, ließen uns auf dem Dach von Bananenlastern mitnehmen, schliefen in Lehmhütten, wateten durch Flüsse, fuhren auf Pickup-Trucks, die Gin schmuggelten, und nach 14 Teilstrecken und vier Tagen unterwegs kamen wir schließlich an. Diese Reise war kein Kinderspiel, aber unvergesslich und auch ein Beweis dafür, dass es immer einen Weg gibt.

Einheimische schneiden auf dem Darajani-Markt eine Melone auf.

WAS ES AUF DIESEM KONTINENT NOCH ZU ENTDECKEN GIBT:

» **Wasserfälle: Livingstone, Sambia · S. 54**

» **Auf Safari: Ngorongoro-Krater, Tansania · S. 92**

RAILAY
Thailand

ASIEN

Railay ☐ *Thailand*

Da die Railay-Halbinsel nur
mit dem Boot erreichbar
ist, könnte man glauben, sie sei weit abgelegen. In
Wirklichkeit isolieren aber nur der dichte Dschungel und die
rauen Kalksteinklippen diese Oase vom Festland. Das reizvolle Karstgebirge mit seinen Stalaktiten und Höhlen gefällt
jedem, aber am meisten lieben es die Kletterer. In Railay gibt
es mehr als 700 Kletterrouten über die Felswände plus Fels-
vorsprünge, die perfekt für *Deep Water Soloing* geeignet
sind: freies Klettern über dem Meer mit einem anschließenden Sprung aus großer Höhe. Railay ist aber nicht nur etwas
für Adrenalinjunkies: Es hat auch Strände an der Andamansee, die für jeden Geschmack etwas bieten: Railay West
(Resortgänger), Railay Ost (Flashpacker), Tonsai (Kletter-
begeisterte) und Phra Nang (für jeden, der einen »schönsten
Strand der Welt« sucht). Probiert alle aus; der Weg dorthin,
ob ihr nun schwimmt, wandert, klettert oder den Strand
ablauft, ist der halbe Spaß. Nehmt ein Boot zu den umliegenden Inseln, schnorchelt bei Nacht in den biolumineszenten Gewässern und tut, was man in Railay am besten
kann: Entspannen und das Leben genießen.

✕ BESTE REISEZEIT
Die Monate November bis März sind sonnig,
aber nicht zu heiß. Von Mai bis Oktober
herrscht Regenzeit.

⌂ ÜBERNACHTEN
Phutawan Resort: Ein ruhiger und erschwing-
licher Rückzugsort inmitten der Klippen von
Railay Ost. **Rayavadee Resort:** Dieses Small
Luxury Hotel of the World beinhaltet Villen,
private Swimmingpools, Butlerservice und ein
Restaurant in einer natürlichen Grotte.

♥ ROMANTIK
Macht einen Kochkurs in der Strandküche der
Tew Lay Bar. Genießt anschließend die Früchte
eurer Arbeit und lasst den Tag bei einem
Sonnenuntergangscocktail auf einer der
Baumhausterrassen der Bar ausklingen.

✓ HONEYTREK-TIPP
Achtet auf die Gezeiten, um eure Zeit bestmög-
lich zu nutzen. Unternehmt euren Besuch des
Phra Nang und eure Lagunenwanderung bei
Flut und eure Wanderung zum Tonsai bei Ebbe.

Longtail-Boote landen am noblen Railay West.

Klettern in den Karstgesteinsformationen am Tonsai-Strand

ABENTEUER FÜR PAARE

Schnorcheln im Leuchten der Nacht ▲▲

Segelt am Spätnachmittag um die Inseln und legt, ehe die Sandbänke verschwinden, zu einem Sonnenuntergangsbarbecue an. Wenn das Feuer langsam erlischt und die Sterne am Himmel sichtbar werden, ist es Zeit für ein unvergessliches Schnorchelabenteuer in der dunkelsten Bucht, die ihr finden könnt: Dieser Teil der Andamansee ist voll von phosphoreszierendem Plankton. Wenn ihr durch das Wasser schwimmt, wird es euch vorkommen, als ob ihr eine Sternengalaxie durchquert.

Zum Aussichtspunkt und zur Lagune ▲▲▲▲

Auf halbem Weg zum Phra Nang wird euch ein steiler, schlammiger und mit knorrigen Bäumen bewachsener Hang auffallen – wagt euch hinauf, um einen Panoramablick über die Halbinsel zu erhaschen. Wenn euch dieser kurze, aber intensive Aufstieg nicht erschöpft hat, setzt euren Weg durch den Dschungel über die Reihe der Felsklippen fort. Bei Flut findet ihr am Ende eine verwunschene smaragdgrüne Lagune.

Deep Water Soloing ▲▲▲▲

Segelt an die zerfurchten Klippen heran und schwimmt der ultimativen Freikletterefahrung entgegen. Kaum aus dem Wasser, klettert ihr wie Spiderman die Kalksteinwand nach oben. Wählt eure Haltepunkte mit Bedacht – es gibt keine Seile, und das unter euch liegende Meer ist eure einzige Sicherung. Haltet immer wieder auf den Felsvorsprüngen inne, um die Aussicht zu genießen. Und vergesst nicht: Je höher, desto größer die Fallhöhe.

Hinter dem Phra-Nang-Strand ▲▲

Dieser von spitzen Felstürmen eingerahmte Traumstrand wird von vielen Touristen und thailändischen Fischern besucht (es gibt dort einen einer mythischen Seegöttin geweihten Schrein mit farbenfrohen Opfergaben in Form von Phalli). Um ein kleines Stück des Paradieses für euch zu haben, lauft zum Ende des Strands und durch die Schlucht, die auf der anderen Seite eine friedliche Bucht freigibt. Schnorchelt um die Felszunge herum (die Bögen kann man durchschwimmen) und macht euch dann wieder auf den Rückweg zum Phra Nang, während ihr durchwegs einen tollen Ausblick habt.

✣ Alte und neue Traditionen

Wir waren zwar in einem buddhistischen Land, aber wir wollten keinesfalls auf unsere Tradition verzichten! Wir dekorierten einen Bananenbaum mit Lametta aus aufgefädeltem Popcorn, selbst gemachten Muschelschalenornamenten und roten und grünen Malay-Äpfeln. Wir wickelten unsere Geschenke in Palmenblätter ein und machten Bescherung (zufällig schenkten wir uns beide Schwimmbrillen und Nuss-Nougat-Creme). Für unser Festessen nahmen wir einen Thai-Kochkurs – Panang-Curry wird für uns immer ein bisschen wie Weihnachten schmecken.

Beim Dekorieren des (Bananen-)Weihnachtsbaums

WAS ES AUF DIESEM KONTINENT NOCH ZU ENTDECKEN GIBT:

» **Flüsse: Mekong-Delta, Vietnam · S. 58**

» **Auf See: Komodo, Indonesien · S. 132**

Sonnenuntergang vor Ella's Place, gemütlichen Bungalows in Salang

TIOMAN
Malaysia

VON VAUGHAN UND LAUREN MANUEL McSHANE

ASIEN

Tioman Malaysia

n Bezug auf südostasiatische Strände ist Malaysia immer noch ein kaum bekanntes Wunderland. Unter den 64 winzigen Inseln, die den Seribuat-Archipel bilden, ist Tioman mit 39 Kilometern Länge noch eine der größten. Und nach zwei Jahren in Malaysia können wir sagen, dass sie auch zu den schönsten gehört. Neben ihren herrlichen Buchten und dem dichten Tropenwald gibt es nur eine Hauptstraße, und Boote sind meist das beste Verkehrsmittel, um an die weißen Sandstrände zu gelangen. Als begeisterte Wassersportler haben wir uns auf Tioman gleich zu Hause gefühlt, da uns jede Bucht dort eine andere Möglichkeit bot, das Meer zu erleben: sei es beim Stehpaddeln, Tauchen, Schnorcheln, Schwimmen oder Surfen. Obwohl die Insel umwerfend schön ist, liegt ihre Besonderheit unter der Oberfläche des 29 Grad warmen Wassers. Schwimmt zu den küstennahen Korallenriffen, wo grüne Schildkröten, Falterfische, Riffhaie, Nacktkiemerschnecken und Rochen auf euch warten. Tioman hat gerade genug Tourismus, um zum entspannten, unkonventionellen Flair der Insel beizutragen, aber nicht so viel, um ihren unverdorbenen Glanz zu ruinieren. Freut euch am bezaubernden Unterwasserleben und an der wilden Schönheit dieser Insel.

 BESTE REISEZEIT

März bis November sind ideal. Von Dezember bis Februar (Regenzeit) bleiben viele Einrichtungen geschlossen, aber Surfer können immer noch den guten Wellengang ausnutzen.

 ÜBERNACHTEN

1511 Coconut Grove: Abgeschiedene, noble Strandhütten in Juara. **Ella's Place:** Rustikale Hütten am Salang-Strand mit Hängematten und Klimaanlage.

 ROMANTIK

Packt ein Picknick und eure Schnorchelausrüstung ein und segelt dann nach Coral Island oder Monkey Bay, um den Sonnenuntergang zu beobachten. Dort ist es oft menschenleer, trotz strahlend weißem Sand und einer unglaublichen Fülle von Meereslebewesen unterhalb der Wasseroberfläche.

 DER TRAVEL-MANUEL-TIPP

Der Fährenfahrplan von Mersing ändert sich mit den Gezeiten – informiert euch also, bevor ihr aufbrecht. Hebt auf dem Festland oder am Tekek-Fährenterminal Bargeld ab (das sind die einzigen Orte mit Geldautomaten).

ABENTEUER FÜR PAARE

Trekking zum Pulau-Tioman-Reservat ▲▲▲

Der Regenwald im Inselinneren strotzt vor Flora und Fauna wie Javaneraffen, Malaien-Gleitfliegern und Fleckenmusangs. Die Wanderung beginnt bei der Moschee von Tekek und führt über die Schotterstraße durch den Dschungel nach Juara (unser Lieblingsstrand).

Asah-Wasserfall ▲▲

Der Asah ist der größte Wasserfall der Insel und etwa eine halbe Stunde Fußmarsch von Mukut entfernt. Genießt eine leichte Wanderung mit gutem Schuhwerk oder nehmt ein Boot und legt unterwegs an mehreren Stränden einen Stopp ein.

Strandtauchgang in Salang ▲▲▲

Legt eure Tauchausrüstung an und lauft vom Strand aus zum Salang-Wrack oder zur Salang Jetty, zwei pulsierenden Tauchspots. Schwimmt an dem gesunden Riff mit Schwarzspitzenhaien, Schildkröten und farbenfrohen Papageifischen entlang. Salang ist ein exzellenter Ort zum Strandtauchen und um ein PADI-Zertifikat zu erwerben, aber wenn ihr lieber schnorchelt, haltet euch einfach links von der Jetty und bewundert das vielfältige Unterwasserleben.

Kajakfahren in den Buchten ▲▲▲

Umrundet diese dicht bewaldete Insel mit dem Kajak. Nehmt ausreichend Sonnenschutz und Wasser mit, brecht früh am Morgen auf und erkundet die unterschiedlichen Buchten von ABC Beach, Tekek, Juara und Salang. Verschnauft an jedem der wunderschönen Strände und macht in jedem Fall einen Halt bei der zauberhaften Monkey Bay.

✧ Ratschlag für Paare

Reisen ist nie vollkommen planbar, aber genau das macht es sehr romantisch, etwa, wenn ihr spontan mit einem Motorrad über eine tropische Insel fahrt, während ihr euch aneinander festhaltet. An einem Strand mieten wir immer einen Motorroller – so kommen wir in den unmittelbaren Naturgenuss, während wir von A nach B fahren. Diese Art zu reisen auf offener Straße, mit der Freiheit, nach Lust und Laune Orte und auch die ruhigsten Winkel zu erkunden, ist von vornherein aufregend. Einmal fuhren wir mit unserem Motorroller über einen Inselbergpass, der nur für Geländewagen gedacht war – aber wir hatten definitiv ein intensiveres Erlebnis!

Ein Schwarm Mondschwanzgroßaugen begleitet uns beim Tauchen.

WAS ES AUF DIESEM KONTINENT NOCH ZU ENTDECKEN GIBT:

» Seen: Inle-See, Myanmar · S. 48

» Regenwälder: Khao Sok, Thailand · S. 182

POWER-PAAR: *Lauren & Vaughan*

Lernt das Duo hinter *TheTravelManuel.com* kennen, der zwei Jahre in Folge zum besten Reiseblog Afrikas gewählt wurde. Als Liebhaber von Wassersport und Freiluftabenteuern für Paare und Familien (besonders mit ihrem süßen Knirps) finden sie jederzeit einen Grund, um auf eine tropische Insel zurückzukehren, solange dort Wi-Fi und Espresso angeboten werden.

SAMANÁ
Dominikanische Republik

NORD-
AMERIKA

*Dominikanische
Republik*

Samaná

Die üppig bewachsene Halbinsel
Samaná liegt an der Nordostküste der Dominikani-
schen Republik und ist voller Berge, Dschungel,
Strände und Inseln – und merkwürdigerweise kaum Ziel für
Touristen. Die Region folgt schon immer ihrem eigenen
Rhythmus – sei es bei der leidenschaftlichen Abwehr von
Eindringlingen während des Kolonialismus, bei einzigartigen
Festlichkeiten wie dem traditionellen Erntefest oder ihrem
evangelikalen Glauben, der immer noch Raum für sinnliches
Salsatanzen lässt. Die Einwohner sind stolz auf die Schönheit
ihrer Region und bemühen sich, sie schrittweise und nachhal-
tig zu entwickeln. Santa Bárbara de Samaná ist das Herz der
Halbinsel und wird daher von jedem nur »Samaná« genannt.
1756 fanden die Spanier, diese geschützte Bucht mit ihrer
prächtigen Bergkulisse, ihren Inselchen und Stränden sei
ein guter Ort, um sich hier niederzulassen. Ihr werdet mehrere interessante Kolonialgebäude vorfinden (verpasst auf
keinen Fall die Wellblechkirche La Churcha); das architektonische Vorzeigestück der Stadt ist aber die imposante
Fußgängerbrücke, die über die Bucht zu den Inseln führt.
Versucht euch im Seilrutschen, Insel-Hopping, Bachata-
Tanzen oder Reiten und erfahrt eine Mischung aus Luxus
und Ortstypischem, um den verführerischen, eigenwilligen
Rhythmus von Samaná zu spüren.

⊠ BESTE REISEZEIT
Februar bis Mai und Oktober bis November
sind die besten Monate. Während dieser Zeit
entgeht man der Hitze, den Menschenmassen
und den Wirbelstürmen.

⊞ ÜBERNACHTEN
Dominican Tree House Village: Lässig-rusti-
kale Strohhäuschen zwischen den Bäumen von
El Valle mit Gemeinschaftsfeeling und vielen
Abenteuerangeboten. **Sublime Samana:** Eine
Mischung aus Strandvillen mit Selbstversor-
gung und Suiten mit Rundumservice in der
Nähe des lebhaften Las Terrenas.

♡ ROMANTIK
Entflieht zu den Stränden von Las Galeras und
schlürft bei Sonnenuntergang Cocktails auf der
Terrasse des Klippenrestaurants El Cabito. Verlängert euren glückseligen Aufenthalt in dessen
rustikal-schickem Hotel.

✓ HONEYTREK-TIPP
Bucht euren Flug so, dass ihr die sonntägliche
Konzertreihe im Monasterio de San Francisco
besuchen könnt. Am Fuß der stimmungsvollen
Ruinen aus dem 16. Jahrhundert ist eine kom-
plette Bühne aufgebaut, und die ganze Stadt
scheint dort abzutanzen.

**Die winzige Insel Cayo Levantado
(auch bekannt als Bacardi Island)**

Seilrutschen durch das dicht begrünte El Valle

ABENTEUER FÜR PAARE

Tandemseilrutschen ▲▲▲
Auf dem höchsten Berg der Region ist die Samaná Zipline mit zwölf Seilabschnitten, die zickzackförmig über die einzelnen Stationen verlaufen (einige davon bis 137 Meter hoch), eine der aufregendsten und landschaftlich reizvollsten Attraktionen in der Karibik. Während ihr zusammengeschnallt seid, versucht Überschläge, Umdrehungen und Kopfunter-Küsse und saugt dabei die umwerfende Aussicht auf das Tal, den Dschungel und den Strand in euch auf.

Strandtag auf El Valle ▲
Eine Insel umgeben von Bergen, verziert mit Palmen, schroffen Klippen, goldenem Sand und einer reizenden einheimischen Szene – El Valle ist unser Lieblingsstrand in Samaná. Schlendert, schwimmt oder setzt euch in die Palapa-Bar, um Fischer zu beobachten, wie sie ihre Boote an Land ziehen, Kinder, die Baseball spielen, und Wellen, die sich an den Klippen brechen.

Reiten zum El-Limón-Wasserfall ▲▲
Besteigt ein *caballo* und trabt durch Flüsse, durch Dschungel und über Berge bis zum Panoramablick über die Halbinsel. Bindet eure Pferde neben der Snackbar an

✣ Nacht in der Colmado

Wir folgten dem Klang von Bongos, Kuhglocken und Gelächter zur Colmado Anthony (*colmados* sind die für die Dominikanische Republik typischen Freilufteckläden, die gleichzeitig als Nachbarschaftsbar dienen). Wir spähten lächelnd auf diese Einheimischen-party, bis uns ein angehender Freund, Jaime, herüberwinkte. »Bienvenidos! Kommt, trinkt ein Glas Mama Juana!« Nach einigen Schluck dieses Kräuter-Rum-Weins tauschten wir Anekdoten auf Spanglish aus, versuchten uns im Merengue-Tanzen und machten Pläne für ein Baseballspiel am nächsten Tag.

Sonntägliche Nachtkonzertreihe in Santo Domingo

und leistet den Einheimischen auf ein Bier und eine Partie Domino Gesellschaft, bevor ihr eine kurze Wanderung hinunter zum El Limón beginnt, einem Wasserfall, der über 40 Meter in einen weitläufigen natürlichen Badepool mit Grotten hinabfällt.

Inseltour im Los-Haitises-Nationalpark ▲▲
Segelt über die Bucht, bis ihr von Dutzenden Karst-inselchen und Scharen von Raubvögeln umgeben seid. Umrundet langsam die Inselchen, dann folgt dem Fluss-verlauf landeinwärts zu den Mangroven und Höhlen. Die Cueva de la Linea beeindruckt nicht nur durch ihre kargen Felsformationen, sondern auch durch faszinierende, uralte Piktogramme der Taíno.

WAS ES AUF DIESEM KONTINENT NOCH ZU ENTDECKEN GIBT:

» Auf Safari: Tortuguero, Costa Rica · S. 100

» Regenwälder: St. Lucia · S. 190

Maya-Ruinen über den Stränden von Tulum, Mexiko

Beste Strände

Schöne Strände gibt es in allen Formen und Größen. Findet euren Lieblingsstrand.

AUSTRALIEN

1. Bunter Sand: Rainbow Beach

Sand in über 70 Farben bildet die in die Höhe ragenden Klippen der Halbinsel Inskip in Queensland. Diese reichhaltigen Mineralien entstanden seit der letzten Eiszeit und sind farbenfroh wie eh und je. Die blaugrüne See und der weiße Sand vor den Klippen in Regenbogenfarben ergeben einen atemberaubenden Kontrast.

MEXIKO

2. Geschichte: Ruinas de Tulum

Weißer Sand, türkises Wasser und sich im Wind wiegende Palmen wären schon genug Gründe, um Tulum zu besuchen, aber Ruinen aus präkolumbischer Zeit oberhalb des Strandes sind noch ein Extra. Die Maya wählten diesen Ort, weil er das Korallenriff unterbrach und so gut zugänglich für die Handelsboote war. Heute tummeln sich hier die Schwimmer.

VEREINIGTE STAATEN

3. Seemuscheln: Sanibel

Die meisten Seemuscheln werden an Floridas Stränden vorbeigeschwemmt; die Südstrände von Sanibel Island sind aber wie ein großes Fangnetz für Schillkalkstein, Meeresschnecken und andere Schätze der Karibik. Jede Ebbe offenbart neue Überraschungen und lockt Muschelsucher aus aller Welt an, die den Blind Pass Beach bis zum Lighthouse Park absuchen.

NEUSEELAND

4. Natürliches Spa: Hot Water Beach

Während der Ebbe verwandelt sich dieser geothermische Strand in ein einzigartiges Spa: Bis zu 64 Grad heißes Wasser steigt aus einem unterirdischen Reservoir durch die Gesteinsritzen nach oben – greift also zu einer Schaufel und grabt euch euren eigenen Hot Tub.

ECUADOR

5. Tierwelt: Española

Die Galapagosinseln sind berühmt für ihre reiche Tierwelt, vor allem auf Española. Mit mehr als 1000 Riesenschildkröten, einer Kolonie von Galapagosalbatrossen (die einzige weltweit), endemisch vorkommenden Lavaechsen und Blaufußtölpeln steht euch ein tierisch wilder Tag am Strand bevor.

ITALIEN

6. Bekleidung optional: Guvano-Strand

Als Bucht, die von steilen Klippen und türkisem Meer umgeben und nur über einen alten Eisenbahntunnel oder mit dem Boot erreichbar ist, liegt Guvano etwas abgeschieden, aber dadurch wird sie zu einem perfekten Ort für textilfreies Baden (und Menschen, die das zum ersten Mal ausprobieren möchten). Es gibt keine Gaffer, sondern nur Menschen, die einen der im wahrsten Sinne des Wortes natürlichsten Strände der Cinque Terre genießen.

ST. MARTIN

7. Tiefflieger ahoi: Maho Beach

Man möchte meinen, die Lage direkt unter der Einflugschneise eines Flughafens würde Menschen abschrecken. Aber nein: Die Boeings, die weniger als 30 Meter hoch über die Menschen hinwegfliegen, ziehen Scharen von Planespottern an, die die Linienflugzeuge in ihrer ganzen Größe bestaunen, ihren mächtigen Jetstream spüren und einstimmig über diesen regelmäßig stattfindenden Nervenkitzel jubeln.

VEREINIGTE STAATEN

8. Gezeitentümpel: Moss Beach

Entlang der dramatischen Klippen des Fitzgerald Marine Reserve in Kalifornien bleiben während der Ebbe in Tausenden Gezeitentümpeln Seeanemonen, Seesterne, Krabben und Seeigel zurück. In der Nähe dieses sich über einige Kilometer erstreckenden Abschnitts der Bay Area sorgen außerdem Seehundpflegestationen für zusätzliche Attraktionen.

AUSTRALIEN

9. Surfen: Bells Beach

Vor diesem Strand im Bundesstaat Victoria, dem Zuhause des Rip Curl Pro – des ältesten Surfwettbewerbs der Welt –, bauen sich ununterbrochen gewaltige Wellen auf, die sich an diesem einzigartigen Riff brechen und es wie ein natürlicher Bildhauer auf spektakuläre Weise formen.

SPANIEN

10. Klippen: Strand der Kathedralen

Mit Gesteinsformationen, die sich wie Bögen Hunderte Meter über dem Meer wölben, wirkt dieser galizische Strand so mächtig wie die Renaissancekirchen Europas. Die Wucht des Atlantiks hat die Klippen zu riesigen Torbögen ausgehöhlt; besucht sie während der Ebbe, um sie zu erkunden.

Masai Mara, Kenia

*»Wenn ich in die Augen eines Tieres schaue,
dann sehe ich kein Tier. Ich sehe ein Lebewesen.
Ich sehe einen Freund. Ich fühle eine Seele.«*

ANTHONY DOUGLAS WILLIAMS

Kapitel vier

AUF SAFARI

Safaris haben heute nichts mehr mit Tierjagd zu tun, sondern sind eine Freizeitbeschäftigung geworden, bei der man Tiere in ihrer natürlichen Umgebung beobachtet. Die einzigen Trophäen, die geschossen werden, sind beeindruckende Fotos. Mit dem Geländewagen auf einer unbefestigten Straße durch die goldenfarbene Savanne zu fahren, Gnus auszuweichen und das offene Gelände zu durchqueren, um Löwen zu verfolgen – das ist unsere Art von Pirsch. Eine Fußsafari erweitert diese Erfahrung um eine zusätzliche Dimension: Vogelgesängen lauschen, Pfotenabdrücken folgen und Pflanzen kennenlernen, die in der traditionellen Medizin zum Einsatz kommen. Afrika ist nicht der einzige Kontinent mit großen und exotischen Tieren. Das Outback, die Arktis, tropische Inselgruppen und Niststrände weltweit ermöglichen ebenso großartige Wildsafaris. Folgt Eisbären in Kanada, fahrt zwischen Pinguinen auf Galapagos Kajak und durchquert in Australien Salzgewässer mit Krokodilen. Egal, wo ihr seid: Stoßt nach alter Safaritradition mit einem eisgekühlten Sundowner auf die Schönheit der Natur an.

GALAPAGOS
Ecuador

Galapagos
Ecuador
SÜD-
AMERIKA

Die Galapagosinseln sind nicht nur die Heimat seltener und ungewöhnlicher Tiere wie Riesenschildkröten oder Blaufußtölpel, sie beherbergen mehrere Tausend weiterer Spezies, die an keinem anderen Ort der Welt existieren. Die isolierte Lage der Inselgruppe 960 Kilometer östlich von Ecuador und ihre lange Existenz ohne menschlichen Einfluss machten sie zu Darwins Labor für die Entwicklung seiner Evolutionstheorie. Die Tiere der Insel haben keine Angst vor Menschen, weswegen man ihnen aus nächster Nähe begegnen kann. Verspielte Seelöwen schwimmen an Schnorchler heran, Pinguine planschen um Kajaks herum, und Leguane sonnen sich neben eurem Badetuch. Obwohl es für die Wildtiere kaum Grenzen gibt (manchmal erlebt man, wie Seelöwen es sich auf Parkbänken gemütlich oder die Strandpromenade unsicher machen), sind die Inseln zu 97 Prozent Teil eines Nationalparks mit streng reglementiertem Besuch. Kreuzfahrten sind die gängige Art, die Inseln kennenzulernen, während Landausflüge es euch erlauben, tiefer in die vulkanische Landschaft vorzudringen und die örtliche Kultur kennenzulernen. Verbringt die Nacht auf der mysteriösen Insel Floreana mit ihrer wilden Vergangenheit von Piraten, Walfängern und von zu Hause ausgerissenen adligen Fräulein. Wandert auf die Vulkane und durch die Lavafelder von Isabela. Taucht vor San Cristóbal zwischen Hammerhaien und kommt so oft wie möglich Riesenschildkröten nahe.

❎ BESTE REISEZEIT

Wildtiere können das ganze Jahr über wunderbar beobachtet werden – es findet immer gerade eine Wanderung, Paarung oder ein Schlüpfen statt. Die ruhigste See und den klarsten Himmel erlebt ihr aber von Februar bis April.

🏨 ÜBERNACHTEN

Finch Bay Eco Hotel: Im Herzen der Inselgruppe ist diese von National Geographic ausgezeichnete Lodge die ideale Basis. **Active Adventures:** Dieser überaus erfahrene Veranstalter bietet Inseltouren mit abenteuerlichen Routen an.

💟 ROMANTIK

Selten von Touristen besucht, dafür aber umso mehr von Seelöwen, ist der Strand La Lobería ein einzigartiger Ort, um zu entspannen und die eindrucksvollen Geschöpfe beim Spielen im Sand und in den Wellen zu beobachten.

✅ HONEYTREK-TIPP

Ein Besuch der Galapagosinseln muss kein Vermögen kosten. Wenn euer Budget begrenzt ist, wählt Santa Cruz als Ausgangspunkt. Von dort könnt ihr problemlos Ausflüge organisieren und eine Fähre zu anderen spannenden Inseln nehmen.

Galapagos-Seelöwen am Strand Punta Pitt

1 Jahr Überlebenszeit ohne Nahrung und Wasser
11 Arten leben auf den Galapagosinseln
16 Stunden Schlafdauer am Tag
152 Jahre: Alter der ältesten bekannten Riesenschildkröte
919 Pfund: Gewicht von Goliath, dem größten lebenden Männchen, das offiziell erfasst ist
15 000: Population von noch lebenden Riesenschildkröten (von 100 000 zu Darwins Zeiten – diese gefährdete Art muss geschützt werden)

Eine grasende Riesenschildkröte auf der Rancho El Manzanillo

ABENTEUER FÜR PAARE

Gerätetauchen am Kicker Rock ▲▲▲
Diese stiefelförmige, etwa 150 Meter hohe Meeresinsel ist zweigeteilt, wodurch eine regelrechte Autobahn für Fische entsteht. Auf den Galapagosinseln wurden über 2500 Arten entdeckt, und Besonderheiten wie Skorpionfische, Grüne Meeresschildkröten und riesige Schwärme Weißspitzenriffhaie sind dort häufig. Dank des überaus klaren Wassers ist Kicker Rock ideal für Schnorchler und fortgeschrittene Taucher, um nach Hammerhaien Ausschau zu halten.

Mit Riesenschildkröten auf Du ▲▲▲
Stationen wie El Manzanillo und beeindruckende Zuchtzentren wie Arnaldo Tupiza ermöglichen interessante Begegnungen mit diesen Tieren. Um Riesenschildkröten in freier Wildbahn zu sehen, wandert man zum Galapaguera Natural auf San Cristóbal. Nur per Boot und über eine vierstündige Wanderung (Hin- und Rückweg) erreichbar, kann man in den Hochebenen diese urtümlichen Lebewesen dabei beobachten, wie sie sich langsam zwischen Palo-Santo-Bäumen und Galapagos-Seidenpflanzen bewegen.

Vulkan Sierra Negra ▲▲▲
Wandert durch den tropischen Regenwald an den Rand der Vulkaninsel und ihrer größten Caldera. Schaut über die dicht bewachsenen grünen Hänge hinab auf die von Dunst überzogene Ebene aus schwarzem Gestein. Wandert weiter zum Vulkan Chico, über Lavafelder glühender

Krater mit Fumarolen als Ergebnis eines Ausbruchs in den Siebzigerjahren. Auf dem 18 Kilometer langen Trek werdet ihr Dutzende atemberaubender Landschaften zu sehen bekommen.

Kajakfahren in den Tintoreras ▲▲
Diese Gruppe von Inselchen gleich vor Isabela ist die Heimat umfangreicher Wildtierkolonien. Während ihr vom Embarcadero-Strand wegpaddelt, werden euch wahrscheinlich freche Seelöwen begleiten. Wenn ihr die schroffen Vulkaninseln erreicht, könnt ihr beobachten, wie seltene Vogelarten, darunter Galapagospinguine und Blaufußtölpel, fischen, sich putzen und mit ihren Schwanzfedern Balzrituale vollführen. Haltet Ausschau nach Meerechsen – ihr befindet euch am einzigen Ort der Erde, wo ihr erlebt, wie sie im Meer schwimmen.

WAS ES AUF DIESEM KONTINENT NOCH ZU ENTDECKEN GIBT:
» Berge: Urubamba-Tal, Peru · S. 38
» Roadtrips: Vulkanstraße, Ecuador · S. 212

TOP END
Australien

Top End

Australien

W ilde Natur und eine kulturelle Identität, die ur-australisch sind – nichts kommt dem Outback gleich. Per Definition ist das die riesige, abgelegene und in weiten Teilen unpassierbare Fläche im Landesinneren des Fünften Kontinents. An der Spitze des Northern Territory zeigt sich dieses unwegsame Gebiet aber von seiner sanfteren Seite. Nah an der Timorsee gelegen, befinden sich dort von Vögeln bevölkerte Feuchtgebiete, Lagunen mit Lotusteppichen, reißende Flüsse zwischen Sandsteinklippen und sogar Regenwälder. In diesem Landstrich blüht die Kultur der australischen Aborigines, die ihre 40 000 Jahre alten Traditionen durch spirituelle Musik, Kunst und Geschichtenerzählen am Leben halten. Die ursprünglichen Hüter des Landes, die Wulna und Yolngu, werden euch durch das UNESCO-Weltnaturerbe des Kakadu-Nationalparks und eine Fülle weiterer Nationalparks führen, damit ihr Einblick in einen tieferen kulturellen Kontext erhaltet. In Darwin (die Hauptstadt des Northern Territory und das Tor zu den Nationalparks) leben Menschen aus über 50 Ländern, und das Flair dieser tropischen Metropole ist stark durch den Einfluss der Aborigines geprägt. Falls ihr auf der Suche nach den riesigen Salzwasserkrokodilen und den Giftschlangen des Outbacks seid, findet ihr sie mit Sicherheit auch – aber die Schönheit und Kultur des Top End werden euch für immer begleiten.

☒ BESTE REISEZEIT

Die Monate April bis September glänzen durch Sonnenschein und uneingeschränkten Zugang zum Park. Januar und Februar sind zwar etwas regnerisch, beeindrucken aber durch üppige Vegetation und Blitzspektakel.

🏨 ÜBERNACHTEN

Adventure Tours: Dieser unterhaltsame Veranstalter organisiert mehrtägige Ausflüge in das Top End mit komfortablem Camping in den Nationalparks. **Wildman Wildernesss Lodge:** Luxuriöse Hütten und Safarizelte mit einem reichen Angebot an Outback-Exkursionen von den Feuchtgebieten des Mary River aus.

♥ ROMANTIK

Bei einer kurzen Wanderung entlang der 61 Meter hohen Kaskade der Gunlom Falls erreicht ihr die natürlichen Infinity Pools. Springt hinein und genießt den sanften Druck der Strömung, während ihr atemberaubende Aussichten über den Kakadu-Nationalpark auf euch wirken lasst.

✓ HONEYTREK-TIPP

Besucht den donnerstags und sonntags stattfindenden Mindil Beach Sunset Market in Darwin. Kostet Delikatessen aus dem Outback wie Känguru- oder Krokodilsteaks und bleibt bis spät in den Abend für eine Didgeridoo-Jamsession an diesem lokalen Hotspot.

Krokodilfluss im von Aborigines bewohnten Arnhemland

Wallabys sind ein häufiger Anblick im Top End.

ABENTEUER FÜR PAARE

Krokodil-Spotting im Corroboree-Billabong-Feuchtgebiet ▲▲

Die Feuchtgebiete des Mary River sind eine Oase für seltene Zugvögel, Pythons und Salzwasserkrokodile – vor allem in Corroboree. Kurvt auf dem Wasser herum, das mit rosafarbenen Lotusblüten übersät ist, und haltet Ausschau nach bis zu sieben Meter langen und 1200 Kilogramm schweren Krokodilen.

Altertümliche Steinkunst in Ubirr ▲

In keinem Land gibt es lebendige künstlerische Traditionen, die länger gepflegt werden als hier. In Ubirr sieht man einige der schönsten erhaltenen Felsmalereien. Bewundert diese Aborigine-Kunst bei einer geführten Tour durch diesen beliebten Teil des Kakadu-Nationalparks. Sucht nach Symbolen für Schöpfung, Jagd, Spiel und Recht in intensivem Rot und Gelb und klettert dann zu den Überhängen in den Sandsteinklippen, um von dort den Sonnenuntergang über der Überschwemmungsebene Nardab zu beobachten.

Termitenhügel von Litchfield ▲

Skulptural wirkende Türme mit Tunneln, Bögen, Schornsteinen und Kinderzimmern sind das beeindruckende Werk von Millionen fleißiger Termiten. Fahrt in den Litchfield-Nationalpark, um eine regelrechte Stadt aus magnetischen Termitenhügeln und die nahe gelegenen Kathedralenhügel mit fast fünf Metern Höhe zu bestaunen.

Wandern in der Katherine Gorge ▲▲

Betretet das Sandsteinterrain des Nitmiluk-Nationalparks und erkundet die 13 beeindruckenden Schluchten durch Wandern, Kanufahren, eine Fahrt auf dem Fluss oder einen Flug im Helikopter. Der Blick auf den schnell strömenden Fluss durch die schroffen roten Felswände ist von jedem Standpunkt aus beeindruckend, vor allem mit lauernden Salzwasserkrokodilen am Strand und Felskängurus, die die Klippen entlanghüpfen.

✛ Mörderisches Wissen

Australien ist bekannt für seine tödlichen Tiere. Aber obwohl Haie und Krokodile töten können, kommen mehr Menschen durch Bienenstiche als durch Haie und Krokodile zu Tode. Trotzdem ist es immer gut, ein gefährliches Tier zu erkennen, wenn man ihm begegnet (und sei es nur, um ein bisschen zu prahlen).

Östliche Braunschlange: Der Biss dieser schlanken Giftschlange hemmt die Blutgerinnung.

Sydney-Trichternetzspinne: Ihr Gift hat eine stärkere Wirkung als Blausäure.

Riesenhundertfüßer: Alle Beine sind Stacheln.

Salzwasserkrokodil: Das größte lebende Reptil kann sechsmal stärker zubeißen als ein Weißer Hai.

Ein furchterregendes Salzwasserkrokodil bewacht das Ufer.

WAS ES AUF DIESEM KONTINENT NOCH ZU ENTDECKEN GIBT:

» Auf See: Tasman District, Neuseeland · S. 124

» Regenwälder: Daintree, Australien · S. 180

Sonnenuntergang über Sabi Sand – Namensgeber für eine Gin-Tonic-Kreation

KRUGER
Südafrika

AFRIKA

Südafrika

□ Kruger

Safariparks mit Löwen, Elefanten, Nashörnern und anderem Großwild kann man selten auf eigene Faust erleben. Der Kruger-Nationalpark aber ist so gut mit Straßen, Rangern und Infrastruktur ausgestattet, dass sogar zwei Städter in einem gemieteten Auto mit Zweiradantrieb sicher auf eine Pirschfahrt gehen können. Die gepflasterten Straßen durch den Park sind nicht nur angenehm für Autofahrer, sondern verringern auch die Staubablagerungen auf Bäumen in Straßennähe (gut für hungrige Giraffen) und geben einen von der Sonne gewärmten Rastplatz für Löwen, Paviane und Büffel ab. Ihr werdet erstaunt sein, wie viele der 800 verschiedenen Tierarten im Kruger-Nationalpark ihr sehen könnt, ohne das Auto zu verlassen. Aber wenn ihr in der Begleitung eines Rangers die Tierpfade entlangwandert, die Nacht unter dem Dach einer Vogelbeobachtungsstation verbringt und abseits der Straßen mit Safariexperten durch das Sabi-Sand-Wildtierreservat streift, werdet ihr verstehen, weshalb dies einer der beeindruckendsten Nationalparks Afrikas ist. Kruger rühmt sich nicht nur seiner »Big Five« (Nashorn, Elefant, Afrikanischer Büffel, Löwe und Leopard), sondern auch damit, dass in ihm mehr große Säugetiere anzutreffen sind als in jedem anderen Nationalpark auf dem Kontinent. Kombiniert die seltene Gelegenheit einer Pirschfahrt auf eigene Faust mit einem klassischen und luxuriösen Safaricamp, um das Beste von beidem zu bekommen.

BESTE REISEZEIT
Die Trockenzeit (Juni bis Oktober) lässt im Buschland eine bessere Sicht auf Wild zu. Außerdem verheißen die Wintermonate kühlere Temperaturen und weniger Moskitos.

ÜBERNACHTEN
Earth Lodge: Zwischen den Hügeln des Sabi-Sand-Wildtierreservats gelegen, bietet diese Ecolodge erstklassige Unterbringung und Safaris an. **Mvuradona Safari Lodge:** Trotz ihrer Lage am Fuß des Kruger-Nationalparks und Lionspruit-Wildtierreservats ist diese Unterkunft eine äußerst erschwingliche Basis für eine Safari auf eigene Faust und ein romantisches Refugium obendrein.

ROMANTIK
Klettert im Chalkley Treehouse auf einen jahrhundertealten Ahnenbaum und in ein Schlafzimmer unter freiem Himmel. Ein über der Erde schwebendes Himmelbett und ein Loungebereich mit Blick über das Lion-Sands-Wildtierreservat machen diesen Ort zu einem wahren Liebesnest.

HONEYTREK-TIPP
Wenn ihr mehr als nur einen Nationalpark in Südafrika sehen wollt, besorgt euch die SANParks Wild Card, um Eintrittsgeld zu sparen.

Unser Safariführer lässt Elefanten den Vortritt.

ABENTEUER FÜR PAARE

Sweni-Wildnis-Trek ▲▲▲

Wandert mit einem Ranger entlang der Tierpfade und des Sweni-Flusses, wo Gnuherden, Zebras und Büffel die Wasserlöcher aufsuchen und Löwen auf die Jagd gehen. Drei Nächte in den abgelegenen Hütten des Parks zu verbringen und beim Geräusch brüllender Nilpferde und lachender Hyänen aufzuwachen, ist eines der intensivsten Safarierlebnisse im Kruger-Nationalpark. Bucht diesen Trek in kleiner Gruppe früh genug im Voraus bei SANParks.

»Big-Five«-Safari in Sabi Sand ▲▲

Es gibt keine Garantie, die Big Five zu sehen, aber innerhalb des Sabi-Sand-Wildtierreservats habt ihr die besten Chancen. Ohne Zäune oder die Beschränkungen eines Nationalparks können die sehr gut ausgebildeten Führer eurer Luxushütte euch abseits der Straßen mit auf die Pirsch nehmen, in die Nacht hineinfahren und in das Zentrum des Geschehens bringen.

Mananga-Abenteuerstraße ▲▲▲

Mietet einen Geländewagen und fahrt in eine der abgelegensten und tierreichsten Gegenden, die euch ohne Safariführer zugänglich sind. Pro Tag wird nur sechs Autos erlaubt, die 50 Kilometer lange Naturstraße entlangzufahren, um die Auswirkungen auf diese unberührte Savanne so gering wie möglich zu halten und die Chance auf hautnahe Begegnungen mit Zebras, Gnus, Büffeln und sogar Geparden und Löwen zu erhöhen.

Hinweis: Buchungen werden nur am Vorabend oder am selben Tag beim Satara Rest Camp entgegengenommen.

Übernachtung im Shipandani Hide ▲▲

Beobachtet von einer getarnten Hütte am Tsendze-Fluss aus Grünreiher, Goldkuckucks, Gabelracken und andere der geschätzten 517 Vogelspezies, die am Wasser jagen. 24 Stunden an diesem malerischen und verschwiegenen Ort geben euch einzigartige Einblicke ins (Tier-)Leben von Kruger. Mit Fernglas, Teleobjektiv und Picknick ist das Vogelbeobachtung von Weltrang.

✢ Kampf um Nahrung

Unser Safariführer erhielt über CB-Funk eine undeutliche Nachricht auf Afrikaans, die ihn zu einer rasanten Kehrtwendung veranlasste. Als wir am Ziel ankamen, kaute ein Leopard an einem Kudu, der über einem Baumast hing. Mit jedem Biss rutschte das 90 Kilogramm schwere Abendmahl ein Stück weiter ab. Als der Leopard versuchte, den Kadaver wieder in eine stabilere Position zu bringen, entglitt er ihm und fiel einem Rudel Hyänen entgegen, die bereits am Boden warteten. Der Leopard und die Hyänen machten gleichzeitig einen Satz in Richtung des Fleischs. Ein blutiger Kampf schien bevorzustehen, aber die Raubkatze krallte sich den Kadaver und kletterte damit blitzschnell auf den Baum, um ihr Mahl zu verschlingen.

Eine Löwin mit ihren zwei neugierigen Jungen

WAS ES AUF DIESEM KONTINENT NOCH ZU ENTDECKEN GIBT:

» **Wüsten: Namib, Namibia · S. 152**

» **Roadtrips: Westkap, Südafrika · S. 200**

Gabelracke auf einem Ast in Sabi Sand, Südafrika

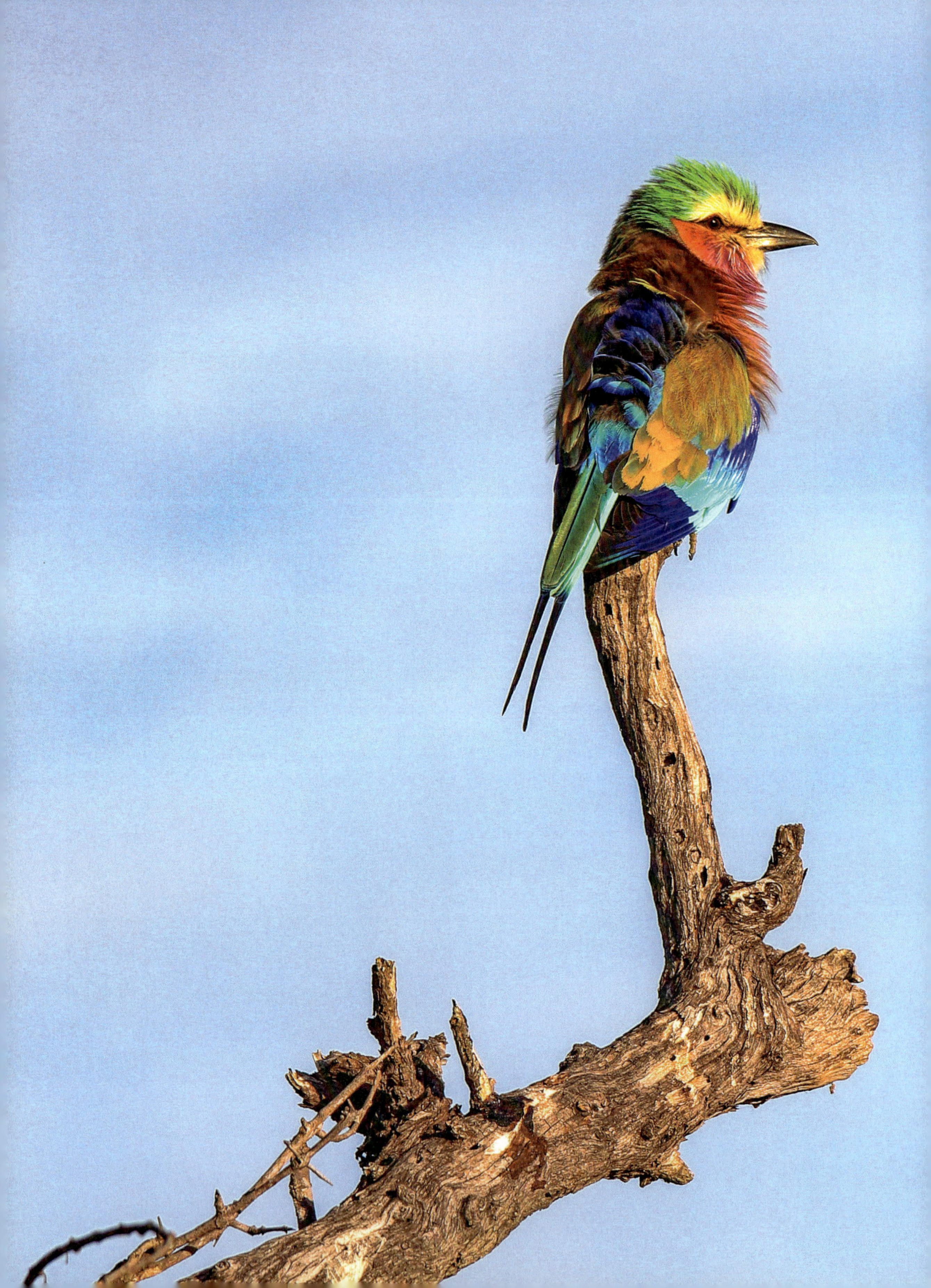

Liebesvogel

Bei unserer Fahrt durch den südafrikanischen Busch trat unser Führer plötzlich auf die Bremse. War es wegen eines Löwen? Oder eines Nashorns? Nein, es war ein winziger Vogel. Die Gabelracke oder Gewone troupant sei in der afrikanischen Kultur ein Symbol für Treue, erklärte er uns. Der Tradition nach hielten Männer mit einer der farbenfrohen Federn dieses Vogels um die Hand einer Frau an. »Troupant« sei eine Weiterentwicklung des Wortes *trouband* seiner Stammessprache (das »Hochzeitsband«), und eine Sichtung dieses Vogels lasse das Herz der Einheimischen immer noch höherschlagen.

KRATER-HOCHLAND
Tansania

AFRIKA **Krater-hochland**

Tansania

Die Gnuwanderung, die Massai-Krieger, die Wiege der Menschheit und einer der größten Vulkankrater – die Glanzpunkte Ostafrikas strahlen im Kraterhochland besonders hell. Direkt am Rand der Serengeti beherbergt die Fläche im Einbruchkrater des erloschenen Vulkans Ngorongoro über 25 000 große Säugetiere (darunter die Big Five). Der Tierreichtum dieses Kraters ist in Nordtansania einzigartig, erstreckt sich aber bis hinein in die Nebelwälder, Berge, Dünen, Schluchten und Salzwasserseen der gesamten Region. Reist an, wenn die Gnus mit über 300 000 neugeborenen Jungen in einer Herde von über zwei Millionen Tieren auf Wanderschaft gehen, dicht gefolgt von Raubtieren. Die raue Natur des Ngorongoro-Naturschutzgebiets wird euch sofort in ihren Bann schlagen. Neben der beeindruckenden Tierwelt hat diese Gegend auch eine 3,6 Millionen Jahre alte Menschheitsgeschichte, wie Fußabdrücke von Hominini, einer Seitenlinie der Menschenaffen, beweisen. Die nomadischen Massai mit ihren blutroten Gewändern und ihrem Perlenschmuck hüten bis heute ihr Vieh, wie sie es schon seit Jahrhunderten getan haben. Das Kraterhochland ist ein zeitloses Safarigebiet, aber man kann hier noch sehr viel mehr erleben.

✈ BESTE REISEZEIT

Juni bis September sind die trockensten und kühlsten Monate. Kommt zur großen Wildtierwanderung von Januar bis April. Im Februar habt ihr die besten Chancen, das aufregende Treiben der Kalbzeit mitzuerleben.

🏨 ÜBERNACHTEN

Nomad's Serengeti Safari Camp: Ein mobiles Unternehmen, das den Herden folgt und die Zelte immer dort aufschlägt, wo gerade etwas passiert. **Ndutu Safari Lodge:** Ideal gelegen (aber auch teuer), um die Wildtierwanderung zu erleben, mit 34 Steinhütten mit Blick auf den ausgedehnten Ndutu-See.

♥ ROMANTIK

Packt euer Sundowner-Set ein und macht euch auf zum Rand des Ngorongoro-Kraters. Nippt an einem Amarula auf Eis, während ihr die Tiere zu euren Füßen und die hinter den Kraterwänden verschwindende Sonne beobachtet.

✓ HONEYTREK-TIPP

Der Ngorongoro-Krater ist einer der am meisten reglementierten und teuersten Parks Afrikas. Reserviert vorab und sucht euch in Karatu einen einheimischen und preiswerteren Safariführer.

Dutzende Zebras grasen auf der Sohle des Ngoronoro-Kraters.

Massai-Krieger vor einer traditionellen Behausung

ABENTEUER FÜR PAARE

Safari auf der Kratersohle ▲▲

Wandert durch die Nebelwälder über 600 Meter in das weite Grasland und die Lagunen des Ngorongoro-Kraters hinab. Bei einer Safari ist es immer der halbe Spaß, sich überraschen zu lassen, aber der Magadi-See ist voller Flamingos, und der Lerai Forest beherbergt riesige Elefanten. Das vom Aussterben bedrohte Spitzmaulnashorn wird häufig auf der Straße hinauf nach Lemala gesehen. Macht ein Picknick an der Ngoitokitok Spring und speist in der Nähe von Nilpferden.

Spuren unserer Vorfahren in Olduvai ▲

Im Vulkangestein konservierte fossile Fußspuren, die von der legendären Archäologin Mary Leakey ausgegraben wurden, offenbaren eine Verbindung zu unseren hominiden Vorfahren. Nehmt an einer Führung über die bis heute aktive Grabungsstätte von Laetoli teil und besucht das Olduvai Gorge Museum mit interessanten Ausstellungen, Vorträgen und Gipsabdrücken der uralten Fußspuren.

Tierbeobachtung am Ndutu-See ▲

Besucht diesen lebhaften Abschnitt der Wildtierwanderungsroute, ein Lieblingsort der Naturschützerin Jane Goodall und bekannter Tierfilmer. Die Wasserstelle, die Waldgebiete und die Graseebenen locken Pflanzen- und Fleischfresser in Scharen an. Giraffen, Streifenhyänen,

✣ Fliegende Federn

Unser Safariführer stoppte vor einem Straußenpaar den Wagen. Obwohl Straußen die größten Vögel der Welt sind, waren sie nicht das, was wir uns von unserer Großwildsafari in Afrika erhofft hatten. »Wartet mal«, sagte er. Der männliche Strauß duckte sich, breitete seine Flügel aus und schaukelte von Seite zu Seite, während er seinen Hals in einer offensichtlich aufreizenden Weise herumwirbelte. Das Weibchen beobachtete verzückt seinen Tanz, setzte sich schließlich zustimmend hin und das Männchen tänzelte wie freudetrunken auf es zu – und wir sahen Federn und Funken fliegen. Mehr über interessante Balzrituale lest ihr auf Seite 103.

Gnus, die Stars der Wildtierwanderung

Elefanten, Geparden und Löwen machen den Aufenthalt an diesem 103 Quadratkilometer großen malerischen See zu einem spannenden Erlebnis.

Wanderung auf den Empakaai-Krater ▲▲▲

Genießt vom Rand dieses Kraters die Aussicht auf den Ol-Doinyo-Lengai-Vulkan, den Natronsee und den Kilimandscharo. Wandert durch den Wald, während ihr nach Hyänen, Büffeln und Elefanten Ausschau haltet, und steigt dann zum Salzsee hinunter, dessen Ufer von Tausenden Flamingos gesäumt ist. Als Lohn dieser anstrengenden drei- bis fünfstündigen Wanderung winkt einer der besten Ausblicke in Tansania.

WAS ES AUF DIESEM KONTINENT NOCH ZU ENTDECKEN GIBT:

» Berge: Virunga-Vulkane, Ruanda · S. 36

» Inseln: Sansibar, Tansania · S. 72

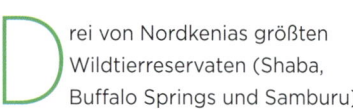

Kräftemessen zweier Grant-Gazellen im Shaba-Reservat

SAMBURU
Kenia

AFRIKA
Samburu □ *Kenia*

Drei von Nordkenias größten Wildtierreservaten (Shaba, Buffalo Springs und Samburu) sind durch Flüsse, Berge und goldenes Grasland verbunden, wodurch eine Landschaft entsteht, die der Tierwelt in ihrer atemberaubenden Schönheit in nichts nachsteht. Der Uaso-Nyiro-Fluss bahnt sich seinen Weg durch die trockene Weite und hinterlässt üppige Böschungen mit fächerartigen Doumpalmen sowie Flusswälder. Sein Wasser lockt Netzgiraffen, Massailöwen und das seltene Grevyzebra an. Mitten im Großen Afrikanischen Grabenbruch gelegen, ist diese Gegend bis heute weitgehend unberührt von Tourismus und Infrastruktur, wodurch die Nomadenvölker der Borana, Samburu, Meru und Turkana ihre Traditionen leben und erhalten können. Ihr seht sie vielleicht, in farbenfrohe Stoffe gehüllt, an den Ufern eines Kratersees Salz sammeln oder durch Lieder Geschichten erzählen. Samburu ist ein Ort intensiver Begegnungen und der Schönheit im Breitwandformat. Er diente als Kulisse für Filme wie *Jenseits von Afrika* und *Frei geboren*. Gewöhnliche Safaribeobachtungen wie Geier, die sich über Aas hermachen, oder kämpfende Grant-Gazellen bekommen hier den Rang von darwinistischen Überlebensdramen.

 BESTE REISEZEIT

Die Trockenzeit von Dezember bis März und Juni bis Oktober ist ideal für Samburu-Safaris bei Sonnenschein.

 ÜBERNACHTEN

Elephant Bedroom Camp: Luxuszelte zwischen üppiger Vegetation am Flussufer mit einem umfangreichen Angebot an Safaris. **Saruni Samburu:** Eine ultraschicke Lodge, die in eine Bergkuppe integriert wurde, mit Spa, getarntem Beobachtungsposten zum Fotografieren und Räumen unter freiem Himmel mit fantastischem Ausblick.

 ROMANTIK

Fragt in der Lodge nach einem Buschfrühstück. Egal, ob es sich um eine Omelettküche am Flussufer oder ein einfaches Picknick handelt – inmitten von Akazienbäumen und singenden Vögeln zu essen, ist eine vollendete Erfahrung.

 HONEYTREK-TIPP

Zentralkenia bietet viele weitere Safarischätze an, etwa den Aberdare- und Meru-Nationalpark. Wenn euch Zeit bleibt, dann fahrt auch noch zum Mount-Kenya-Massiv und in das Masai-Mara-Naturschutzgebiet im Süden.

Ein luxuriöses Safarizelt im historischen Joy's Camp

ABENTEUER FÜR PAARE

Die Big Five von Samburu erspähen ▲▲

Elefanten, Nashörner, Büffel, Leoparden und Löwen findet ihr in vielen afrikanischen Parks, aber Samburu ist der Lebensraum seiner ganz speziellen Big Five: Giraffengazelle, Grevyzebra, Ostafrikanischer Spießbock und Somalistrauß. Fahrt mit einem einheimischen Buschführer durch den Park und lasst euch diese endemischen Tierarten zeigen.

Übernachten im Joy's Camp ▲

Seht die Region mit den Augen von Joy Adamson, der bekannten Naturforscherin und Autorin des Buchs *Frei geboren. Eine Löwin in zwei Welten*. Verbringt die Nacht in ihrem früheren Zuhause im exklusiven Shaba-Nationalreservat, das Erinnerungsstücke an die Aufzucht und Auswilderung von Penny, einer Leopardin, präsentiert. Dieses edle Zeltcamp ist ein Stück Safarigeschichte.

Magado-Krater in allen Farben ▲

Sowohl kulturell als auch geologisch erstaunlich: Salzwasserbecken in Gelb-, Rot- und Grüntönen werden seit Tausenden Jahren von Stammesmitgliedern der Meru von Hand abgeerntet. Lauft um die salzverkrusteten Becken herum, trefft die Minenarbeiter und fotografiert eine wahrhaft bunte Szenerie.

✢ Unsere wildeste Begegnung

Wir bewunderten eine Gepardin, die anmutig durch die Savanne streifte und auf der Suche nach einem erhöhten Aussichtspunkt war. Sie schnellte auf unseren Geländewagen zu, und unsere freudige Aufregung verwandelte sich in Angst. Mit einem Satz sprang die Gepardin auf den hinteren Rand unseres offenen Wagendachs. Uns blieb das Herz stehen, als sie ihre Pfoten auf das heiße Metall presste. Ich wollte sie nicht erschrecken, diesen einzigartigen Moment aber auch festhalten, und griff nach meiner Kamera. Sobald ich zu filmen anfing, lief die Raubkatze, wie aufs Stichwort, dicht hinter Annes Kopf vorbei und sprang dann von der Motorhaube herunter. Nach einer gefühlten Unendlichkeit atmeten wir wieder durch. (Das Video ist unter *www.HoneyTrek.com/Cheetah* zu sehen.)

Unser bester und riskantester Fotomoment

Auf den Spuren der Spitzmaulnashörner ▲▲▲

In der Absicht, diese fast ausgestorbene Spezies zu schützen und wieder zu vermehren, hat das Sera Community Conservancy über 53 000 Hektar Land für Spitzmaulnashörner abgesperrt, damit sich diese frei bewegen können. Verbringt einige Tage damit, diesen majestätischen Kreaturen zu folgen (die zum ersten Mal seit 30 Jahren in ihren natürlichen kenianischen Lebensraum zurückgekehrt sind), und unterstützt das erste Nashornschutzgebiet Afrikas in kommunaler Trägerschaft.

WAS ES AUF DIESEM KONTINENT NOCH ZU ENTDECKEN GIBT:

» Berge: Virunga-Vulkane, Ruanda · S. 36
» Wasserfälle: Livingstone, Sambia · S. 54

Eine Eisbärenfamilie streift durch die vereiste Hudson Bay.

CHURCHILL
Kanada

VON **DALENE** UND **PETE HECK**

enn man einem Eisbären in die Augen sieht, dann ist man zutiefst ergriffen. Man beginnt unweigerlich über die Welt nachzudenken: über unsere Rolle, unseren gegenseitigen Einfluss aufeinander und unsere Verbindung zu allen Lebewesen. Nur an wenigen Orte der Erde kann man so eine intensive Nähe zwischen Mensch und Tier erfahren wie in Churchill, der selbst ernannten »Eisbärenhauptstadt der Welt«. Nur per Flugzeug oder Zug erreichbar, liegt dieser winzige Ort an der Westküste der Hudson Bay in Manitoba. Im Spätherbst sind Eisbären den Einwohnern zahlenmäßig überlegen, wenn sie sich am Rand des eisigen Wassers versammeln und darauf warten, dass es gefriert, damit sie Seehunde jagen können. Im Sommer ziehen sich die Eisbären in die kühleren Nadelwälder zurück, und Tausende Belugawale bevölkern das Wasser. Auf unserer mehrtägigen Tour auf einem erhöhten »Tundra Buggy« fuhren wir über felsige Wege, um Eisbären und andere scheue Tiere zu erleben, wie die Schneeeule und den Polarfuchs. Die insgesamt 45 (!) elfenbeinfarbenen Raubtiere, die unseren Weg kreuzten, stahlen jedoch allen die Show.

☒ BESTE REISEZEIT
Oktober bis November ist die beste Zeit für Eisbärsichtungen. Von Juni bis August kann man etliche Outdoor-Aktivitäten machen, einschließlich des Beobachtens von Belugawalen, und auch noch vereinzelt Eisbären begegnen.

⊞ ÜBERNACHTEN
Frontiers North Adventures: Ein zuverlässiger Veranstalter, der Unterkünfte im Ort oder in Tundra Buggys anbietet. **Seal River Heritage Lodge:** Tief im Eisbärengebiet gelegen, arbeitet diese schick-rustikale Lodge mit dem Tourenveranstalter Churchill Wild zusammen.

♥ ROMANTIK
Kaum etwas ist romantischer als unter Polarlichtern zu schmusen. Entfernt euch so weit wie möglich von der Ortsbeleuchtung, um einen strahlenden Nachthimmel zu sehen.

⊕ HECKTIC-TRAVELS-TIPP
Vergesst nicht, dass ihr einen der nördlichsten Punkte Kanadas besuchen werdet. Zieht euch warm an und tragt Kleidung in Schichten.

ABENTEUER FÜR PAARE

Hundeschlittenfahren ▲▲▲
Lernt die Grundregeln und die Geschichte des kanadischen Schlittenfahrens von einem Profirennfahrer, und dann trefft auf euer Huskyteam, das nichts lieber möchte als rennen, rennen, rennen! Das rasante Dahingleiten über die Tundra ist ein kulturelles Erlebnis, aber auch ein Nervenkitzel.

Helikopterflug ▲▲
Seht auf einer Helikoptertour historische Festungen, boreale Nadelwälder, ausgedehnte Wasserwege und ein Spektrum von Wildtieren aus der Luft. Im Herbst kann man Eisbären leichter erleben, als man denkt, da ihr elfenbeinfarbenes Fell sich von dem kalkweißen Winterschnee abhebt. Der Sommer erlaubt wunderschöne Aussichten auf Gewässer und die Möglichkeit zur Walbeobachtung.

Eisbärensafari zu Fuß ▲▲▲▲
Wandert zwischen Riesen, die jagen, sich um ihre Jungen kümmern und die Dicke des Eises entlang der Hudson Bay erproben. Es gibt Touren mit sehr erfahrenen Fremdenführern, die euch auf sichere Weise so nah wie möglich an diese mächtigen Fleischfresser in ihrem natürlichen Lebensraum heranbringen.

Schnorcheln mit Walen ▲▲▲
Wenn das Packeis im Sommer aufbricht, wandern über 40 000 Belugawale in den Churchill River, um zu fressen und sich fortzupflanzen. Schwimmt inmitten dieser freundlichen weißen Wale, während ihr ihren Gesängen lauscht und ihre eleganten Bewegungen beobachtet. Schnorcheln ermöglicht eine unmittelbare und intensive Wildtiererfahrung. Kajakfahren ist eine ebenso spannende Alternative.

✣ Ratschlag für Paare

Es klingt vielleicht befremdlich, aber unser wichtigster Tipp für reisende Paare ist es, Zeit getrennt voneinander zu verbringen. Meist sind Paare nicht 24 Stunden täglich zusammen, aber in den Ferien oder auf einer Reise um den Globus sind sie es plötzlich jeden Moment. Haltet euch vor Augen, dass es völlig in Ordnung ist, ein oder zwei Aktivitäten allein zu machen. So kann jeder seinen eigenen Interessen nachgehen und dem anderen am Ende des Tages eine unterhaltsame Geschichte erzählen. Die Zeit ohne einander lässt vielleicht sogar neue Romantik zwischen euch entstehen.

Ein Belugawal taucht im Churchill River an die Wasseroberfläche.

WAS ES AUF DIESEM KONTINENT NOCH ZU ENTDECKEN GIBT:

» Berge: Mount Rainier, Vereinigte Staaten · S. 34

» Eis: Westgrönland · S. 170

POWER-PAAR: *Dalene & Pete*

Die Hecks sind seit 2009 ununterbrochen auf Reisen. Dieses wagemutige kanadische Paar dokumentiert seine Reisen auf *HeckticTravels.com* und hat bereits viele Auszeichnungen erhalten, beispielsweise den Titel National Geographic Travelers of the Year in 2014. Sie sind auch die Gründer von Hecktic Media Inc., ein erfolgreiches und vollständig virtuelles Unternehmen, das sie beim Reisen unterstützt.

SÜD-LUANGWA

Sambia

AFRIKA

Sambia · Süd-luangwa

Als eine der letzten und größten erhaltenen Wildlandschaften der Erde ist dieser Teil des Großen Afrikanischen Grabenbruchs noch menschenleer – abgesehen von gewieften Safarigängern. Die weite Ausdehnung von dichtem Wald, Ebenen und Lagunen entlang des Luangwa-Flusses ziehen eine erstaunlich vielfältige und dichte Tierpopulation an. Anders als bei den meisten anderen großen Flüssen wurde hier nie ein Damm errichtet, sodass das Wasser steigen, in Lagunen strömen, seine Fließroute ändern und die Ebenen blaugrün bewässern kann. Während der Regenzeit werden die Straßen zu Wasserwegen, und Boote sind das Hauptmittel, um den Südluangwa-Nationalpark zu durchqueren. Safarimöglichkeiten gibt es das ganze Jahr über – sie sind lediglich abhängig von eurer Zeitplanung und eurem bevorzugten Fortbewegungsmittel: per Motorboot, Allradantrieb oder einfach zu Fuß. Geht auf eine Pirschsafari, um Leoparden bei der Jagd und endemische Thornicroft-Giraffen beim Fressen der Blätter in den Baumkronen zu beobachten. Wagt euch auf dem Wasser zu Nilpferden und Krokodilen oder unternehmt eine mehrtägige Buschwanderung. Südluangwa wird die Geburtsstätte der afrikanischen Wandersafari genannt und ist der Ort, wo die Fotosafari in Sambia Einzug hielt.

BESTE REISEZEIT

Die Trockenzeit (April bis Oktober) ist ideal, um Tiere zu beobachten. Die Regenfälle von November bis März verwandeln das sonst so trockene Land in einen dichten Dschungel, in dem man großartige Flusssafaris unternehmen kann.

ÜBERNACHTEN

Nsefu Camp: Ein historischer und intimer Rückzugsort am Flussufer von Robin Pope Safaris.
Mfuwe Lodge: Das gehobene Aushängeschild der Bushcamp Company, ein Veranstalter mit sechs Grundstücken, die alle in fußläufiger Distanz beieinander liegen.

ROMANTIK

Beobachtet Nilpferde, die sich in einer Lagune baden, und tut es ihnen gleich, indem ihr im Luangwa-Bush-Spa ein Frühjahrs-Schlammpeeling genießt. Macht weiter mit der Tiefenreinigung, der Gurkenmaske und der Massage.

HONEYTREK-TIPP

Nehmt statt eines Buschflugzeugs, das euch direkt in den Park bringt, den langsameren Weg vom Mfuwe-Flughafen. Sogar außerhalb des Parks sichtet ihr wilde Tiere und erlebt faszinierende Begegnungen mit Einheimischen.

Pause für ein Buschfrühstück

Thornicroft-Giraffen stellen ihre herzförmigen Flecken zur Schau.

ABENTEUER FÜR PAARE

Bootsafaris während der Smaragd-Saison ▲▲

Fahrt langsam durch die überfluteten Ebenholzwälder und sichtet zahlreiche Krokodile, Nilpferde und Elefanten. Legt am dicht bewachsenen Ufer an, macht ein Picknick und unternehmt einen Nachmittagsspaziergang durch den Busch, bevor ihr zum nächsten Stopp auf eurer Fluss-safari von Hütte zu Hütte weiterzieht.

Buschwanderung ▲▲▲

Tretet auf einer ein- bis fünftägigen Fußsafari mit Mutter Natur in Kontakt, eine Freizeitbeschäftigung, von der gesagt wird, sie sei in Südluangwa entstanden. Folgt Tier-fährten, identifiziert Vogelrufe, riecht an Medizinpflanzen und lasst euch davon überraschen, was euch sonst noch begegnen wird. Wahrscheinlich werdet ihr einige der schätzungsweise 14 000 Elefanten und 400 Vogelarten des Parks sichten.

Traditionelles Leben in Kawaza ▲▲

Nehmt an der traditionellen Lebensweise der Sambier teil: Gemüse ernten, Mais mahlen, Wasser aus einem Brunnen holen – und nehmt ein traditionelles Essen mit den Kunda ein. Verbringt dort einen Tag oder übernachtet in einem der Lehm-Stroh-Häuser: ein noch intensiveres kulturelles Erlebnis. Kawaza ist eine zu hundert Prozent authentische

Gemeinde und ein mit Preisen ausgezeichnetes Projekt, das den Einheimischen zugutekommt.

Fotoworkshop ▲▲

Eine Safari bietet einmalige Möglichkeiten, um große Wildtiere in ihrer natürlichen Umgebung zu fotografieren. Brecht zu einer mehrtägigen Safari mit einem einheimi-schen Tierexperten und professionellen Fotografen auf, der euch die besten Techniken, Kameraeinstellungen, Bildkompositionen und Methoden vermittelt, euer Motiv zum Leben zu erwecken. Erfahrene Führer bringen euch zudem zur richtigen Zeit an die malerischsten Orte.

✣ Die nächste Safarigeneration

Der zehnjährige Sohn unseres Safariführers hatte eine Vorliebe dafür, Vögel mit einer Steinschleu-der zu jagen. Als der Junge entzückt eine tote Gabel-racke präsentierte, sagte sein Vater diese umsichtigen Worte zu ihm: »Sohn, du tötest nicht nur ein Lebe-wesen, sondern gefährdest auch Papas Job. Lass uns eine neue Art von Jagd versuchen.« Er gab seinem Sohn einen alten Naturführer und markierte darauf alle Vogelarten der Gegend. »Jedes Mal, wenn du einen neuen Vogel siehst, kreise ihn in dem Buch ein, und ich gebe dir eine Belohnung.« Unser Führer war stolz, uns erzählen zu können, dass sein Sohn seither kein einzi-ges Tier mehr getötet hat und ein Wildtierführer werden möchte, wenn er groß ist.

Friedliche Karminspinte auf einem Ast

WAS ES AUF DIESEM KONTINENT NOCH ZU ENTDECKEN GIBT:

» Wasserfälle: Livingstone, Sambia · S. 54

» Roadtrips: Westkap, Südafrika · S. 200

TORTUGUERO
Costa Rica

NORD-
AMERIKA

Tortuguero □ Costa Rica

Tortuguero bedeutet wörtlich übersetzt »Land der Schildkröten« und
ist eine der größten Meeresschild-
krötenkolonien der Erde. Jedes Jahr im März kommen die
900 Kilogramm schweren Lederschildkröten an den Strand,
gefolgt von den Echten und Unechten Karrettschildkröten
und den Grünen Meeresschildkröten, um zu Zehntausenden
zu nisten. Sobald die Jungtiere geschlüpft sind und diesen
Ort wieder verlassen haben, gehen auch die meisten Besucher wieder – obwohl die anderen etwa 800 Tierarten sich
das ganze Jahr über hier aufhalten. Diese Region Costa Ricas
umfasst elf unterschiedliche Lebensräume (Regenwälder,
Flüsse, Mangroven, Lagunen, Strände und so weiter),
wodurch man eine unglaublich vielfältige Landschaft und
Biodiversität vorfindet. Jeder Ausflug in die Natur ist prinzi-
piell eine spannende Vogelbeobachtung – Aras, Tukane, Eisvögel und Stirnvögel fliegen über euren Köpfen durch die
Luft. Riesige grüne Leguane durchstreifen das Gelände eures
Hotels, und direkt vor eurem Fenster hangeln sich Klammeraffen durch die Bäume. Bereichert eure Expeditionen um eine
Kajakfahrt durch das Netzwerk von Kanälen, eine Nachtwanderung im Dschungel oder Seilrutschen durch die Baumkronen. Egal, in welcher Jahreszeit ihr anreist, ihr werdet
verstehen, warum Tortuguero treffend auch als der »Amazonas von Costa Rica« bezeichnet wird.

⊠ BESTE REISEZEIT

März und April locken weniger Touristen an und
sind weniger verregnet, aber es sind die größten Schildkröten der Welt zu sehen. Es wird
immer ein bisschen regnen (etwa 6000 Millimeter Niederschlag im Jahr), und man ist von
einer reichen Tierwelt umgeben.

⌂ ÜBERNACHTEN

Tortuga Lodge: Ein entzückendes Refugium am
Fluss mit rustikal-schicken Zimmern, von einer
dichten Vegetation und Wanderwegen umge-
ben sowie mit der Option geführter Touren.
Arcari Garden: Eine gute und erschwingliche
Basis für Individualreisende im Dorf Tortuguero.

♡ ROMANTIK

Vor dem Spaziergang unter den Sternen zwischen nistenden Meeresschildkröten lohnen
sich eine private Bootstour und ein Abendessen
am Flussufer (buchbar über Tortuga Lodge).

☑ HONEYTREK-TIPP

Um den Niststrand bei Nacht zu betreten,
benötigt ihr einen Fremdenführer, aber während des Tages könnt ihr allein gehen (auch
wenn einige Einheimische euch anderes sagen).
Lauft einfach nah entlang der Vegetation und
passt auf, wo ihr hintretet.

Eine frisch geschlüpfte Grüne Meeresschildkröte kriecht ins Meer.

ABENTEUER FÜR PAARE

Dschungeltrekking bei Tag oder Nacht ▲▲
Zieht ein Paar Regenstiefel an und stapft inmitten der mehr als 400 Baum- und 2000 Pflanzenarten im Tiefland des karibischen Regenwalds umher. Wandert den drei Kilometer langen Givilan-Pfad des Parks entlang und beobachtet Kapuziner- und Brüllaffen – oder ein Dreifingerfaultier, das ein Nickerchen hält. Nehmt an einer geführten Nachtwanderung teil, um nachtaktive Tiere wie Rotaugenlaubfrösche oder Gottesanbeterinnen zu sehen.

Freiwilligenarbeit mit Meeresschildkröten ▲▲▲▲
Das Sea Turtle Conservancy, die erste und wohl bestgeführte Organisation ihrer Art, bietet von März bis Oktober ein- bis dreiwöchige Volontariate an. Begutachtet die Strände, während riesige Lederschildkröten jeweils 80 bis 100 Eier legen, oder sammelt Daten zu gerade geschlüpften Grünen Meeresschildkröten – alles zur Unterstützung der wissenschaftlichen Arbeit, um die vier Schildkrötenarten, die in Tortuguero zu Hause sind, zu schützen.

Kajakfahren auf den Kanälen ▲▲
Paddelt entspannt durch das weitläufige Netz der Kanäle und üppigen Lagunen des Parks, während ihr aufmerksam nach Tieren wie Flussschildkröten, Krokodilkaimanen, Ottern und sogar den scheuen Karibikmanatis Ausschau haltet. Am Flussufer werdet ihr Wasservögel wie Eisvögel und verschiedene Reiherarten sehen.

Vogelbeobachtung ▲
Brecht mit einem Ornithologen zu einer Wanderung oder Bootstour auf und ihr werdet Dutzende der über 300 Vogelarten von Tortuguero sehen. Mit leistungsfähigen Ferngläsern und aufmerksamen Sinnen wird euer Führer euch dabei helfen, wie ein Profi Fischertukane, Würgadler und Schieferschwanztrogone zu identifizieren.

✤ Willkommen im Dschungel

Als wir zu unserem Zimmer in der Tortuga Lodge gingen und die Palmen und feuerroten Helikonien bewunderten, traten wir beinahe auf einen ein Meter langen grünen Leguan. Aufgeregt winkten wir eine Angestellte herüber, aber zu unserer Überraschung hielt sich ihre Begeisterung in Grenzen. »Sie sind wunderbar«, sagte sie, »und überall.« Von da an sahen wir ständig, auf jedem unserer Spaziergänge, irgendwo einen Leguan – neben der Rezeption, auf der Terrasse, auf einem Baum oder auf dem Rasen, wie er an einer gerade vom Baum gefallenen Mango zerrte. Nach unserer fünften Sichtung hörten wir auf, Fremde darauf aufmerksam zu machen, aber die Harmonie zwischen Tier und Mensch in Tortuguero überwältigte uns immer wieder.

Ein Leguan faulenzt am Pool der Tortuga Lodge.

WAS ES AUF DIESEM KONTINENT NOCH ZU ENTDECKEN GIBT:

» Auf See: Mesoamerikanisches Riff, Belize · S. 126

» Regenwälder: Monteverde, Costa Rica · S. 186

Verliebte Adeliepinguine machen sich zum Kuscheln bereit.

Balzrituale der Tierwelt

Skurrile, bezaubernde und erstaunliche Strategien, um ein Mädchen zu beeindrucken und die Leidenschaft lebendig zu halten

LAUBENVOGEL

1. Der Dekorateur

Ein weiblicher Laubenvogel hat ein kritisches Auge für guten Stil und bewertet das Männchen anhand seines Dekorationstalents. Dieses arbeitet unermüdlich daran, ein aufwendiges Nest zu bauen, verziert mit Blumen, Beeren und allen möglichen Farbakzenten (vor allem in ihrer Lieblingsfarbe Blau). Es legt sogar auf kunstvolle Weise einen Pfad an, um dem Weibchen den Weg zum gemeinsamen Liebesnest zu zeigen.

SEEPFERDCHEN

2. Das Discopärchen

Sich am Schwanz halten, Nase an Nase schwimmen und im Liebestaumel die Farbe wechseln – Seepferdchen gehören zu den leidenschaftlichsten Tierpaaren. Die Balz dauert Tage und hält auch noch während der Schwangerschaft des Männchens an (genau: Es trägt etwa 1000 Kinder aus).

ADELIEPINGUIN

3. Der Geologe

Diese antarktische Spezies baut ein Nest aus Steinen, beginnend mit einem Balzstein. Um den Mutterinstinkt des Weibchens anzusprechen, sucht das Männchen den schönsten Stein am Strand, um ihn ihr zu schenken und um sie für sich zu gewinnen. Wenn es ihr Glücksstein ist, ist es sein Glückstag.

RAUBSPINNE

4. Geschenkverpackung

So wie man einer Frau eine mit einer Schleife umwickelte Pralinenschachtel schenkt, umwickelt das Raubspinnenmännchen einen Leckerbissen mit seinem feinsten Seidenfaden, um sein Interesse zu zeigen. Oberflächliche Bewerber wickeln ein, was sie gerade finden, aber nur derjenige, der ein (leckeres) Geschenk von Herzen darbietet, wird die Liebe der Angebeteten erhalten.

GALAPAGOSALBATROS

5. Paartanz

Wenn sich Albatrosse bei der Paarung wiedervereinen, nachdem sie die meiste Zeit des Jahres voneinander getrennt lebten, können sie ihre Erregung kaum verbergen und müssen sie durch Tanz ausdrücken. Wie bei einer Choreografie rotieren sie mit ihren Schnäbeln und klappern damit, strecken ihre Köpfe nach oben und geben Laute von sich, die wie »Woohoo!« klingen.

JAPANISCHER KUGELFISCH

6. Der Künstler

Diese Männchen können vielleicht nicht durch ihre Farbenpracht beeindrucken, aber sie haben die künstlerischen Fähigkeiten und die Geduld eines tibetischen Mönchs. Wie bei einem Mandala aus Sand setzen sie Sandkörner zu einem kniffligen geometrischen Kunstwerk zusammen (sie verzieren es sogar mit Muscheln) und bauen gleichzeitig ein sicheres Versteck für ihre zukünftige Partnerin, in das sie Eier legen kann.

GELBHOSENPIPRA

7. Der Moonwalker

Dieser unscheinbare kleine Vogel beginnt sein Paarungsritual, indem er einen glatten Zweig zu seiner Tanzfläche macht. Er wartet geduldig, und sobald er eine Zuschauerin sieht, lässt er den Michael Jackson in sich heraus – er gleitet mühelos vor und zurück, nimmt Posen ein und schlägt so schnell mit den Flügeln, dass ein Ton entsteht.

PRÄRIEWÜHLMAUS

8. Die treue Seele

Können Nagetiere niedlicher sein als die Präriewühlmäuse, die eine feste Beziehung eingehen? Das Männchen würde niemals sein Weibchen verlassen und hält sich von allen leichten Mädchen fern, die versuchen, ihn wegzulocken. Immer aufeinander aufpassend, kuscheln sie sich aneinander, um warm zu bleiben, und putzen sich gegenseitig, um attraktiv zu bleiben. Wenn die Zeit für Nachwuchs gekommen ist, ziehen sie ihn von Anfang bis Ende gemeinsam auf.

PFAU

9. Der Hypnotiseur

Das strahlende Pfauenmännchen flirtet mit seinem Federkleid in leuchtenden Blau-, Grün- und Goldtönen. Wenn es ein Weibchen gefunden hat, das sein Interesse weckt, breitet es seinen mit Augen verzierten Federschmuck zu imposanter Größe aus und schlägt mit den Flügeln, um das Weibchen in seinen Bann zu ziehen.

BONOBO

10. Friedvoller Liebhaber

Diese schrulligen Primaten balzen nicht nur um der Fortpflanzung willen, sondern auch, um sich zu grüßen, Konflikte zu lösen, sich zu vergnügen und sich ihre gegenseitige Wertschätzung zu zeigen. Bonobos kennen keine Flitterwochen – nur ein Leben voller Liebe.

Shwedagon-Pagode
Myanmar

> *»In der Architektur spiegelt sich das Leben wider.*
> *Sobald man seinen Blick über Gebäude wandern lässt,*
> *erkennt man die Vergangenheit und die Seele eines Ortes.*
> *Sie sind ein Abbild der Gesellschaft.«*

I. M. PEI

Kapitel fünf

GESCHICHTE & ARCHITEKTUR

Beim Betrachten eines 1000 Jahre alten Tempels mit abblätternder Fassade und verblassten Fresken nimmt die Fantasie freien Lauf. Man stellt sich in Seidenroben gehüllte Könige vor, die beten, schwebende Gesänge und duftende Räucherstäbchen. Gerade wenn man beginnt zu glauben, man befinde sich in einem Museum, legt eine Frau eine Blume zu Füßen einer Buddhastatue nieder. Großartige Architektur füllt sich mit Leben, sie steht für Wohlstand, Gemeinschaft und Handwerkskunst. Selbst vor dem Hintergrund gesellschaftlicher Umbrüche richten Herrscher ihr Augenmerk auf den Erhalt schöner Bauwerke – sie bauen darauf auf und erweitern sie um eine individuelle Note. Was als Tempel aus dem 10. Jahrhundert begann, wurde so mit der Zeit zu einem dauerhaften kulturellen Symbol. Für uns strahlen jene Gebäude eine besondere Magie aus, in denen die Geschichte gelebt wird. In Sintra ist der Hof des Nationalpalasts beispielsweise der Marktplatz. In Kappadokien werden die römischen Felsbauten als Hotels benutzt. In China wird seit der zerstörerischen Kulturrevolution alles Kulturelle leidenschaftlich beschützt. Entdeckt Orte, an denen die Geschichte zum Leben erwacht.

BAGAN
Myanmar

ASIEN
Myanmar
Bagan

Stellt euch 200 Jahre alte buddhistische Tempel vor, die auf 67 Quadratkilometern in den Ebenen entlang eines Flussufers verstreut liegen. Stellt euch dann 10 000 davon auf genau dieser Fläche vor. Vom 10. bis zum 13. Jahrhundert errichtete das Königreich Pagan (die ersten Herrscher, die das Land unter sich vereinten) Bauwerke in einem unvorstellbaren Ausmaß: Goldene Stupas, leuchtende Fresken und haushohe Buddhastatuen entstanden zu Ehren der ersten Hauptstadt Myanmars. Angesichts der unglaublichen Dichte an atemberaubenden Sakralgebäuden fällt kaum auf, dass über die Jahrhunderte beinahe 80 Prozent der ursprünglichen Monumente durch Invasionen, Erdbeben und die klimatischen Bedingungen zerstört wurden. Aufgrund seiner bruchstückhaften, kritisch bewerteten Restaurierungsmaßnahmen befindet sich Bagan auf der Vorschlagsliste der UNESCO-Welterbestätten, aber genau diese Unvollkommenheit trägt in mehrfacher Hinsicht zum besonderen Charakter dieses Ortes bei. Nicht nur die vielen Tausend Tempel machen ihn zu etwas Besonderem, sondern auch die Familien, die die Anlagen pflegen, die Kühe, die zwischen ihnen grasen, und der Friede, den man findet, wenn man mit dem Menschen, den man liebt, auf einer abgeschiedenen Pagode sitzt.

⊠ BESTE REISEZEIT

In Bagan ist es tendenziell heiß und regnerisch. Der Zeitraum November bis Februar ist ideal, vor allem um den Vollmond herum.

⌂ ÜBERNACHTEN

The Hotel @ Tharabar Gate: Eines der luxuriösesten Resorts der Gegend entlang der historischen Stadtmauer. **Bagan Thande:** Schöne Atmosphäre und gutes Preis-Leistungs-Verhältnis für eine Unterkunft am Flussufer innerhalb der archäologischen Zone.

♥ ROMANTIK

Umgeht die Menschenmengen der Shwesandaw-Pagode während des Sonnenuntergangs. Fahrt mit dem Fahrrad am Fluss entlang zu einem abgeschiedenen Tempel. Wenn ihr höflich fragt, dann lassen euch die Hausmeister vielleicht auf das Dach.

☑ HONEYTREK-TIPP

Besteigt den Zug in Yangon (Rangun) oder die Fähre in Mandalay und tauscht ein bisschen Komfort gegen unbezahlbare Begegnungen mit den Einheimischen und landestypische Erlebnisse ein.

Tausende alter Tempel überziehen die Ebenen von Bagan.

Alte und neue Buddhafiguren besetzen oft die Tempelnischen.

ABENTEUER FÜR PAARE

Nordostkorridor auf dem Pferdewagen ▲

Verbringt Zeit im Ananda-Tempel, der zu den ältesten, heiligsten und am aufwendigsten geschmückten Tempeln Bagans gehört. Nehmt von hier einen traditionellen Pferdewagen und lasst euch zur riesigen goldenen Stupa der Shwezigon-Pagode und zum Gubyaukgyi-Tempel bringen, in dem ihr einige der besterhaltenen Fresken bestaunen könnt. Fragt euren Kutscher nach diesen Hauptattraktionen und nach seinen Lieblingstempeln und -restaurants abseits der Touristenpfade.

Radfahren außerhalb der Stadtmauern ▲▲▲

Innerhalb der alten Stadtmauern des Tharabar Gate gelangt ihr automatisch zu der höchsten Pagode von Thatbyinnyu und zur glänzenden Bupaya-Pagode, aber das Beste liegt abseits der Hauptanlage. Geht in eurer Umgebung auf, klettert auf Ruinen, unterhaltet euch mit Mönchen und würdigt vergessene Tempel. Um ein größeres Gebiet zu erkunden, lohnt es sich, ein Fahrrad zu mieten.

Heißluftballonfahrt über Bagan ▲▲

Außer von einem Heißluftballon ist es kaum möglich, alle 2000 Tempel zu sehen. Während ihr über einem Meer aus gestuften Pagoden, die in Morgennebel gehüllt sind, hinwegschwebt, werdet ihr euch der Dimensionen dieser archäologischen Zone und der ambitionierten Träume der Pagan-Herrscher bewusst werden.

Besteigung des Popa-Bergs ▲▲▲

Auf einem schroffen Vulkangipfel liegt das Popa-Taung-Kalat-Kloster: eine der heiligsten und fotogensten Stätten des Landes. Diesen Wohnort der Nats (37 animistische Geister als Teil des myanmarischen Buddhismus) zu besichtigen, ist ein absolutes Muss. Auf dem Berg befinden sich etliche Schreine, unzählige Betende und listige Affen. Steigt gleich nach dem Aufwachen auf den Krater des Popa und durchquert dabei üppig bewachsene Täler – das schenkt euch die besten Ausblicke auf das Kloster mit seiner buchstäblich himmlischen Lage.

⚜ Oma, pack die Schleuder aus

Während wir das Kunsthandwerk des Thabeik-Hmauk-Tempels bewunderten, hörten wir draußen plötzlich Gelächter. Es kam von drei Hausmeistern aus verschiedenen Generationen, die mit Steinschleudern Schießen übten. Als der Großvater uns sah, winkte er uns herüber und forderte uns auf, es auch einmal zu versuchen. Ich zog das riesige Gummiband an mich heran, und mein Stein fiel kläglich zu Boden. Als auch der zweite Versuch, die Blechdose zu treffen, missglückte, kam die Großmutter hinzu. Sie nickte mir zu, als wollte sie mir sagen: »Schau mal.« Sie nahm das Ziel mit einem faltigen Blinzeln ins Visier, dehnte das Band bis zum Äußersten, und »Peng!«, getroffen. Wir alle brachen in Jubel und Gelächter aus – die universelle Sprache.

Anne beim Steinschleuder-Unterricht vor dem Tempel

WAS ES AUF DIESEM KONTINENT NOCH ZU ENTDECKEN GIBT:

» Berge: Emeishan, China · S. 28

» Seen: Inle-See, Myanmar · S. 48

KAPPADOKIEN
Türkei

Kappadokien
Türkei A S I E N

Aus einer Lage Vulkantuff formten die Kräfte der Natur in Kappadokien durch Erosion riesige Felstürme (Feenschornsteine genannt), gekräuselte Täler, schlossartige Klippen und eine der unwirklichsten Landschaften unseres Planeten. Als wäre ihre geologische Schönheit nicht bereits faszinierend genug, wurden diese Lavaformen von Menschenhand in Tausende Häuser verwandelt, die nach den Hethitern, den Römern und den Ottomanen nun die Anatolier der Gegenwart bewohnen. Rein oberflächlich betrachtet, sind die konischen Steinhäuser mit ihren schiefen Fenstern und Türen das Markenzeichen Kappadokiens. Der Landstrich war aufgrund seiner Lage zwischen den verfeindeten Persern und Griechen der Antike und am Rand des mittelalterlichen byzantinischen Reichs oft Schauplatz von Schlachten, und die dort lebenden Menschen bauten deshalb unterirdische Städte als Zuflucht. Folgt den in Stein gehauenen unterirdischen Tunneln und dringt tief in unterirdische Städte ein. Erkundet Steinklöster aus dem 5. Jahrhundert, wo Christen im Geheimen ihre Religion ausübten. Entdeckt dann die luxuriöse Seite der Höhlenunterkünfte in einem der Fünf-Sterne-Hotels und -Restaurants auf den Klippen. Kappadokien war lange Zeit ein Ort, der friedliebenden Menschen als Versteck diente, und ist heute ein idealer Ort für Abenteurer und Romantiker.

 BESTE REISEZEIT

In Kappadokien kann es sowohl extrem heiß als auch extrem kalt werden, selbst innerhalb eines Tages. April bis Juni ist eine angenehme Zeit sowie auch September bis Oktober (mit noch mehr kulturellen Feierlichkeiten).

 ÜBERNACHTEN

Museum Hotel: Die einzige Niederlassung der Relais-&-Châteaux-Gruppe in der ganzen Türkei und die edelste Höhlenunterkunft des Burghügels. **Kelebek:** Von einfachen Zimmern bis Suiten bietet dieses an einem Berghang gelegene Hotel in Göreme eine Höhlenerfahrung für alle Budgets – einfach Pflicht!

 ROMANTIK

Gleitet in einem Heißluftballon über die Vulkantäler und die alten Behausungen. Landet und stoßt bei einem Champagnerfrühstück an. Ein solcher Ausflug ist nicht nur romantisch, sondern auch die beste Art, um die Landschaft in ihrer Vielschichtigkeit zu begreifen.

 HONEYTREK-TIPP

Das ausgedehnte Kappadokien ist historisch ungemein vielschichtig. Ein sachkundiger Fremdenführer mit eigenem Auto, wie von Matiana Travel, ist von unschätzbarem Wert.

In Vulkantuff gehauene Häuser auf dem Burghügel

ABENTEUER FÜR PAARE

Unterirdische Stadt Kaymaklı ▲▲

Tief unter der Erdoberfläche verbinden fast 100 Tunnel eine eigene Welt, in der einst 3500 Menschen lebten. Passt auf euren Kopf auf und zieht euren Bauch ein, während ihr euch durch die winzigen Räume bewegt und erfahrt, wo Wein gepresst und Kunsthandwerk aus Kupfer gefertigt wurde. Obwohl ein Teil der unterirdischen Stadt ein Museum ist, benutzen die Einheimischen einige Höhlen immer noch als Keller und Ställe.

Wanderung vom Liebes- zum Rosental ▲▲

Startet im Liebestal und steigt die weißen Wände zu einem psychedelischen Eden hinab. Schlendert durch den Garten mit seinen wilden Früchten und entdeckt an jeder Biegung geologische Meisterwerke, von versteinerten Wellen aus Lavagestein bis zu pilzartigen Türmen. Legt einen Zwischenstopp im byzantinischen Steindorf Çavuşin ein und legt euren Rückweg so, dass ihr das ebenso bezaubernde Rosental besichtigen könnt.

Freilichtmuseum Göreme ▲

Die UNESCO würdigte diese Stätte als eines der besten Beispiele weltweit für postikonoklastische byzantinische Kunst. Wenn religiöse Kunst euch nicht anspricht, lässt zumindest das Labyrinth der in die Felsen gehöhlten Klöster den Indiana Jones in euch lebendig werden. Klettert in Höhlenkirchen aus dem 10. Jahrhundert, werft einen Blick in die zerklüfteten Speisesäle, wo einst Tau-

✣ Kleine kappadokische Chronik

Kappadokien blickt auf eine lange und komplizierte Zivilisationsgeschichte zurück. Diese ungefähren Daten können euch als Orientierung dienen:

1700–1200 v. Chr.: Hethitisches Reich

1200–700 v. Chr.: Neohethitisches Königreich und Reich Tabal

500–300 v. Chr.: Perserreich

300 v. Chr.–17 n. Chr. Kappadokisches Königreich

17–1071: Römisches und byzantinisches Reich

1071–1400: Seldschukische Türken

1400–1922: Osmanisches Reich

1922–heute: Türkische Republik

Byzantinische Kunst in der Dunklen Kirche im Freilichtmuseum von Göreme

sende Mönche aßen, und verpasst auf keinen Fall die Tokali-Kirche mit den bedeutungsvollsten Malereien überhaupt.

Unter der Burg von Uçhisar ▲▲

Dieser festungsartige Berg wurde von Dorfbewohnern ausgehöhlt, um den angreifenden Feinden im Flachland zu entkommen. Lauft durch das mehrstöckige Netzwerk aus Steinunterkünften, dann lauft den Burgfelsen hinunter, um die verlassenen konischen Höhlenhäuser zu sehen. Steigt von Hand geschlagene Treppen hoch und verbringt etwas Zeit in antiken Penthäusern.

WAS ES AUF DIESEM KONTINENT NOCH ZU ENTDECKEN GIBT:

» **Auf See: Kykladen, Griechenland** · S. 134

» **Übernatürliches: Pamukkale, Türkei** · S. 224

Stabkirche Hopperstad in Sogn og Fjordane, Norwegen

Das perfekte Paar

Hopperstad hat 900 Jahre lang Insekten, Bränden, Stürmen und gnadenlosen Wintern getrotzt. Ein kurzes Stück landeinwärts von Norwegens größtem Fjord entfernt, wird diese Stabkirche oft übersehen, obwohl sie zu den ältesten noch erhaltenen gehört. Nur wenige Holzbauwerke kommen ihr an kunstvoller Schönheit gleich, obwohl die benachbarte Eiche ihr beinahe Konkurrenz macht. Wir saßen unter ihrem Dach roter Blätter und betrachteten die muschelförmigen Dachschindeln und nordischen Schnitzereien der Kirche.
Wie verwandte Seelen, die eine wild und die andere kultiviert, ergänzten sie sich perfekt.

FENGHUANG
China

ASIEN

Fenghuang

in smaragdgrüner Fluss strömt aus sattgrün bewachsenen Bergen. Brücken aus der Ming-Dynastie wölben sich über dem Wasser. Stelzenhäuser reihen sich am Ufer aneinander. Kanus aus Holz werden mit Bambusrudern angetrieben, und Frauen aus dem Bergvolk waschen am Fluss ihre Wäsche. Diese 1200 Jahre alte Stadt in Hunan ist ein wahres Postkartenmotiv und gilt als eine der schönsten in China. Fenghuang (übersetzt »Phönixstadt«) ist ein absoluter Lieblingsort der Chinesen – die Scharen glücklicher und nationalstolzer Menschen beeinträchtigen den Zauber dieses Ortes aber nicht im Geringsten, sondern verleihen ihm eine Aura der Glückseligkeit. Tagsüber laden die Tempel, historischen Häuser und Ahnenhallen zum Besuch ein, bei Nacht spiegeln sich die Lichter der schwalbenschwanzförmigen Dächer, Steinbögen und Pagoden im Wasser. Die Cafés am Flussufer sind dicht besetzt, man schlendert mit dem oder der Liebsten im Arm durch die Straßen und versinkt in der festlichen Atmosphäre. Fenghuang wird euch mühelos zwei Tage verzaubern, während nahe gelegene Ziele wie die südliche große Mauer und die Sandsteintürme von Wulingyuan (S. 234) während einer ereignisreichen Woche in Hunan für reichlich Beschäftigung und Gesprächsstoff sorgen.

☒ BESTE REISEZEIT

März bis Mai und September bis November bieten in dieser subtropischen Zone das angenehmste Wetter. Wenn ihr Menschenmassen meiden wollt, dann packt warme Kleidung ein und reist zwischen Dezember und Januar an.

▦ ÜBERNACHTEN

Phoenix Melody Inn: Das edelste und traditionellste Hotel am Flussufer. **Fengxiang Jiangbianlou Inn**: Einfache, fröhliche Zimmer mit Balkon. Beide Unterkünfte verfügen über freundliches englischsprachiges Personal.

♡ ROMANTIK

Lauft kurz vor Sonnenuntergang in nordwestlicher Richtung vom Fluss die Nanhua-Straße bis zum Hügelpark entlang. Nehmt euch einige Qingdao-Biere und Teigtaschen mit und seht dabei zu, wie die antiken Gebäude der Altstadt nach und nach aufleuchten.

☑ HONEYTREK-TIPP

Einheimische dabei zu beobachten, wie sie die kulturelle Schönheit ihres eigenen Landes bestaunen, ist eine kulturelle Erfahrung – lasst euch von ihrer Begeisterung mittragen. Wenn ihr ein bisschen Freiraum braucht, dann lauft direkt am Fluss entlang – von hier aus habt ihr ohnehin bessere fotografische Möglichkeiten.

Der Tuojiang ist die Verkehrsader der Stadt.

Garküchen mit landestypischen Gerichten entlang der Straße

ABENTEUER FÜR PAARE

Eintrittskarte ▲

Für die Altstadt wird Eintritt verlangt. Die Karte ist zwei Tage lang gültig und ermöglicht den Besuch von zehn Sehenswürdigkeiten einschließlich historischer Wohnhäuser, Festungen, Tempel und Aussichtspunkte. Der Östliche Turm, die Ahnenhalle der Familie Yang, das Zuhause von Shen Chongwen und die Chongde-Halle sind besonders sehenswert, vor allem, wenn man deren Besuch mit einem Bummel durch die engen, mit Steinplatten gepflasterten Straßen verbindet.

Fahrt auf einem Bambusboot ▲

Dies ist mit Recht die beliebteste Attraktion in Fenghuang – schon wegen der einzigartigen Perspektive auf die Stadt. Man kann die Brücken von unten, die verwitterten Stelzen der *diaojiaolou* (das chinesische Wort für ein »Haus mit hängenden Füßen«) und Fischer, die ihre Netze direkt neben einem auswerfen, betrachten – und darüber hinaus befährt man noch eine kleine Stromschnelle.

Huangsiqiao-Schloss ▲

24 Kilometer außerhalb der Stadt steht eines von Chinas besterhaltenen steinernen Schlössern. Es wurde im 7. Jahrhundert aus blauen Steinen erbaut, die mit gedämpftem Klebreis und kohlensaurem Kalk verbunden wurden. Diese Bergfestung wird euch verblüffen.

Die südliche große Mauer ▲▲

Dieser Teil der Chinesischen Mauer erstreckt sich 190 Kilometer durch die Berge und Täler um Fenghuang, unterbrochen von über 800 Wehrtürmen und Militärposten. Das Bauwerk aus dem 16. Jahrhundert wurde zwar größtenteils nachgebaut, ist aufgrund seiner Größenordnung und seines Abenteuercharakters aber trotzdem beeindruckend.

✛ Kostüm-Shooting

Nachdem wir eine Weile dabei zugesehen hatten, wie chinesische Touristen sich in traditionelle Miao-Gewänder kleideten und von profitgierigen Fotografen bedrängt wurden, machten wir uns schließlich selbst einen Spaß daraus und machten unser eigenes kitschiges Fotoshooting. Ich weiß nicht, wer sich mehr amüsierte – wir oder die Unmengen chinesischer Touristen, die angesichts der zwei *gweilos* in Vollverkleidung kicherten. Wenn du sie nicht bezwingen kannst, dann mach einfach mit!

Zufallsbegegnung: Ein Straßenfotograf wurde zum Kumpel.

WAS ES AUF DIESEM KONTINENT NOCH ZU ENTDECKEN GIBT:
» Berge: Annapurna Sanctuary, Nepal · S. 24
» Übernatürliches: Wulingyuan, China · S. 234

Prachtvolle Bauten umgeben die Plaza de la Paz.

GUANAJUATO
Mexiko

NORD-
AMERIKA

Guanajuato

MEXIKO

Ein enges Tal, gesäumt von bunten Häusern, die mit gewundenen Treppen, Tunneln und Alleen verbunden sind – Guanajuato ist ein Labyrinth von Schätzen. Hinter einer Straßenbiegung verbergen sich oft ein reizvoller Platz und Häuser im Kolonialstil, oder es gibt köstliche Tamales. Wenn man den Berg hinunterschlendert, erreicht man die Plaza de la Paz und einen Boulevard, der Architekten reichlich Platz geboten hat, sich auszutoben. Sowohl die Azteken als auch die Spanier fühlten sich zu diesem Ort hingezogen, da seine Berge voll Silber und Gold steckten. Vom 16. bis zum 19. Jahrhundert (als Guanajuato zwei Drittel des weltweit geförderten Silbers produzierte) scheuten die Kolonialmächte keine Kosten. Opulente Kirchen, schmuckvolle Theater und die Minen, die so groß wie eine Stadt sind, beförderten Guanajuato direkt auf die UNESCO-Liste des Weltkulturerbes, während die örtliche Universität und das internationale Cervantino-Kunstfestival die Stadt jung und lebendig halten. Überall in den Straßen ertönt Musik, von Mariachi-Bands bis hin zu *callejoneadas*, eine Tradition, bei der Musiker in Kostümen aus dem 17. Jahrhundert Passanten ein Ständchen geben. Öffnet euer Herz und ihr werdet euch in Guanajuato verlieben.

BESTE REISEZEIT
Aufgrund der Gebirgslage wird es nie zu heiß oder regnerisch. Kommt jederzeit oder zum Festival Cervantino im Oktober.

ÜBERNACHTEN
Villa María Cristina: Ein Stadthaus aus dem 19. Jahrhundert an einem edlen Boulevard, das seinen Relais-&-Châteaux-Status verdient hat. **Alonso 10:** Ein historisches Hotel mit acht Suiten im zeitgenössischen Stil mitten im Herzen der Stadt.

ROMANTIK
Gebt euch einen Glückskuss auf der Callejón del Beso. Der Legende nach lebten zwei Verliebte nach Art von Romeo und Julia in gegenüberliegenden Häusern. Ihre Balkone lagen aber so nah beieinander, dass ihre Lippen sich berühren konnten.

HONEYTREK-TIPP
Startet eure Stadterkundung auf dem Bergmonument El Pípila. Von dort habt ihr den besten Blick auf Guanajuato und könnt das große Ganze dieses Labyrinths erfassen.

Mexikanische Barockarchitektur in der Basilika

ABENTEUER FÜR PAARE

Die Silbermine von La Valenciana ▲▲
Verfolgt die Geschichte des Reichtums von Guanajuato
bis zurück zur Silberader durch den Ort La Valenciana.
Lauft 60 Meter tief in die San-Ramón-Mine hinein und
besucht das Museum in San Cayetano, wo mehrere Generationen von Minenarbeitern Führungen anbieten. Seht
den glänzenden Lohn der Knochenarbeit bei einem
Besuch der Kirche La Valenciana aus dem 18. Jahrhundert, die von der UNESCO zu einem der schönsten Exemplare barocker Architektur in Lateinamerika erklärt wurde.

Haus von Diego Rivera ▲
Der berühmte mexikanische Maler und Ehemann von
Frida Kahlo wurde in der Altstadt von Guanajuato geboren. Besichtigt das Haus, in dem er seine Kindheit ver-
brachte, mit der Einrichtung und den Andenken aus dem
19. Jahrhundert, und das daran angeschlossene Museum
mit über 100 von Riveras Originalwerken – von Skizzen
seiner Wandmalereien bis hin zu kubistischen Entwürfen,
die durch seine Zeit mit Picasso beeinflusst wurden.

Streetfood für Insider ▲
Schließt euch den Gourmets von Mexico Street Food
Tours an und lasst euch zu den besten Essensständen,
Bäckereien und Märkten führen. Nascht euren Weg durch
den belebten Hidalgo-Markt bis hin zu versteckten Klein-
küchen mit Großmüttern, die Enchiladas Mineras zuberei-

Wir wussten, dass es beschwerlich sein würde,
uns in der Megalopolis von Mexiko-Stadt allein
zurechtzufinden, also kontaktierten wir Rodrigo und
Maria José auf Couchsurfing, eine Website, die aufge-
schlossene Reisende mit Einheimischen zusammen-
bringt, die einen kostenlosen Schlafplatz anbieten.
»Bienvenidos!«, riefen Ro und Majo und umarmten uns.
Die frisch verheirateten Architekten und stolzen Bürger wollten uns das Beste ihrer Stadt präsentieren:
Sie nahmen uns mit auf ein Straßenfestival, in ihre
Lieblingsmuseen, eine lokale Mezcal-Bar und veranstal-
teten sogar eine kleine Party für uns. Kein Fremdenführer hätte das für uns getan, und all diese Menschen
erwarteten dafür nichts – nur kulturellen Austausch.

Die Sharing Economy führt oft zu neuen Freundschaften.

ten, und zu Straßenständen, die knusprige Tortillas
offerieren. Krönt diesen Tag mit einem mexikanischen
Kaffee und einer Portion Horchata-Eis.

Vorführung im Juarez-Theater ▲
Seht euch ein Konzert, Theaterstück oder Ballett in diesem großen Musentempel an, der seit seiner Eröffnung
1903 unverändert geblieben ist. Auch ohne eine Vorstellung zu erleben, ist dieses Meisterwerk neoklassizistischer
Baukunst einen Besuch wert. Werft einen Blick in den
Saal mit 902 Sitzen und bewundert architektonische
Feinarbeit in allen Winkeln, von vergoldeten Sägearbeiten
bis hin zu bestickten Vorhängen.

WAS ES AUF DIESEM KONTINENT NOCH ZU ENTDECKEN GIBT:
» **Wüsten: Durango, Mexiko · S. 148**
» **Roadtrips: Der Südwesten, Vereinigte Staaten · S. 206**

GENT
Belgien

VON KRISTIN HENNING UND TOM BARTEL

EUROPA
Gent Belgien

Sobald sich die Wolken verziehen, ziehen die Einwohner scharenweise an die Leie und genießen die Sonnenstrahlen. Malerische Flussbiegungen, pittoreske Brücken, Fahrräder, eine Universität und bezaubernde Architektur charakterisieren diese jugendliche Stadt, die das historische Flair des nicht weit entfernten Brügge hat, nur ohne die Scharen von Tagestouristen. Während des Mittelalters wuchs Gent aufgrund seines viel frequentierten Hafens und seiner blühenden Textilindustrie zur zweitgrößten Stadt Nordeuropas. Seither verband die Stadt Handel mit Kunsthandwerk, war Sitz weltlicher wie religiöser Herren und vermischte traditionelle mit populärer Kultur. Heute ist das Stadtzentrum für drei Dinge berühmt: die Kathedrale St. Bavo, die St.-Nikolaus-Kirche und den Belfried im Stadtzentrum, der zum UNESCO-Weltkulturerbe gehört. Entlang der Leie werden die Fassaden flämischer Gebäude mit ihren steilen Dächern, Stufenfassaden und gegliederten Backsteinen wie ein Kunstwerk im Kanal gespiegelt. Die Anwohner und Touristen genießen die luftige Aussicht entlang der Gras- und Korenlei. Als größte autofreie Zone in Belgien ist das historische Zentrum besonders für leidenschaftliche Radfahrer wie uns attraktiv. Und wenn wir eine Pause machen wollen, dann sicher bei einer dampfenden Portion *Mosselen met friet*, die perfekte Beilage zu einem Tag in Gent.

⊠ BESTE REISEZEIT

April bis August bieten das schönste Wetter, und im Juli findet das jährliche Jazzfestival statt. Wir selbst tendieren mehr zum Herbst und dem Filmfest im Oktober.

⊞ ÜBERNACHTEN

Ghent River Hotel: Dieses Hotel umfasst zwei historische Gebäude: ein Renaissancegebäude und eine alte Baumwollspinnerei. Es ist das einzige Hotel in der Innenstadt, das per Boot erreichbar ist. **Ghent Marriott:** Dieses Vier-Sterne-Hotel in perfekter Lage am Fluss bietet einen gehobenen Mix aus Neu und Alt.

♥ ROMANTIK

Ein nächtlicher Spaziergang am Fluss, in dem sich flackernde Lichter spiegeln, ist Romantik pur. Steht früh auf und erlebt den Fluss bei Tagesanbruch, bevor ihr belgische Waffeln zum Frühstück genießt.

⊕ TRAVEL-PAST-50-TIPP

Lest das Buch *Monuments Men* (oder seht euch den Film an), dann könnt ihr die Bedeutung des Van-Eyck-Gemäldes »Die Anbetung des mystischen Lammes« in der Kathedrale St. Bavo erst richtig würdigen. Es ist eines der berühmtesten Kunstwerke Europas.

Belebte Restaurants am mittelalterlichen Hafen Graslei

ABENTEUER FÜR PAARE

Fahrradfahren nach Herzenslust ▲▲▲

Lernt Gents fahrradfreundliche Kultur kennen. Macht kürzere Touren entlang der Grünflächen der Stadt, folgt der Schlösserroute am Schelde-Fluss, tourt die 54 Kilometer lange Route durch die Leie-Region mit ihrer wunderschönen Landschaft entlang. Wenn ihr ambitioniert seid, dann könnt ihr auch quer durch das Land in andere bedeutende Städte Belgiens fahren.

Paddeln auf den Kanälen ▲▲

Mietet ein Kanu und seht Gent aus der Perspektive der einstigen Handelsleute. Flusskanäle, die Durchfahrtsstraßen der damaligen Zeit, bieten euch beeindruckende Ausblicke auf das mittelalterliche Stadtzentrum. Es gibt auch eine Fülle von geführten Touren entlang der Wasserstraßen.

Verkostung lokaler Biere ▲

Die Geschichte der belgischen Bierkultur geht bis zurück in die Römerzeit. Mit dem Christentum verbesserte sich die Braukunst. Die zertifizierten Trappistenbiere von heute (wie Chimay) werden nach wie vor von Mönchen gebraut. In der gesamten Stadt bieten Kneipen Bierverkostungen an, wobei jede Bierprobe in einem passenden Glas serviert wird. Besucht die Huyghe-Brauerei, um zu sehen, wo das berühmte Delirium gebraut wird.

Spaziergang durch die Graffitistraße ▲

Die Werregarenstraat ist sowohl mit der Sprühkunst lokaler Kunstgrößen als auch unbekannter Laien geschmückt. Interessant wird sie dadurch, dass sie sich ständig verändert. In einer so geschichtsträchtigen Stadt wie Gent symbolisiert diese Gasse die Bereitschaft, heiter, farbenfroh und offen gegenüber Veränderung zu bleiben.

⊹ **Ratschlag für Paare**

Auf Reisen ist man meist auf engem Raum zusammen. Nach einem gemeinsamen Berufsleben – wir waren ständig zusammen – haben wir Methoden entwickelt, um uns dabei nicht auf die Nerven zu gehen: Erstens ist es sehr wichtig, die Privatsphäre und das Bedürfnis nach Ruhe des anderen zu respektieren. Ernsthafte Diskussionen können warten, bis beide dazu bereit sind. Geht auch ab und zu allein los: Allein bewegen wir uns in unserem eigenen Rhythmus, machen unterschiedliche Beobachtungen und halten aus anderen Gründen an, als wir dies gemeinsam tun würden. Und zuletzt: Hört dem anderen zu. Wenn ihr genau hinhört, wird selbst eine alte Geschichte zu einer neuen.

Mittelalterliche flämische Bauten entlang der Graslei

WAS ES AUF DIESEM KONTINENT NOCH ZU ENTDECKEN GIBT:

» **Flüsse:** Oberes Mittelrheintal, Deutschland · S. 56
» **Roadtrips:** Nordküste, Irland & Nordirland · S. 208

POWER-PAAR: *Kris & Tom*

Seit ihrem Entschluss, ihr Eigenheim 2010 gegen ein Leben auf Reisen einzutauschen, wohnten Kris und Tom in über 60 Ländern auf sechs Kontinenten. Kulturelle und historische Zentren, Nationalparks, lange Treks und leckeres Essen sind ein wesentlicher Teil ihres Lebens. Den ehemaligen Verlegern aus Minneapolis macht es viel Spaß, ihre Geschichten und Fotos auf ihrem Blog zu teilen: *TravelPast50.com*

SINTRA
Portugal

EUROPA

Sintra
Portugal

Hoch in den Bergen und nur 25 Kilometer von Lissabon entfernt, mit kühlem Klima und Blick aufs Meer, war Sintra schon immer in Mode. Von den Mauren über die Könige des Mittelalters bis hin zur europäischen Schickeria strömen Menschen seit einem Jahrtausend an diesen verführerischen Ort. Alle Gruppen haben sich stilistisch verewigt, wodurch dieser Ort architektonisch außergewöhnlich wurde. Beginnt euren Ausflug bei der maurischen Burg aus dem 10. Jahrhundert, die sich einen Gebirgsgrat entlangzieht und aussieht wie aus dem Geschichtsbuch. Den umgebenden Märchenwald ließ König Ferdinand II. anlegen, um ein Pendant zu seinem angrenzenden Palast zu schaffen. Es waren größtenteils seine skurrilen Ideen, die in Europa die Romantik des späten 19. Jahrhunderts inspirierten. Sintra wurde zu einem Ort der Eliten, die ihre Kreativität in großen Sommerresidenzen in internationalen Bauweisen und mit grenzenloser Fantasie auslebten. Wandert zum Pena-Palast und freut euch an den Wirklichkeit gewordenen architektonischen Fantasien in allen erdenklichen Farben. Fahrt auf einem Elektrofahrrad über die Hügel, vorbei an Dutzenden Villen aus der Ära der Romantik, die Motive aus der ganzen Welt aufgreifen. Taucht in die romantische Stimmung dieser Gegend ein, indem ihr eine Kutschfahrt unternehmt, ein Glas Portwein trinkt und eine Nacht in eurem eigenen Palast verbringt.

BESTE REISEZEIT

Vermeidet die Hitze und den sommerlichen Touristenansturm, indem ihr zwischen April und Juni oder September bis Oktober anreist.

ÜBERNACHTEN

Tivoli Palácio de Seteais: Ein echter Palast aus dem 18. Jahrhundert, der in ein Fünf-Sterne-Hotel verwandelt wurde, mit aufwendigen Details, die eines Königs würdig sind. **Sintra Bliss House:** Ein zeitgenössisches und komfortables Hotel im Herzen der Stadt mit einem exzellenten Frühstücksbüfett.

ROMANTIK

Esst dort zu Abend, wo die Einheimischen bei einem Date zu Abend essen. Sitzt auf der Terrasse oder unter den Steinbögen des Tacho Real und genießt ein traditionelles Gericht wie Bacalhau à Brás, während ihr dem Klang einer portugiesischen Gitarre lauscht.

HONEYTREK-TIPP

Sintra ist ein beliebtes Tagesausflugsziel von Lissabon aus, vor allem im Sommer. Bleibt für ein paar Tage und genießt die ruhige Morgenstimmung und die magischen Abende, nachdem die Tourenbusse wieder abgefahren sind.

Der exzentrische Pena-Palast über Sintra

Das Klippendorf Azenhas do Mar

ABENTEUER FÜR PAARE

Crashkurs in Architektur ▲

Der Nationalpalast von Sintra ist eines der besterhaltenen Beispiele des mittelalterlichen portugiesischen Baustils, mit Elementen aus der Gotik, dem Mudéjar-Stil und der einheimischen Manuelinik. Verbringt Zeit in der Kapelle von König Diniz aus dem 14. Jahrhundert und lasst euch von ihren geometrischen Details hypnotisieren. Schaut im Flügel von König João an die Decke und entdeckt Karavellen und Meerjungfrauen. Schwelgt im manuelinischen Stil, der sich überall in den in Stein gehauenen verknoteten Seilen und Schiffsankern ausdrückt.

Mit dem E-Bike zum Meer ▲▲▲

Folgt den erfahrenen Fremdenführern von Park E Bike durch die steinige Landschaft. Macht am Kloster Convento dos Capuchos halt, fahrt an den Weinbergen von Colares vorbei und hinunter an die Strände von Azenhas do Mar. Nehmt ein frühes Abendessen im gleichnamigen Klippenrestaurant ein und macht euch dann auf den Weg zurück den Berg hinauf – ohne ins Schwitzen zu kommen.

Wanderung zu den Palästen ▲▲

Nehmt keine Rikscha, sondern folgt dem 45-minütigen Lapa-Pfad durch den Wald, bis ihr den Pena-Park mit seinen über 500 verschiedenen, einzeln ausgewählten Bäumen erreicht, und setzt dann euren Weg bis zum Palast fort. Erkundet die gewundene Anlage und genießt

✣ Liebe und Vertrauen in Sintra

Eine Annonce auf Airbnb verhieß eine Villa aus dem 16. Jahrhundert, die einst ein Refugium für Mönche war und deren Steinkapelle und Kräutergarten immer noch erhalten sind. Das inspirierte unsere Freunde Natasha und Tyler dazu, in Portugal zu heiraten. Sie waren nie zusammen in Portugal gewesen, und die meisten Gäste hatten noch nie etwas von Sintra gehört, aber dann flogen 60 von uns über den Atlantik. Bei allen hatte sich schon Monate im Voraus die Vorfreude angesichts des Unbekannten entwickelt, aber sobald die Paläste von Sintra vor uns erschienen, wussten wir alle, dass ein Happy End garantiert sein würde.

Hochzeit in Quinta de São Thiago, besiegelt mit einem Kuss

die Ausblicke auf die Stadt und das Meer, bevor ihr euch über den Santa-Maria-Pfad wieder auf den Weg in die Stadt macht.

Gärten von Quinta da Regaleira ▲

Dieser Konzeptgarten aus dem 20. Jahrhundert und das dazugehörige Anwesen stecken voller Symbolik; kreiert wurde das Ganze von einem reichen Brasilianer, der zu seinen portugiesischen Wurzeln zurückkehrte. Steigt die Spiraltreppe in den Initiationsbrunnen hinab, springt in der Grotte von Stein zu Stein, schlendert die Promenade der Götter entlang und werft einen Blick in die Kapelle mit ihren freimaurerischen Bezügen.

WAS ES AUF DIESEM KONTINENT NOCH ZU ENTDECKEN GIBT:

» **Auf See: Kykladen, Griechenland · S. 134**

» **Schnee: Tromsø, Norwegen · S. 168**

Holi, das Fest der Farben, in Vrindavan, Indien

Feste mit Geschichte

Wo Traditionen lebendig sind und die Einheimischen feiern, weiß man eine gute Party zu schätzen.

ITALIEN

1. Putignano Carnival

Als einer der ältesten *carnevales* Italiens ist Putignano der Trendsetter für diese weltweiten Feierlichkeiten. Mit seinen 15 Meter hohen Umzugswagen erinnert er an den Karneval in Rio, aber er ist auf wunderbare Art altmodisch, mit Figuren aus Pappmaschee und Kindern, die Konfetti werfen. Brezelt euch für die Kostümbälle auf und esst ein paar Portionen Eis extra, bevor die Fastenzeit beginnt.

INDIEN

2. Braj Holi

Begebt euch an den Entstehungsort dieser hinduistischen Feier der Farben, der Liebe und des Frühlings – in Krishnas Heimatort. Die sprühenden Dörfer Mathura und Vrindavan dehnen die Feierlichkeiten auf bis zu 40 Tage aus, mit spielerischen Pulverkämpfen und Umzügen zwischen alten Tempeln.

USBEKISTAN

3. Navruz

Seit über 2500 Jahren wird der persische Neujahrstag (21. März) in West- und Zentralasien gefeiert, aber die Festlichkeiten im usbekischen Buchara gehören zu den unterhaltsamsten von allen. Lagerfeuer, Ringkämpfe, Pferderennen, Theaterstücke und frohe Botschaften beherrschen eine Woche lang die ganze Stadt.

SCHOTTLAND

4. Highland Games in Ceres

Seit Robert the Bruce 1314 den Einwohnern das entsprechende Privileg erteilte, ist Ceres der Austragungsort eines Wettkampfs um Stärke, Rhythmusgefühl und Anmut. Hier erlebt man urwüchsige Schotten im Kilt beim Baumstammwerfen, Heusackweitwurf und Tauziehen, unterbrochen durch die für die Highlands typischen Tanzeinlagen der Mädchen und Jungen und den Wettbewerb um die besten Dudelsackspieler.

CHINA

5. Maskenfest von Gedong

Vor einem 400 Jahre alten tibetischen Kloster führen reich geschmückte Tänzer mit bemalten Masken und ein Orchester von Mönchen dramatische buddhistische Allegorien vor. Bei diesem Spektakel in Benzilan ist auch das Volk der Naxi anwesend (und kaum ein Besucher aus dem Westen).

SPANIEN

6. Sanfermines

Legt euer bestes weiß-rotes Outfit an und rennt los durch die Straßen von Pamplona (oder feiert wenigstens). Abgesehen vom Stierrennen gibt es noch etwa 400 andere Events. Während neun Tagen voller Folkloremusik, Straßentheater, Feuerwerken und Umzügen befindet sich die Stadt im Partyrausch.

ARGENTINIEN

7. Pachamama-Festival

Jedes Jahr im August graben die Andenbewohner Löcher in den Boden und füllen sie mit Nahrungsmitteln, Kokablättern und Chicha-Bier. Als tief spirituelle und schöne Abfolge von Zeremonien kann man dieses Ernteritual am besten beobachten, indem man den »Zug zu den Wolken« nach San Antonio de los Cobres nimmt.

THAILAND

8. Lanna Songkran

Jedes Jahr im April trifft man sich in Thailand auf der Straße, bewaffnet mit Wasserpistolen und Wasserbomben, um das nasseste Neujahr der Welt zu feiern. Chiang Mai bildet das sakrale Gegengewicht durch die rituelle Reinigung von Buddhastatuen, das Errichten von Sandskulpturen und den mystischen Lanna-Tanz.

MEXIKO

9. Tag der Toten der Purépecha

Feiert im Gedenken an die Toten mit Paraden, Ständchen und *ofrendas* ihrer Lieblingsgerichte. Diese Verschmelzung aus heidnischen und katholischen Bräuchen wird in ihrer traditionellsten Form auf der Insel Janitzio gefeiert, dem Zuhause der präkolumbischen Purépecha. Beobachtet die Prozession mit kerzenerleuchteten Booten, auf denen Fischer ihre Netze herumwirbeln, um die Geister zur Fiesta zu locken.

MYANMAR

10. Phaung-Daw-U-Pagodenfestival

Indem sie auf schlanken Booten stehen und mit einem Bein rudern, ziehen Hunderte anmutige Bootsführer während drei Wochen feierlich einen riesigen goldenen Schrein über den Inle-See. Sobald der Prozessionszug in dem Dorf Nyaung Shwe angekommen ist, begebt auch ihr euch in die pulsierende Menge von Zuschauern aus den Bergvölkern, begrüßt gemeinsam mit ihnen den heiligen Schrein und bestaunt das Langbootrennen der Einbeinruderer.

Quirimbas-Archipel, Mosambik

»Sobald das Meer jemanden in seinen Bann gezogen hat, ist man in seinem Netz an Wundern gefangen.«

JACQUES-YVES COUSTEAU

Kapitel sechs

AUF SEE

....

Da 71 Prozent unseres Planeten von Meeren bedeckt sind, sollten wir dort viel mehr Zeit verbringen. Es ist beruhigend, abenteuerlich, mysteriös – die ultimative Flucht. Das Leben wird vom Geräusch der Wellen, der Wärme der Sonne und vor einem endlosen Horizont süß. Und wenn man lange genug hinsieht, erwacht die Neugier.

Das Segeln hat das Reisen revolutioniert. Boote werden nicht von rauem Gelände behindert und sind nicht an Straßen gebunden, sondern können alles überwinden. Sobald Entdecker die Erde auf dem Schiff umrundet hatten, war sie keine flache Scheibe mehr, sondern eine Kugel, und verband uns alle.

Stecht in See und fahrt einem unberührten Strand entgegen. Beobachtet verspielte Seelöwen und fliegende Pelikane. Trefft auf Kulturen, in denen die Zeit immer noch nach den Gezeiten bemessen wird. Taucht unter die Wasseroberfläche und seht hektische Fischschwärme in einem Korallengarten. Taucht tiefer hinab und seht, wie Hammerhaie über alte Schiffswracks hinweggleiten. Taucht wieder auf, sucht euch einen Liegestuhl und beobachtet den Sonnenuntergang über einem Meer von Möglichkeiten.

Die Sandfly Bay und das smaragdgrüne Wasser im Abel Tasman National Park

TASMAN DISTRICT
Neuseeland

AUSTRALIEN

Neuseeland
Tasman District

Türkises Wasser, goldene Strände und grüne Palmen – im Abel Tasman National Park sieht es aus wie in der Karibik. Bereits 1642 erspähte der namengebende niederländische Seefahrer diesen Küstenabschnitt der neuseeländischen Südinseln, aber bis in die Mitte des 19. Jahrhunderts blieb er praktisch unberührt. Seebären, Zwergpinguine und Mantarochen waren die Herrscher der Gegend, und dank des fortschrittlichen Parksystems Neuseelands ist das bis heute so geblieben. Der 60 Kilometer lange Küstenweg entlang der Landzunge aus Granit, der durch dichte Wälder und an sandigen Buchten vorbeiführt, gehört zu den neun New Zealand Great Walks, aber die Möglichkeit, Wandern mit Kajakfahren, Radfahren und Bootfahren zu verbinden, macht ihn besonders attraktiv. Wassertaxis verbinden die einzelnen Aussichtspunkte miteinander, und verschiedene Veranstalter bieten für Wegabschnitte Paddelausflüge und Übernachtungen in historischen Unterkünften an. Außerhalb des Parks findet ihr einige von Neuseelands besten Weinbaugebieten, größten Sanddünen und kreativsten Kiwis.

BESTE REISEZEIT
Besucht die sonnigste Region des Landes das gesamte Jahr über. Von Mai bis August herrschen Temperaturen um die 10 Grad, das Meer ist ruhig, es gibt mehr Tiere und weniger Menschen.

ÜBERNACHTEN
Abel Tasman Lodge: Ein modernes, erschwingliches Bed and Breakfast in Marahau, wo der Haupteingang zum Park ist. **Wilsons Abel Tasman:** Ein Veranstalter, der aufregende Unternehmungen anbietet, viele davon mit Übernachtung im historischen Zuhause der Wilson-Familie im Park.

ROMANTIK
Mietet euch ein Privatboot bei Gourmet Sailing. Fahrt an der malerischen Küste entlang. Schwimmt im Meer oder macht eine Wanderung, während Gourmet Sailing ein mehrgängiges Mittagessen für euch vorbereitet.

HONEYTREK-TIPP
Ladet die App *Project Janszoon* herunter – sie enthält Karten für den Park und Informationen zu Geschichte, Ebbe und Flut, Flora und Fauna und ist wie ein Besucherzentrum im Taschenformat.

Neuseeländische Pelzrobben an der Küste

ABENTEUER FÜR PAARE

Kajakfahren in der Torrent und Bark Bay ▲▲▲

Paddelt zwischen diesen beiden Buchten umher und umrundet dabei Pinnacle Island mit seiner verspielten Pelzrobbenkolonie. Fahrt vom Meer auf den Fluss, indem ihr die Bark Bay hinaufpaddelt, zwischen Wasserfällen und blühenden Kānuka-Bäumen hindurch.

Wanderziel Pitt Head ▲▲

Wenn ihr von der Anlegestelle in Anchorage durch den Küstenwald lauft, mit seinem Orchester einheimischer Vögel und diversen Aussichtspunkten, gelangt ihr zur spektakulären türkis-goldenen Te Pukatea Bay. Macht euch auf den Rückweg, um eine leichte, eineinhalb Stunden lange Rundwanderung zu machen, oder lauft über drei Stunden den letzten Abschnitt des Great Walk nach Marahau.

Great Taste Trio ▲▲▲▲

Schwelgt auf einem mehrtägigen Radausflug entlang des Great Taste Trail, der an Weingütern, Obstgärten, Kunsthandwerk und viel Küste vorbeiführt, in den kulinarischen Spezialitäten der Region. Verabschiedet euch danach von der Gentle Cycling Company und trefft das Team von Wilsons Abel Tasman, um eure fünftägige

Als wir den Bark Bay Inlet hinaufpaddelten, rief unser Fremdenführer Whitey plötzlich: »Saumschnabelente! Eine Saumschnabelente!« Für uns sah sie wie ein niedlicher Vogel aus, aber der Aufregung in seiner Stimme nach zu urteilen war ihre Sichtung wohl etwas Besonderes. Saumschnabelenten durchschwimmen die Stromschnellen wie Profipaddler – sie schwimmen um Felsen herum, schießen aus dem weiß schäumenden Wasser empor und fangen dabei Fische. Diese Saumschnabelente war die erste seit über einem Jahrzehnt, die in Tasman gesehen wurde. Unser Foto wurde sogar in der Lokalzeitung veröffentlicht.

Geschafft! Zwölf Kilometer Paddelstrecke zum Split Apple Rock

Reise fortzusetzen, indem ihr zwischen den hauseigenen Luxus-Lodges im Park Wandern mit Kajakfahren kombiniert.

Farewell Spit ▲▲

Diese schmale Landzunge, die 24 Kilometer in das Meer hineinragt, war lange Zeit Schiffswracks, gestrandeten Walen und Vogelkolonien vorbehalten. Fahrt mit einem Dünenbus mit Allradantrieb von Collingwood aus bis zum Leuchtturm aus dem 19. Jahrhundert, gleitet riesige Sanddünen herunter, beobachtet bis zu 90 verschiedene Vogelarten und lernt dabei etwas über die ungewöhnliche Geschichte dieses Feuchtgebiets.

WAS ES AUF DIESEM KONTINENT NOCH ZU ENTDECKEN GIBT:

» **Auf Safari: Top End, Australien · S. 86**

» **Übernatürliches: Rotorua, Neuseeland · S. 228**

MESOAMERIKA- NISCHES RIFF
Belize

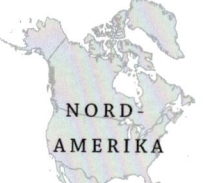

NORD- AMERIKA

Meso- amerikanisches Riff

Belize

Das Mesoamerikanische Riff erstreckt sich über 1100 Kilometer von Mexiko bis nach Honduras durch den Karibischen Ozean und ist damit das zweitgrößte der Erde, wobei der Korridor von Belize zu den schönsten und strahlendsten Attraktionen gehört. Hier ist das klare Wasser vor der Brandung und dem Wind des offenen Meeres geschützt und ein perfekter Ort für Segler, Schnorchler und Sonnenanbeter. Das Great Blue Hole und die Shark Ray Alley sind Pilgerorte für Gerätetaucher, obwohl man keinen Tauchschein benötigt, um die schönsten Seiten des Korallenriffs zu erleben. Korallengärten und viele der etwa 500 Fischarten befinden sich direkt unter der Wasseroberfläche. Wenn man atlantische Ammenhaie aus einer Höhle scheu hervorschauen sieht, flatternde Clownfische zwischen Anemonententakeln und große Rochen, die mit ihren Flügeln schlagen, dann fühlt man sich wie Jacques Cousteau mit einem Schnorchel. Segelt an den 450 Atollen vorbei, angelt euch einen Fisch zum Abendessen, nippt an einem Rum Punch und findet den für euch schönsten Sandstrand.

⊠ BESTE REISEZEIT
Außer im stürmischen Juli und September herrscht Sonnenschein. Für Taucher ist die hervorragende Sicht von Dezember bis Mai interessant (bis 40 Meter).

⊞ ÜBERNACHTEN
Colinda Cabanas: Freundliches Bed and Breakfast am Strand auf Caye Caulker, das Fahrräder und Kajaks anbietet. **Maya Beach Hotel:** Direkt am Meer in Placencia gelegen und ideal für Ausflüge auf dem Meer und Festland.

♡ ROMANTIK
Kommt am Split von Caye Caulker bei Sonnenuntergang, Reggae und Cocktails in Stimmung. Die entspannte Atmosphäre ist berauschend.

☑ HONEYTREK-TIPP
Packt eure Schnorchelausrüstung ein. Zwar geht dadurch etwas Stauraum verloren, aber ihr werdet damit auch vielfältige Unterwasserabenteuer erleben.

Segelfahrt zu unserem Inselcamp mit Raggamuffin Tours

Inselflair auf Caye Caulker

ABENTEUER FÜR PAARE

Mehrtägiger Tauchausflug ▲▲▲

An alle Taucher unter euch: Das hier ist wahrscheinlich der heilige Gral unter den Tauchsafaris. Ihr verbringt zwischen drei und sieben Tage zwischen der Insel Turneffe und dem Lighthouse-Reef-Atoll und unternehmt dabei erstklassige Steilwand-, Strömungs- und Korallentauchgänge, darunter zum Great Blue Hole, zum »Elbow« und zur »Front Porch«.

Fliegenfischen in flachen Salzgewässern ▲▲

Vergesst Fischereiausflüge auf die hohe See – das flache türkise Wasser ist voll quirliger Fische und umgeben von wehenden Palmen. Lernt, wie man schwer zu fangende Grätenfische, Bläuel und Tarpunen fischt – und das an erstklassigen Orten wie Ambergris, Turneffe oder der Insel Rendezvous Caye.

Segeln wie Robinson Crusoe ▲▲▲

Fahrt von der Rasta-Insel Caye Caulker aus gemeinsam mit den Profis von Raggamuffin Tours für drei Tage auf eine Segeltour zu abgelegenen Riffen mit Camping (oder Glamping) auf unberührten Inseln. Schnorchelt über den Korallen, fischt mit dem Speer, um eine Ceviche zuzubereiten, macht ein Lagerfeuer und trinkt Rum wie Seeleute. Wenn man sich vom Wind nach Dangria treiben lässt, erlebt man die beste Methode, nach Süden zu reisen.

Schnorcheln mit Walhaien ▲▲

Segelt vom ruhigen Strandort Placencia in östlicher Richtung nach Gladden Spit, einem Laichgebiet für Schnapper und Zackenbarsche. Von März bis Juni locken die Fischeier riesige Walhaie nahe an die Wasseroberfläche – wenn ihr Glück habt, könnt ihr neben diesen 19 Tonnen schweren Filterfressern herschwimmen und euch wie eine Garnele fühlen.

✤ Fisch oder Erdnussbutter?

Unser Segelboot legte in Caye Caulker ab und fuhr hinein in das Labyrinth von Atollen. Während des Briefings für unseren dreitägigen Ausflug hielt unser Bootsführer eine Angelschnur und einen mehrere Liter fassenden Becher Erdnussbutter hoch und sagte: »Ihr habt die freie Wahl.« Nach unzähligen Stunden ohne Essen griff der Erste nach seiner Harpune und fragte mich, ob ich ihm beim Fangen eines Abendessens helfen wolle. Wir tauchten unter und schwammen hinter einem Schwarm Barrakudas her. Als wir uns nur noch wenige Meter hinter den Raubfischen mit den scharfen Zähnen befanden, war er furchtlos und ich bekam Mut. Wir kamen mit dem besten Essen überhaupt an Bord zurück und fühlten uns wie kulinarische Helden.

Frischer Barrakuda für einen landestypischen Eintopf

WAS ES AUF DIESEM KONTINENT NOCH ZU ENTDECKEN GIBT:

» Auf Safari: Tortuguero, Costa Rica · S. 100

» Geschichte: Guanajuato, Mexiko · S. 114

Ein Glückstreffer

»Schaut!«, rief unser Kajakführer, »eine Milford-Blauwolke!«
Ein klarer Himmel ist in Fiordland, Neuseeland, so selten, dass
die Einheimischen einen eigenen meteorologischen Ausdruck
dafür haben, wenn die Wolkendecke einmal aufreißt. Ange-
steckt von dieser positiven Einstellung der Kiwis, paddelten
wir durch einen Regenschauer tiefer in den dramatisch anmutenden Fjord hinein. Die Blauwolke wuchs, und ein zunächst
blasser Regenbogen erstrahlte immer stärker. Plötzlich wurde
direkt über uns ein zweiter Regenbogen sichtbar und umgab
uns wie ein leuchtender Ring. Das war etwas weitaus Schöne-
res als Sonnenschein!

Das Bangka-Boot unserer Seesafari und unsere Insel-Lodge

NÖRDLICHES PALAWAN

Philippinen

ASIEN

Philippinen
Nördliches Palawan

Breitet eure Landkarte mit den 7641 tropischen Inseln der Philippinen aus und werft einen genaueren Blick auf die Archipele, die die Sulusee und das Südchinesische Meer voneinander trennen. Beginnt bei den Calamian-Inseln mit ihren schwarzen Kalksteinbergen, türkisen Seen und versunkenen Schlachtschiffen. Auch wenn die meisten mit dem Flugzeug direkt nach El Nido fliegen, dessen Strände immer wieder zu den »besten der Welt« gewählt werden, könnt ihr diese Gegend gemütlich mit dem Boot erkunden – ganz auf philippinische Art –, indem ihr auch die abgelegensten Inseln auf einem Bangka ansteuert. Schnorchelt und fahrt in den unberührten Gewässern der Linapacan Strait Kajak und übernachtet auf weißen Sandstränden, die kaum von Menschen betreten werden. Während ihr frisch gefangene Muscheln in Adobo-Gewürz über einem Lagerfeuer grillt und den Sternenhimmel über euch bewundert, werdet ihr ernsthaft über ein Leben als Einsiedler nachdenken. Nachdem ihr den Bacuit-Archipel mit seinen Luxusresorts erreicht habt, werdet ihr nach einer Massage und einem Cocktail aus diesem Traum zurückkehren. Ihr werdet lächeln und wissen, an eurem Ziel angekommen zu sein.

 BESTE REISEZEIT

Oktober bis Mai sind aufgrund der klaren Wetterbedingungen am besten zum Segeln. Für Taucher eignen sich April bis Mai.

 ÜBERNACHTEN

The Birdhouse: Zelte im Safaristil, die perfekt dekoriert sind, mit Blick auf den Marimegmeg-Strand von El Nido. **La Natura Resort:** Ruhige Bungalows mit einem Swimmingpool und Tourenangeboten, ganz in der Nähe der Abenteuerhochburg Coron.

 ROMANTIK

Am hintersten Ende von El Nidos Cabanas-Strand sucht ihr nach wunderschönen Muscheln und genießt anschließend einen Sonnenuntergangscocktail im Resort mit bezaubernder Aussicht über die Insel.

☑ **HONEYTREK-TIPP**

Die Bootstourenanbieter von El Nido haben die schönsten Inseln strategisch in Einzelausflüge unterteilt. Lernt eure Traumstrände bei einer Privattour kennen. Es lohnt sich.

Kayangan-See inmitten der Hügel der Insel Coron

ABENTEUER FÜR PAARE

Inseltour von den Calamian-Inseln zu den Bacuit-Inseln ▲▲▲

Tao Philippines bietet eine exklusive fünftägige Reise von Coron Town nach El Nido an. Auf dem Weg werden Luxuscamps zwischen traditionellen Fischerdörfern auf verlassenen Inseln errichtet. An geheimen Schnorchel-oasen und pudrigen Sandstränden anzulegen und unter-wegs Fische für das Abendessen zu fangen, ist die schönste Art, die einsamen Gegenden Palawans zu erleben.

Tauchen zu Weltkriegs-Wracks ▲▲▲▲▲

1944 versenkte ein Luftkommando des US-Militärs eine Flotte japanischer Kriegsschiffe, indem es sich in der Bucht von Coron versteckte. Fortgeschrittene Taucher können durch die Kommandobrücke und die Decks der *Olympia Maru*, *Irako* und anderer Schiffe schwimmen, während Schnorchler problemlos die Kanonenboote *Lusong* und *East Tangat* im seichteren Wasser sehen können.

Schwimmen in den kristallklaren Seen Corons ▲

Schwarze Kalksteinberge umrahmen das türkise Wasser des Kayangan, einer der klarsten Seen der Philippinen. Ihr könnt jedes Detail der Unterwasserfelsen erkennen, wodurch optische Illusionen entstehen, die an die Kunst-

werke von M. C. Escher erinnern. Entdeckt die surreale Landschaft durch Unterwasserklettern. Wandert dann hinüber zum zauberhaften Barracuda-See.

Stehpaddeln durch den Bacuit-Archipel ▲▲

Während sich die meisten Touristen in El Nido auf einem Boot drängen, erkundet ihr die azurblauen Gewässer selbstständig auf einem SUP-Board. Während ihr den konventionellen Touren den Rücken kehrt, wird euer Fremdenführer euch zu den idyllischsten Buchten voller Frieden und Abenteuer bringen.

✦ Inseltour der Abtrünnigen

Wir flogen nach Busuanga, um an der bekannten Tour von Tao Philippines durch die Inselgruppe teilzunehmen, aber sie war bereits ausgebucht. Wir waren fest entschlossen, die Tour trotzdem zu machen, obwohl uns jeder sagte, Tao Philippines sei der einzige Weg. Also bezirzten wir einen Bangka-Kapitän. Mit einem Kajak, unserer Schnorchelausrüstung, einer Angel und einer Flasche Rum stachen wir allein in See, wobei wir uns im Wesentlichen von unserem Bauch-gefühl leiten ließen. Wann immer wir ein Riff oder eine einsame Insel sahen, die uns ansprachen, erkundeten wir sie nach Lust und Laune. Schließlich erreichten wir El Nido und fühlten uns wie Captain Cook oder eine Bande von Piraten, die einen geheimen Schatz ent-deckt hatte, der uns für immer gehören würde.

Clownfische flitzen zwischen Seeanemonen umher.

WAS ES AUF DIESEM KONTINENT NOCH ZU ENTDECKEN GIBT:

❯ Berge: Cordillera Central, Philippinen · S. 26

❯ Dünen: Mũi Né, Vietnam · S. 144

KOMODO
Indonesien

ASIEN

Indonesien
Komodo

Die kühlen Strömungen des Indischen Ozeans treffen hier auf die warmen Gewässer des Pazifiks, wodurch perfekte Bedingungen für eine Fülle an Leben unter Wasser entstehen. Der Komodo-Nationalpark wurde gegründet, um den einzigen Lebensraum des Komodowarans, der größten Echse der Erde, zu schützen, aber das Ökosystem unterhalb der Inseln wurde als ebenso wichtig erachtet. Im Herzen des Korallendreiecks (ein Gebiet mit 76 Prozent aller auf der Erde vorkommenden Korallenarten auf nur 1,6 Prozent Fläche der Weltmeere) stehen die 29 Inseln und unzähligen Riffe Komodos an der Spitze der Biodiversität. Hier geben sich Haie, Mantarochen, Meeresschildkröten und Delfine ein Stelldichein, aber was Taucher immer wieder von Neuem fasziniert, sind die kurios anmutenden Lebewesen wie Pygmäenseepferdchen, Dugongs, Warzenanglerfische und Nacktkiemer. Sie verzaubern den Betrachter, vor allem, weil ihr Lebensraum ebenso atemberaubend ist. Folgt der Wasserströmung in verschiedene Richtungen, umkreist einen Felsen, wühlt im Schlamm und schlängelt euch durch eine Korallenhöhle. Taucht inmitten von sanft gewellten Bergen und rosa Sandstränden auf.

⊠ BESTE REISEZEIT
April bis Juni (nach der Regenzeit) bieten die üppigste Vegetation in den Bergen und die ruhigste See mit klarer Sicht. Vermeidet die unruhige Zeit von Januar bis Februar.

⊞ ÜBERNACHTEN
Bayview Gardens: Schicke, abgeschiedene Zimmer mit spektakulärer Sicht über Labuan Bajo (das Tor zum Park).
Dive Komodo: Etablierter Tauchsafariunternehmer mit gut ausgebildetem Personal und guter Ausrüstung und Unterbringung.

♥ ROMANTIK
Flieht auf die Seraya Kecil, eine eineinhalb Kilometer lange Insel mit einem sexy Hotel. Wacht bei einem Panoramablick auf und schwimmt am unberührten Riff von Seraya entlang.

✓ HONEYTREK-TIPP
Die Strömungen in Komodo bringen eine unglaubliche Fülle an marinem Leben mit sich, sind aber auch gefährlich. Wählt einen Veranstalter mit hohen Sicherheitsstandards und lasst euch nur auf Wasseraktivitäten ein, denen ihr euch gewachsen fühlt.

Beim Wandern in den Hügeln über der Hufeisenbucht

Steilwandtauchen am Korallendreieck

ABENTEUER FÜR PAARE

Tauchsafari ▲▲▲

Segelt für drei oder mehr Tage durch den umwerfend schönen Archipel und nehmt euch Zeit, die Lebensfülle an Tauchplätzen, unberührten Inselbergen und versteckten Stränden zu entdecken. Setzt Castle Rock, Batu Bolong, den Cauldron (»Kessel«, s. unten), die Manta Alley und die Golden Passage ganz oben auf eure Liste.

Tauchen im Cauldron ▲▲▲▲

Taucht 23 Meter in einen felsigen Graben hinab, der von Weich- und Hartkorallen in allen Farben des Regenbogens überzogen ist, und begebt euch dann auf den Super-Highway der Fische – hier müsst ihr nicht mehr schwimmen, sondern könnt euch einfach von der Strömung vorbei an Schwärmen von Dickkopfstachelmakrelen, Süßlippenfischen und Schwarzspitzenhaien tragen lassen. Befestigt euren Riffhaken und seht dabei zu, wie die Meereswelt an euch vorbeizieht.

Trekking mit Drachen ▲▲

Obwohl Komodo für seine Warane bekannt ist, findet man auf Rinca eine dichtere Population und ein besseres Gelände vor, um sie zu beobachten. Die zweistündige

✛ Fünf Gründe für eine Tauchsafari

Mehrere Tage auf See mit einem Tauchgang nach dem anderen werden manche als übertrieben (und zu teuer) empfinden, aber hier sind einige gute Gründe dafür, genau dies zu tun:

1. **Abgelegene Orte:** Viele der besten Stellen sind nicht innerhalb eines Tagesausflugs erreichbar.
2. **Tauchgänge bei Nacht und Sonnenaufgang:** Nicht alle Fische haben gerade Dienst ...
3. **Tauchschein:** Qualifiziert euch mit Kursen und Training weiter.
4. **Segelausflüge:** Erkundet unter geblähten Segeln entlegene Inseln zwischen den Tauchgängen.
5. **Kameradschaft:** Freundet euch mit Menschen an, die eure Tauchleidenschaft teilen.

Vorbereitete Tauchausrüstung für einen Nachttauchgang

Wanderung zum Wasserloch bietet berauschende Aussichten auf die Insel und die besten Chancen, diese drei Meter langen Echsen in freier Wildbahn zu sehen.

Gipfelwanderung auf Padar ▲▲

Als Vulkaninsel mit spitzen Gipfeln, vier gewölbten Buchten und Sandstränden in drei Farben ist Padar das Supermodel unter den Inseln des Nationalparks. Steigt hinauf, um eine umwerfend schöne Aussicht zu genießen, und anschließend hinunter zu einem der wenigen rosa Sandstrände der Erde.

WAS ES AUF DIESEM KONTINENT NOCH ZU ENTDECKEN GIBT:
» **Flüsse: Mekong-Delta, Vietnam · S. 58**
» **Übernatürliches: Zentral-Flores, Indonesien · S. 222**

KYKLADEN
Griechenland

VON ELAYNA CARAUSU UND RILEY WHITELUM

E U R O P A

Griechenland **Kykladen**

Unsere Segelreise um die Welt begann in diesem historischen Archipel, und selbst nach 30 000 Seemeilen und ganz ohne Nostalgie können wir noch sagen, dass die Kykladen auf Platz eins der nautischen Hitlisten stehen. Die griechischen Inseln werden seit Jahrtausenden befahren, und wenn man von so viel Geschichte mit mythologischem Einschlag umgeben ist, empfindet man es als intensivere Art von Reise. Wenn man auf Delos steht, dem Geburtsort von Apollo, oder Andros erkundet, eine Zivilisation, die seit dem 9. Jahrhundert v. Chr. blüht, verleiht das jedem Schritt etwas mehr Gewicht. Die Kykladen stehen stellvertretend für den ägäischen Stil, mit weiß-blauen Kuppelbauten, die an eine schaumige See und einen wolkenlosen Himmel erinnern. Ja, diese bezaubernde Schönheit ist mit Tourismus verbunden, aber deshalb kommt ihr ja mit einem eigenen Boot! Ob ihr nun ein Kapitän oder ein blutiger Anfänger seid, die Kykladen sind für Segler aller Niveaus geeignet. Sonnenschein, ruhige Ankerplätze, kurze Distanzen und eine Menge Inseln, die keinen Fährdienst kennen, machen das Reisen leicht. Verlasst euer Boot zum Schnorcheln, werft die Angel aus, um das Abendessen zu fangen, und lasst euch vom sanften Wellengang des Meeres in den Schlaf wiegen.

⌧ BESTE REISEZEIT

Lasst euch von Juni bis September von Meltemi, einem Nordwind, der euch mit durchschnittlich 15 Knoten vorwärtsbringt, über die See tragen – perfekte Gegebenheiten.

⊞ ÜBERNACHTEN

AthensWas Hotel: Nur wenige Schritte vom Tempel des olympischen Zeus entfernt, ist dieses schicke und ruhige Cityhotel die richtige Basis für eure Seereise. **Sunsail:** Ein internationaler Veranstalter, der Charter-, Flottillen- oder skippergeführte Reisen zu den Kykladen von Athen aus anbietet.

♡ ROMANTIK

Legt in Kythnos an, um pure Entspannung zu erleben. Eine so unberührte Insel bringt euch der Natur nahe, während ihr im kühlen Wasser schwimmt oder vom Deck eures Bootes aus die Sterne betrachtet.

⊕ SAILING-LA-VAGABONDE-TIPP

Bereitet euch vor, indem ihr Zeit in eurem heimischen Jachtverein verbringt. Dort werden oft Segelevents veranstaltet, auf denen ihr Leute kennenlernen könnt, die euch Tipps geben. Schließt Freundschaften, springt an Bord und bekommt ein Gefühl für das offene Meer.

ABENTEUER FÜR PAARE

Aussicht in Poros ▲
Segelt zur geschützten Anlegestelle an der Südwestseite der Insel und bestaunt die Ruinen des russischen Marinestützpunkts aus dem 19. Jahrhundert. Werft den Anker aus und paddelt in eurem Schlauchboot an Land. Fahrt per Anhalter zum Glockenturm mit 360-Grad-Aussicht über Poros und das griechische Festland.

Ausgelassenes Feiern auf Ios ▲▲▲
Stürzt euch auf der Insel Ios (wo Elayna früher lebte und wo wir uns begegneten) in das Partytreiben und das Meer. Beginnt euren Tag mit Gerätetauchen am Wrack von Ios und geht anschließend zur Sonnenuntergangs-Happy-Hour mit Livemusik und Meerblick in die Harmony Mexican Bar. Zieht anschließend weiter zum Mylopotas-Strand und seinen Bars, wo ihr feiert, bis der Morgen dämmert.

Frischer Fisch in Amorgos ▲▲
Weil hier nur unregelmäßig Fähren anlegen, hat Amorgos sein dörfliches Flair bewahrt. Lauft am Kai entlang und geht in eines der dortigen Seafood-Restaurants, die griechische Spezialitäten wie *kalamarakia gemista* (gefüllter Tintenfisch) servieren. Viele Einheimische werden euch gegen einen kleinen Teil eurer Ausbeute kostenlos zum Speerfischen mitnehmen. Ihr seht sie am Strand beim Fischen – seid nicht schüchtern und sprecht sie an.

Dem Charme von Paros verfallen ▲
Legt in der Nähe der alten Fischerboote im Hafen von Naoussa an und verliert euch in diesem magischen Ort, der als einer der schönsten auf den Kykladen gilt. Schlendert durch die gewundenen Gassen und lauscht nach Laouto-Jamsessions. Entspannt euch am Kolymbithres oder Monasteri, unseren Lieblingsstränden auf dieser goldenen Sandinsel.

⊹ Ratschlag für Paare
Sobald man an Bord ist, gibt es immer ein paar wichtige Arbeiten und Verantwortlichkeiten, die verteilt werden müssen. Um Konflikte zu vermeiden, teilt eure Aufgaben eindeutig zu (Elayna sorgt für die Verpflegung, das Kochen, die Navigation und die Matrosenarbeit, während Riley die Wetterlage überwacht, die Segel hisst und sich um wichtige Anrufe kümmert). Auf See fühlt man sich schwerelos und frei, aber manchmal weckt es auch Frustrationen. Es ist wichtig zusammenzuarbeiten, sich gegenseitig zum Lachen zu bringen und immer eine positive Einstellung zu bewahren, um gut voranzukommen.

Delos – eine der wichtigsten archäologischen Stätten Griechenlands

WAS ES AUF DIESEM KONTINENT NOCH ZU ENTDECKEN GIBT:
» Geschichte: Kappadokien, Türkei · S. 108
» Roadtrips: Zentralgeorgien · S. 210

POWER-PAAR: *Riley & Elayna*

Dieses australische Paar segelt seit 2014 auf dem Einrumpfboot *La Vagabonde* ununterbrochen durch die Welt. Mit der Durchquerung des Mittelmeers, des Atlantiks, der Karibik und des Pazifiks legten sie bisher 30 000 Seemeilen zurück. Segeln und Videografie sind ihre Vollzeitjobs, wobei sie ihre Reise auf YouTube und *Sailing-LaVagabonde.com* dokumentieren.

NORWEGISCHE FJORDE
Norwegen

Norwegische Fjorde
Norwegen
EUROPA

Rund 700 Jahre, bevor Kolumbus seine erste Reise antrat, erkundeten bereits die Wikinger ferne Gebiete, wobei sie nur von Vögeln und Sternen geführt wurden. Wenn man mit über 25 000 Kilometern Küste und 1100 Fjorden aufwächst, dann muss man einfach segeln – und Norweger können das gut. Die Seereise von der mittelalterlichen Stadt Bergen bis zur russischen Grenze gilt als die schönste weltweit, und wir würden dem nicht widersprechen. Der Atlantische Ozean fließt zwischen vergletscherten Bergen und vorbei an Fischerdörfern ohne Straßenverbindung zur Außenwelt. Wettergegerbte Männer mit Strickmützen auf dem Kopf kümmern sich um Gestelle mit in der Sonne trocknendem Kabeljau. Sie stehen vor ihren bunt gestrichenen Häusern, deren Farben die sonnenlosen Monate freundlicher machen sollen. Wenn ihr tiefer hinein in den Polarkreis segelt, dann könnt ihr beobachten, wie die Polarlichter intensiver werden und in einer Corona aus rosafarbenem, grünem und lila Leuchten auflodern. Kommt im Sommer und dringt bis zum Spitzbergen-Archipel vor, dann seht ihr Eisbären auf den Eisdecken entlanglaufen und wandert unter der Mitternachtssonne auf Gletscher. Norwegen ist das Land der Wikinger – es will entdeckt werden!

☒ BESTE REISEZEIT
Im November und März sind die Polarlichter gut zu sehen, und es ist auch reichlich Tageslicht vorhanden. Von Mai bis August kann man rund um die Uhr wandern, und der Weg nach Spitzbergen wird passierbar.

▦ ÜBERNACHTEN
Hurtigruten: Die traditionelle Postschifffähre fungiert als Expeditionsschiff mit Abfahrten während des ganzen Jahres und legt zugleich an unzähligen Häfen an. **G Adventures:** Dieser Expeditionsveranstalter bietet ein- bis zweiwöchige All-inclusive-Reisen mit dem Fokus auf Aktivitäten.

♥ ROMANTIK
Eine Standseilbahnfahrt auf den Fløyen in Bergen mit seiner umwerfenden Aussicht auf das mittelalterliche Stadtzentrum und die Fjorde ist der perfekte Auftakt. Trinkt einen Espresso im Restaurant oder erlebt eines der Volksmusikkonzerte im Sommer.

☑ HONEYTREK-TIPP
Egal, ob ihr während der dunklen Tage oder der hellen Nächte kommt, ihr werdet vermutlich Schlafhilfen benötigen und ihr werdet dankbar für eine Schlafmaske, Melatonin und Tee sein.

Der Küstenort Urke im Hjørundfjord

Die mittelalterlichen Gebäude des Hanseviertels Brüggen in Bergen

ABENTEUER FÜR PAARE

Hjørundfjord und Norwegens schmalstes Tal ▲
Folgt der Straße zwischen steilen Berggipfeln, vorbei an Steinhäusern wie aus dem Bilderbuch, bis zu einem atemberaubenden Aussichtspunkt über dem Meer. Kehrt auf dem Rückweg im Hotel Union Øye aus dem 19. Jahrhundert (ein beliebtes Refugium des europäischen Adels) ein, bestellt Rentiereintopf und genießt die charmante Einrichtung.

Zodiac-Tour durch die Lofoten ▲▲
Durchquert den Polarkreis, bis ihr die Lofotenwand erreicht – mit Bergen bis zu 1000 Metern, die sich aus dem Meer erheben. Fahrt zwischen den Inseln mit ihren Granitgipfeln und weißen Stränden umher und haltet Ausschau nach Papageientauchern und Seeadlern. Schlendert danach durch die Fischerdörfer, in denen die Zeit stehen geblieben zu sein scheint.

Klippen des Nordkaps ▲
Fahrt bis 71°10'21'' N und legt in Honningsvåg an, das nur etwa 2000 Kilometer vom Nordpol entfernt ist. Beobachtet eine Viertelmillion nistender Seevögel in den Klippen, darunter viele endemische arktische Arten. Seht euch die großartige Dokumentation im Nordkapmuseum an und macht ein Foto neben dem riesigen Globus am nördlichen Ende Europas.

Arktische Wildtiere auf Spitzbergen ▲▲▲
Geht an den Ort, wo Walrosse, Seelöwen, Rentiere, Polarfüchse und Eisbären die gefrorene Tundra regieren. Durchstreift wie der Entdecker Roald Amundsen die Eisberge und Gletscher des Archipels auf Ausschau nach Wildtieren, die ihr nirgends sonst sehen könnt.

✛ Die Route der Einheimischen

Eine Jugendmannschaft von Ringern bestieg unser Kreuzfahrtschiff, aber nicht, um ihre Kameradschaft zu pflegen oder Ferien zu machen, sondern um zu einem Wettkampf zu fahren. Die 125 Jahre alte Hurtigruten-Reederei stellt das einzige öffentliche Beförderungsmittel zwischen den Fjorden im hohen Norden dar, weshalb wir sie umso aufregender fanden. Tourismus ist nicht die Hauptaufgabe der Schifffahrtslinie, sondern sie dient vordringlich der Auslieferung von Post, dem Abholen von Fisch und dazu, Familien am Ende des Tages wieder nach Hause zu bringen. Die 34 Anlegestellen in malerischen Hafenstädten, viele davon abseits der Touristenpfade, waren für uns wie ein Fenster zum alltäglichen Leben in den Fjorden.

Ein anderes Hurtigruten-Schiff zieht im Dämmerlicht vorbei.

WAS ES AUF DIESEM KONTINENT NOCH ZU ENTDECKEN GIBT:
» Schnee: Tromsø, Norwegen · S. 168
» Roadtrips: Nordküste, Irland & Nordirland · S. 208

Auf Tuchfühlung mit einem Mantarochen im German Channel, Palau

Tauchspots – Must-dos

Die größten Fische, die buntesten Korallen und die abenteuerlichsten Wracks

MALAYSIA

1. Barracuda Point

Umgeben von 560 Meter tiefen Canyons, beherbergt Sipadan eine riesige Menge an großen Fischen. Am Barracuda Point befindet sich die größte Konzentration an Fischschwärmen. Neben Hammerhaien und Leopardenhaien kreiseln Hunderte Barrakudas in einem hypnotischen Strudel.

AUSTRALIEN

2. S.S. *Yongala*

Einer der besten Orte für Wracktauchen am weltgrößten Korallenriff ... Was will man mehr? Das 110 Meter lange Schiff liegt seit 1911 auf dem Meeresboden. Über die Jahrzehnte wurde es von einem dichten Korallengarten überwachsen, und man findet dort Mantarochen, Oktopusse, Bullenhaie und wirbelnde Fischschwärme.

SÜDAFRIKA

3. Sardine Run

Jedes Jahr von Mai bis Ende Juli wandern Milliarden Sardinen von den kalten Gewässern vor Südafrikas Cape Point nach Norden Richtung KwaZulu-Natal. Als sei diese Masse einer einzigen Spezies nicht schon beeindruckend genug, sammeln sich auch noch Tausende Vögel, Delfine, Haie und Wale, um sich bei diesem Festmahl satt zu fressen.

COSTA RICA

4. Bajo Alcyone

Als Vulkaninsel, die sich 550 Kilometer vor der Küste befindet, bietet die Kokos-Insel eine Kette von etwa 20 verschiedenen unberührten Tauchspots – von senkrechten Steilwänden bis hin zu Strömungstau-

chen. Der Höhepunkt einer Tauchsafari ist zweifellos Bajo Alcyone mit einem wahren Hai-Light: Hier tummeln sich Bogenstirn-Hammerhaie, Weißspitzenhaie und Schwarzspitzenhaie plus deren Teufelsrochenreinigungsservice.

JAMAIKA

5. Port Royal

Dieses Sündenbabel der frühen europäischen Entdecker und Piraten versank durch Naturgewalten auf den Meeresgrund vor dem heutigen Kingston. Es wurde 1692 durch ein Erdbeben mit anschließendem Tsunami zerstört. Heute sind die Gebäude, Spelunken und Schiffe mit Korallen überwuchert und warten nur darauf, erkundet zu werden.

KANADA

6. Bylot Island

Näher an Grönland als an Toronto gelegen, ist dieser arktische Tauchspot Kanadas nur per Schneemobil oder Eskimoschlitten erreichbar. Taucht unter den Eisschollen und Eisbergen durch und haltet die Augen nach Narwalen, Seelöwen, Eisbären und Walrossen offen. Ihr befindet euch nicht nur auf einem aufregenden Kaltwassertauchgang, sondern auf einer arktischen Safari auf und unter dem Wasser.

PALAU

7. Ngemelis-Insel

Taucher kommen nach Palau wegen der dort lebenden etwa 1300 Rifffisch- und 500 Korallenarten und um auf diesem riesigen Freiwasser-Spielplatz zu tauchen. Die Blue Corner und der German Channel gehören zu den berühmtesten Tauchspots der

Welt – mit 13 Haiarten und einer Sicht, die man erlebt haben muss, um sie zu glauben.

ITALIEN

8. Neptungrotte

Die Meereshöhlen von Alghero mit ihren Süßwasserquellen beherbergen prächtige Stalagmitenformationen und riesige Fische. Da sie hier vor Fressfeinden geschützt sind, wachsen Meeraale und Hummer bis zu ihrer doppelten Größe heran. Außerdem ist diese Grotte groß genug, um an einem erstklassigen Höhlentauchspot zu planschen, ohne ein besonderes Tauchzertifikat zu benötigen.

ÄGYPTEN

9. S.S. *Thistlegorm*

Das Rote Meer bietet eine fantastische Sicht, 27 Grad warmes Wasser, Hunderte Meilen bunter Korallenriffe und ein Wrack, das wohl alles übertrifft, was ihr je gesehen habt: Dieses britische Transportschiff wurde im Zweiten Weltkrieg versenkt, wobei Armeepanzer, Lokomotiven, Motorräder, Gewehre und Ersatzteile für Flugzeuge und Autos auf dem Meeresboden verstreut wurden.

ECUADOR

10. Cousin's Rock

Diese vulkanische Formation vereint zwei Welten: Ihre Korallenriffe bieten farbenfrohen Nacktkiemern und Pazifischen Seepferdchen einen Lebensraum, während das tiefe Gewässer große Fische in Schwärmen anzieht. Als Krönung begrüßen euch oft neugierige Seelöwen während eures Sicherheitsstopps.

Wüste Namib, Namibia

*»Ich sehne mich danach, in einer Wüste
zu wandern, eine große Leere:
unvorstellbarer Frieden.«*

RUMI

Kapitel sieben

WÜSTEN
& DÜNEN

Wüsten sind Orte der Extreme. Aber wer es mit der Sonnenhitze, den eisigen Nächten und der ewigen Trockenheit aufnimmt, wird mit purer Schönheit belohnt. An diesen Ort reisen nur die Leidenschaftlichen und Optimistischen. Ein ausgetrockneter See? Ein Meer schimmernder Salzkristalle. Eine blumenlose Ebene? Ein Kakteenparadies. Erbarmungsloser Wind? Eine Landschaft, die sich ständig entwickelt. Wandert auf einer Düne entlang und rutscht ihre Hänge hinunter. Wenn man am Morgen zurückkommt, sind alle Spuren verschwunden. Auf Sand kann nichts errichtet werden. Mutter Natur hat ihn unzugänglich gemacht, heißt aber Abenteurer willkommen. Wer die Wüstensonne liebt, aber nicht die intensive Hitze, findet in den Höhen der Anden und der Sierra Madre eine Oase. Wer Saharalandschaften liebt, sich aber gern eine erfrischende Pause am Meer gönnt, darf sich auf die Strände von Brasilien und Vietnam freuen: Sie vereinen beides. Fahrt eine Düne entlang, wandert in einem Canyon, fangt eine Sandwelle oder eine Sternschnuppe. Auf euch, das unerschrockene Paar, wartet die Wüste.

MOAB
Vereinigte Staaten

NORD-
AMERIKA

Moab □*Vereinigte Staaten*

Wie ein rebellisches Kind, das seinen dominanten Eltern entlaufen ist, führt Moab ein freies Leben am östlichen Rand Utahs. Es ist ein Ort, der Träume von einem eigenen Fahrradgeschäft, einer Brauerei oder einem Schmuckladen reifen lässt – von etwas, das es einem ermöglicht, jeden Tag unter einem blauen Himmel über roten Klippen aufzuwachen. Oft als Abenteuerhauptstadt des Südwestens bezeichnet, ist Moab eine Verlockung für Felsenkletterer, Geländefahrer, Mountainbiker und Basejumper. Parks wie Arches, Canyonlands und Dead Horse Point State Park sowie der allmächtige Colorado River sind alle in unmittelbarer Nähe. Die kleine Stadt Moab erlebte ihren ersten Boom in den Fünfzigerjahren, als in ihren Hügeln Uran entdeckt wurde. Diese Zeiten sind zwar längst vorüber, aber die Minenstraßen von damals sind heute ein legendäres Terrain für Geländemotorräder und Mountainbikes, vor allem wegen des griffigen Slickrock-Sandsteins. Nachdem ihr einen Tag lang Staub aufgewirbelt habt, geht in die Stadt und hört eine Liveband bei einem Glas Bier oder lasst den Tag in einem Wüstensafaricamp bei einem Abendessen unter den Sternen ausklingen. In Moab tut man, wonach einem ist.

⊗ BESTE REISEZEIT
Mit etwa 250 Sonnentagen pro Jahr ist der Himmel meist blau. Die idealen Temperaturen herrschen von April bis Mai und September bis Oktober (21–32 Grad).

⊞ ÜBERNACHTEN
Moab Under Canvas: Zelte und Wigwams im gehobenen Safaristil an der idyllischen Verbindungsstelle des Arches und Canyonlands National Park. **Hauer Ranch:** In der Nähe des Colorado River mit Blick auf die Fisher Towers besitzt diese Pferderanch zwei spektakuläre Häuser mit Selbstversorgung.

♡ ROMANTIK
Eine Verkostung in Utahs größtem Weingut Castle Creek: Setzt euch mit einem Glas Petroglyph White oder Monument Red (beides preisgekrönte Weine) auf die Terrasse am Flussufer.

☑ HONEYTREK-TIPP
Schützt euch vor einem Hitzschlag. Nehmt ausreichend Flüssigkeit auf (ca. vier Liter am Tag), tragt helle Kleidung (keine Tanktops) und einen Sonnenhut mit breiter Krempe, macht Pausen und achtet streng darauf, Sonnencreme aufzutragen.

Die gesamte Wüste ist von Mountainbikerouten durchzogen.

ABENTEUER FÜR PAARE

Geländefahrt durch Hell's Revenge ▲▲▲

Springt in einen Geländewagen und überquert die Sand-
steinkuppeln und Felslamellen auf diesem legendären,
10,5 Kilometer langen Weg. Extreme Steigungen und
steile Abfahrten schlängeln sich wie eine Achterbahn
durch den Abyss Canyon, vorbei an umwerfenden Ausblicken auf die La Sal Mountains und den Colorado River.
Seht euch die fossilen Dinosaurierfußspuren an – vergesst
nicht, ein paar Hardcore-Selfies zu machen.

Flug über Canyonlands und Arches National Park ▲

Erlebt während eines einstündigen Flugs die gewaltigen
Dimensionen der Täler, Gipfel und Plateaus dieser beiden
Nationalparks. Beim Tiefflug in einer Cessna könnt ihr
einen Blick auf den Maze- und den Island-in-the-Sky-Dis-
trikt sowie den Zusammenfluss des Colorado und Green
River werfen und Felsformationen entdecken, die auf
dem Boden außer Sichtweite wären.

Mountainbiking auf dem Dead Horse Point Loop ▲▲▲

Wenn es euer Können erlaubt, dann fahrt mit dem Mountainbike den legendären Slickrock Trail entlang. Ansons-

Unser erster größerer gemeinsamer Roadtrip
führte uns auf dem Weg von Vegas nach Moab
durch sechs Nationalparks. Wir campten im Bryce
Canyon, suchten Picknickplätze im Capitol Reef
National Park und fuhren endlosen Panoramas aus
rotem Stein auf unbefestigten Straßen entgegen.
Nach zehn abenteuerlichen Tagen erreichten wir Moab
und wollten noch mehr. Utah und Roadtrips in den
Wilden Westen gehören seither zu unseren Favoriten.

Eine rote Kakteenblüte, passend zum roten Sandstein Utahs

ten bietet sich die Anfängerroute Dead Horse Point an,
um das aufregende Terrain und die phänomenalen Ausblicke um Moab kennenzulernen.

Wanderung im Devil's Garden ▲▲

Dieser Teil des Arches National Park enthält landes-
und wohl auch weltweit die höchste Konzentration an
großen natürlichen Felsbögen. Beginnt eure Wanderung
zwischen den Sandsteinlamellen und lauft bis zum
93 Meter langen Landscape Arch. Bewundert die Wüsten-
szenerie, umrahmt vom Partition Arch und unzähligen
anderen Naturwundern auf dieser 13 Kilometer langen
Rundwanderung.

WAS ES AUF DIESEM KONTINENT NOCH ZU ENTDECKEN GIBT:

» Geschichte: Guanajuato, Mexiko · S. 114

» Roadtrips: Der Südwesten, Vereinigte Staaten · S. 206

MŨI NÉ
Vietnam

ASIEN

Vietnam · Mũi Né

Mũi Né ist ein dynamisches, aber oft missverstandenes Urlaubsziel – angefangen bei seinem Namen. Es wird meist gleichgesetzt mit einer Ansammlung von Ferienresorts im benachbarten Hàm Tiến, aber das wirkliche Mũi Né liegt 6,5 Kilometer östlich davon. Es ist ein von Palmen gesäumtes Fischerdorf mit einem Hafen runder Bambusboote (eine skurrile Konstruktion, ursprünglich erfunden, um Steuerzahlungen an die französischen Kolonialmächte zu entgehen) und einigen der besten Seafood-Gerichte in Südvietnam. Bewegt euch landeinwärts und ihr stoßt auf riesige rote und weiße Sanddünen, die an die Sahara erinnern, aber mit lotusbedeckten Lagunen durchsetzt sind. Die Dünen schaffen ein Mikroklima, das Vietnams Regenzeit trotzt – hier fällt nur die Hälfte der Regenmenge der umliegenden Städte, und der Wind weht auflandig, was traumhafte Bedingungen für Kitesurfer schafft. Die 200 Tage im Jahr mit mehr als zwölf Knoten Windstärke locken die meisten Besucher an den Rang-Strand. Sie wissen jedoch nicht, dass die Windbedingungen in den schöneren Teilen der Provinz Bình Thuận ebenso gut sind, beispielsweise in Kê Gà mit seinem Leuchtturm aus dem 19. Jahrhundert, weißem Sand und dramatischen Felsformationen. Vergesst die Pauschalreisen und Hotels – mietet euch stattdessen ein Motorrad, fahrt durch die Dünenlandschaft und entdeckt Mũi Né richtig.

BESTE REISEZEIT

Oktober bis März bieten ideale Windbedingungen und Sonnenschein. Hinweis: Die meisten Kitesurfveranstalter haben von April bis September geschlossen.

ÜBERNACHTEN

Source Kiteboarding & Lodge: Ein entspanntes Strandhotel mit luftigen Zimmern, einer traumhaften Dachterrasse und einer guten Kitesurfschule am Malibu-Strand. **Princess D'Ân Nam Resort & Spa:** Ein Mitglied der Small Luxury Hotels of the World mit schicken Villas im indochinesischen Stil in der abgeschirmten Bucht Kê Gà. Fantastisches Angebot an Exkursionen.

ROMANTIK

Beobachtet, wie die Sonne über den roten Dünen untergeht. Der wie Feuer leuchtende Sand wirkt noch dramatischer, wenn die Abenddämmerung das wellenartige Relief durch Schatten betont. Mietet euch als extra Nervenkitzel einen Sandschlitten.

HONEYTREK-TIPP

In den Dünen wirbelt der Wind oft viel Sand auf. Tragt leichte Hosen und Sonnenbrillen und bringt zum Schutz eurer Ausrüstung eine wasserdichte Kamera oder eine Schutzhülle mit.

Sandschlittenfahrer auf den weißen Dünen bei Sonnenuntergang

Im Hafen sieht man die kurios geformten Boote im Hafen von Mũi Né.

ABENTEUER FÜR PAARE

Die weißen Sanddünen erkunden ▲▲

Lauft auf den Dünenkämmen dieser Wüste am Meer entlang und springt ihre Hänge hinunter. Setzt euren Weg bis zum Lotus Lake fort, eine blühende Oase, ein starker Kontrast zu den Sandhügeln. Wenn ihr abenteuerlustig seid, dann probiert Quadfahren aus (aber verhandelt vorher und besprecht die Details mit den Vermietern).

Kitesurfunterricht ▲▲▲

Lernt die Grundlagen des Kitesurfens in einer Topschule wie Windchimes am westlichen Ende von Hàm Tiến oder Source Kiteboarding am Malibu-Strand (auch sehr gut geeignet für fortgeschrittene Anfänger). Schon Profi? Dann macht euch auf zur wunderschönen Kê-Gà-Bucht, vor allem links vom Leuchtturm.

Feenquelle ▲

Ein Wasserstrom schneidet sich seinen Weg durch eine verfestigte Düne und bringt verschiedenfarbige Schichten Sand, Kalkstein und Lehm zum Vorschein. Schlendert für eine halbe Stunde durch das seichte Wasser zwischen grünen Uferbänken, vorbei an stalagmitenartigen Gesteinsformationen, bis ihr den Wasserfall erreicht.

Bei den Fischern von Mũi Né ▲

Von der Morgendämmerung bis etwa 10 Uhr vormittags kommen Fischer an Land und bringen ihren Fang an Tiefseedorschen, Gelbschwanzflundern und einer Fülle anderer Fische an Land. Ihre Familien begutachten sie, wiegen sie und tragen sie in Körben über einer Bambusstange fort. All dies ist eine wunderschöne Mischung aus konischen Hüten, farbenfrohen Booten und zähen Menschen.

✣ Klein-Moskau

Aufgrund der gemeinsamen kommunistischen Vergangenheit können Russen visafrei und mit günstigen Flügen einreisen, und Hàm Tiến (der Resortabschnitt westlich von Mũi Né) entwickelte sich zu ihrem bevorzugten Partygelände. Als uns auffiel, dass es mehr Speisekarten in kyrillischer Schrift als auf Vietnamesisch gab, wussten wir, dass wir dort fehl am Platz waren. Also fuhren wir auf einem Motorrad weg, folgten den von Dünen gesäumten Straßen und fanden die wahre Seele Mũi Nés.

Kitesurfer am Strand von Hàm Tiến

WAS ES AUF DIESEM KONTINENT NOCH ZU ENTDECKEN GIBT:

» Berge: **Cordillera Central, Philippinen · S. 26**

» Flüsse: **Nam-Ou-Flusstal, Laos · S. 60**

Ausgelassene Stimmung auf der Sonnenuntergangsdüne in Jericoacoara, Brasilien

Sandsurfen

Vom Kamm einer 30 Meter hohen Düne am Ortsrand aus beobachteten wir, wie die Sonne hinter dem Meer versank. Kaum war das letzte Glühen verloschen, begann die uns umgebende Menschenmenge zu pfeifen und zu johlen, die Capoeira-Trommeln setzten ein und wiesen uns den Weg zurück in den Ort. Wir hielten uns an den Händen, sprangen und schnellten inmitten einer Sandlawine den Hang hinunter. Mag sein, dass unser Gelächter und Schreien albern wirkte und unsere Haltungsnoten schlecht waren, aber das war wohl der spaßigste Abstieg, den wir je erleben durften.

DURANGO
Mexiko

NORD-
AMERIKA

Durango
Mexiko

Wo die Chihuahua-Wüste und die Berge der Sierra Madre zusammentreffen, liegt Durango, einer der isoliertesten und mysteriösesten Bundesstaaten Mexikos. Beim Wandern auf die 3000 Meter hohen Gipfel, dem Umherstreifen durch die atemberaubenden Dunas de la Soledad und dem Erkunden des UNESCO-Biosphärenreservats Mapimí beginnt man sich aber zu fragen, weshalb nicht mehr Reisende von diesem wunderbaren Ort gehört haben. Immer noch ist sein mystischer Ruf gerechtfertigt, mit Stätten wie der Geisterstadt Ojuela aus dem 16. Jahrhundert und der Zone der Stille, wo angeblich keinerlei Funksignal empfangen werden kann. Lernt Durango während ein paar Tagen in seiner vom Tourismus unberührten kolonial-spanischen Hauptstadt kennen. Folgt auf Pferden den Spuren des Revolutionärs Pancho Villa. Erfahrt etwas über die überraschende Kinogeschichte der Region (diese riesige Wüste war Kulisse in über 150 Filmen) und nehmt mit dem Auto die schätzungsweise 2000 Kurven auf der legendären Straße Espinazo del Diablo (Teufelsrückgrat). Erlebt selbst, weshalb Durango der wahre Wilde Westen ist.

✈ BESTE REISEZEIT
Durch die Höhenlage entgeht ihr der Wüstenhitze. Oktober bis Mai sind am sonnigsten; rechnet mit kühlen Nächten.

🏨 ÜBERNACHTEN
Hostal Mexiquillo: Ein einfaches familiengeführtes Gästehaus mit hervorragenden Reiseleitern gleich neben dem Naturpark Mexiquillo. **Hotel Gobernador:** Eines der edelsten Hotels und Restaurants der Stadt Durango.

♥ ROMANTIK
Wandert zur Brandwachturm Mexiquillo (fragt die Einheimischen). Steigt vorsichtig die 15,5 Meter hohe Leiter in euer privates Refugium im Himmel hinauf. Genießt den Sonnenuntergang und stoßt mit Mezcal an.

✅ HONEYTREK-TIPP
Für Durango gibt es oft Reisewarnungen, aber wir selbst haben Monate in dieser Gegend verbracht und uns nie unsicher gefühlt. Seid aber vorsichtig: Fahrt nach Sonnenuntergang nicht mehr Auto und bleibt nicht zu lange draußen.

Der Felsgarten im Ökologischen Park Mexiquillo

Bauten im Kolonialstil in Durango City

ABENTEUER FÜR PAARE

Roadtrip über das Teufelsrückgrat ▲▲
Befahrt das Ingenieurswunder Mexikos, die Route 40D, eine Straße mit 61 Tunneln und 115 Brücken, inklusive einer der höchsten Schrägseilbrücken der Welt (403 Meter). Fahrt auf der ursprünglichen Route 40 zurück nach Durango, eine Strecke gewunden wie ein Korkenzieher, die die Sierra Madre hinaufführt und bei den angsteinflößenden Klippen des Devil's Backbone ihren höchsten Punkt erreicht.

Im Steingarten ▲▲
Im Parque Ecologico Mexiquillo befinden sich eruptive Felsformen, die gestapelten Gorditas ähneln (eine Art mexikanischer Pastete). Dieses mondartige Labyrinth wartet nur darauf, entdeckt, erklettert und fotografiert zu werden. Kommt am Morgen und geht dann weiter zu dem dramatischen Wasserfall und den stillgelegten Eisenbahntunneln im Koniferenwald.

Der Wilde Westen Hollywoods ▲
Der klassische Showdown auf einer staubigen Straße zwischen dem Saloon und dem Büro des Sheriffs – hier fand er statt, wieder und wieder. Entdeckt die Filmkulissen aus den Sechzigerjahren, wo John Wayne, Clint Eastwood und andere Schauspieler Filme drehten und die heute ein sehr unterhaltsamer Freizeitpark sind: der Paseo del Viejo Oeste.

Mysteriöses Mapimí ▲▲
Das UNESCO-Biosphärenreservat Mapimí und seine Städte im Kolonialstil faszinieren tagelang. Lauft über die 300 Meter lange Hängebrücke hinein in Ojuelas Minenlabyrinth, schaut, ob eure Kompassnadel in der Zone der Stille noch ausschlägt, rutscht die Dunas de la Soledad hinunter und übernachtet in einem von Mexikos vielgeschätzten Pueblos Mágicos.

✢ Tipp von Einheimischen

Aus einer Laune heraus bewarben wir uns für ein Haussitting in Mazatlán, Mexiko, und innerhalb von zwei Wochen hatten wir die Schlüssel zu einem Strandhaus und 20 neue einheimische Freunde. Während wir die Leute am Ort kennenlernten, erfuhren wir von der beeindruckenden Route über das Teufelsrückgrat in den Nachbarstaat Durango – und machten uns gleich auf den Weg. Wir müssen zugeben, dass wir Durango nicht von uns aus besucht hätten, aber jetzt geben wir diesen Geheimtipp gerne weiter.

Auf der kurvigen Straße des Devil's Backbone

WAS ES AUF DIESEM KONTINENT NOCH ZU ENTDECKEN GIBT:
» Strände: Samaná, Dominikanische Republik · S. 78
» Regenwälder: Monteverde, Costa Rica · S. 186

Lagunen zwischen den Dünen von Jeri

JERICOACOARA
Brasilien

Jericoacoara □
Brasilien

SÜD-
AMERIKA

Gut 20 Kilometer von der nächsten befestigten Straße entfernt, windet sich eine Sandpiste zwischen Gebirgsdünen hindurch bis zum Atlantischen Ozean. Plötzlich erblickt man wie eine Oase den kleinen Strandort Jericoacoara. Rastafari, Surfer, Künstler und Touristen mit einem guten Riecher schlendern die Sandwege mit alternativen Cafés und Caipirinha-Ständen entlang. Der Himmel ist gesprenkelt mit Schirmen, die Kitesurfer über die Wellen ziehen. Kurz vor Sonnenuntergang zieht eine ganze Karawane von Leuten zur 300 Meter hohen Sanddüne am Ortsrand. Sobald die Sonne hinter dem Horizont verschwunden ist, beginnt die Menge zu jubeln und hüpft, rollt oder rutscht mit Sandboards den Hang in Richtung Musik hinunter. Fackeln brennen, Trommeln schlagen, und der Kreis der Capoeira-Tänzer wird größer. Beine wirbeln und schneiden bei diesem Martial-Arts-Ballett durch die Luft. Die rustikalen Barraca-Bars mixen Limonen, Zucker und Cachaça mit Passionsfruchtsaft. Die Straßen sind von Laternen erleuchtet, und der Geruch gebratener Meeresfrüchte macht euch Appetit auf das Abendessen. Bald danach werden die Tische zur Seite geschoben, und die Funken sprühen beim Forró-Tanz. Wenn auch ihr jetzt anfangt, euch auf ungewohnte Art zu bewegen, dann hat etwas von euch Besitz ergriffen – Jericoacoara nämlich!

 BESTE REISEZEIT

Juli bis Januar sind sonnig und windig genug zum Kitesurfen und Windsurfen. Mit einem Aufenthalt von Dezember bis Februar könnt ihr allzu große Besuchermassen umgehen.

 ÜBERNACHTEN

La Villa Jericoacoara: Eine Mischung aus brasilianischen und europäischen Einflüssen und eine luxuriöse Option mit Dünensicht. **Baoba:** Eine charmante und klassische *pousada* (Gästehaus) direkt neben der Hauptstraße in Jeri.

 ROMANTIK

Genießt an einem Mittwoch oder Samstag ein spätes Abendessen im Dona Amélia. Kurz vor Mitternacht wird dieses laternenerleuchtete Restaurant zum Schauplatz der besten Forró-Tanzparty des Ortes. Schwingt selbst das Tanzbein, nachdem ihr den feurigen Tänzern eine Weile zugesehen habt.

 HONEYTREK-TIPP

Packt eine Taschenlampe ein – das romantische Ambiente und die traditionelle Lebensart erlauben keine künstliche Straßenbeleuchtung. Ihr werdet sie auch für eure Wanderung zum Sonnenaufgang benötigen (siehe rechte Seite).

Auf Sand und Wind surfen ▲▲▲

Versucht euch an Jeris populärsten Brettersportarten: Windsurfen und *skibunda* (Slang für »Sandboarding«). Beginnt euren Tag mit Windsurfunterricht in einer der IKO-zertifizierten Schulen und schließt den Kurs mit einer Abfahrt von der Sonnenuntergangsdüne ab. Ihr könnt auf der Hauptstraße stundenweise Boards mieten.

Im Strandbuggy nach Nova Tatajuba ▲▲

Erkundet Sandberge, blaue Lagunen und Fischerdörfer auf einer privaten Dünenbuggy-Tour. Folgt der Nova-Tatajuba-Route mit riesigen Dünen und durchquert Flüsse auf dem Weg zur Oase der Torta-Lagune, wo man auf Hängematten rasten kann.

✣ Reiten nach Jeri-Art

Wir schlenderten an den Strandställen entlang, weil wir ausreiten wollten. Wir bestiegen unsere Pferde und erwarteten, dass unser »Fremdenführer« dasselbe tun würde. Stattdessen reichte er uns einen Zweig, gab unserem Pferd einen Klaps aufs Hinterteil, und – »hühott!« – schon galoppierten wir auf einer typischen Jeri-Tour in den Sonnenuntergang.

Caipirinha, der Sonnenuntergangscocktail par excellence

ABENTEUER FÜR PAARE

Sonnenauf- und Sonnenuntergang über dem Meer ▲▲

Wandert eine Stunde vor der Morgendämmerung zum Pedra Furada, dem riesigen Steinbogen in der Brandung und Markenzeichen Jericoacoaras. Nehmt nach einem abenteuerlichen Tag am abendlichen Ritual teil, auf der Sonnenuntergangsdüne einen der unbeschreiblichen *pores do sol* (Sonnenuntergänge) über dem Meer zu bewundern. Vielleicht erlebt ihr sogar das Phänomen der »grünen Blitze«.

Capoeira-Unterricht ▲▲

Capoeira ist eine brasilianische Kampfkunstform, die afrikanische Sklaven entwickelten, um ihr Kampftraining durch Musik und Tanz zu tarnen. In Jeri wird diese Kunst immer noch täglich an den Stränden ausgeübt. Nachdem ihr den Meistern dabei zugesehen habt, wie sie sich bei den Sonnenuntergangstreffen elegant duellieren, möchtet ihr vermutlich selbst einige akrobatische Figuren in einer der morgendlichen Unterrichtsstunden lernen.

Jeris berühmter Felsbogen Pedra Furada

WAS ES AUF DIESEM KONTINENT NOCH ZU ENTDECKEN GIBT:

» **Wasserfälle: Iguazú-Fälle, Argentinien & Brasilien · S. 46**

» **Regenwälder: Manaus, Brasilien · S. 194**

WÜSTE NAMIB
Namibia

VON **LINA** UND **DAVID STOCK**

AFRIKA

Wüste Namib
Namibia

Eine der ältesten Wüsten unseres Planeten, die Namib, erstreckt sich vom Atlantischen Ozean landeinwärts und bedeckt die gesamte Küste Namibias mit Ausläufern nach Angola und Südafrika. Seit 55 bis 80 Millionen Jahren herrschen hier klimatische Bedingungen, die die Region zu einer der trockensten der Erde machen. Aufgrund ihres Alters und ihres einzigartigen Charakters leben hier etwa 25 endemische Reptilien und typisch afrikanische Wildtiere wie Zebras und Spießböcke. Die überwältigende Schönheit dieser Umgebung gab uns das Gefühl, auf einem anderen Planeten gelandet zu sein. Die unbegreifliche Größe der Dünen und die Farbkontraste machen Lust, durch Aktivitäten wie Sandboarding und Fallschirmspringen jeden Winkel aus jeder erdenklichen Perspektive zu erleben. Obwohl der größte Teil der Wüste unzugänglich ist, gibt es einige Attraktionen im Namib-Naukluft-Nationalpark, die man unbedingt gesehen haben sollte. Die berühmteste ist das Sossusvlei-Gebiet mit orangen Sanddünen, die sich um weiße Salzebenen herum auftürmen. Der Park ist über Schotterstraßen oder mit einem Kleinflugzeug von Windhoek aus erreichbar. Das Abenteuer beginnt dabei schon vor eurer Ankunft.

✈ BESTE REISEZEIT

Die Namib sollte man von Dezember bis Februar meiden, wenn die Temperaturen auf über 50 Grad steigen.

🏨 ÜBERNACHTEN

Sossusvlei Lodge: Luxuriöse Safarizelte in Sesriem (wo das Namib-Abenteuer beginnt) sind die ultimative Unterbringung in der Wüste. **Namib Desert Lodge:** Eine Komfortstufe über dem rustikalen Camping, mit Restaurant, Swimmingpool und privaten Bungalows.

♥ ROMANTIK

Genießt den Sonnenuntergang vom Kamm der Düne 45 aus, die berühmteste in der Namib, mit einer Höhe von über 150 Metern. Seht dabei zu, wie die Sonne langsam im Wüstensand zu schmelzen scheint.

🌐 DIVERGENT-TRAVELERS-TIPP

Bleibt lange auf, um den Sternenhimmel zu betrachten, und besteigt mindestens eine der Dünen. Eure Mühe wird durch atemberaubende Aussichten belohnt.

Kammwandern in den frühen Morgenstunden auf der Düne 45 im nebligen Sossusvlei

ABENTEUER FÜR PAARE

Wanderung zum Deadvlei ▲▲

Spürt, wie sich der Sand unter euren Füßen bewegt, während ihr auf die berühmteste Salzebene in der Namib zuwandert: das Deadvlei. Lauft bis zur riesigen weißen Fläche vor orangen Dünen, auf der 900 Jahre alte versteinerte Kameldornbäume verstreut liegen. Früh am Morgen gehört diese fotogene Szenerie euch allein.

Fallschirmspringen über Meer & Sand ▲▲▲▲

Vom Fallschirm aus hat man in 3000 Metern Höhe eine unvergessliche Sicht über die Namib. Nur so erkennt man, wo die Wüste endet und auf den Atlantischen Ozean trifft – vorausgesetzt, ihr gehört zur exklusiven Gruppe der Adrenalinjunkies.

Safari durch das Sossusvlei ▲

Fahrt mit einem Geländewagen durch den Sand und entdeckt einige der größten Dünen unseres Planeten. Bei Safaris am frühen Morgen bekommt man auch noch Wild zu sehen (stellt euch die Silhouette eines Spießbocks mit langen Hörnern vor dieser Sandkulisse vor), bevor ihr zu Fuß eine Expedition durch das Gebiet unternehmt.

Sandboarding in den Dünen ▲▲▲

Ähnlich wie beim Snowboardfahren könnt ihr beim Sandboarding die Hügel hinunterrasen. Alter Action Sandboarding hat hier Pionierarbeit geleistet und als erstes Unternehmen an der namibischen Küste Sandboarding auf einem professionellen Niveau vermarktet. Dazu wählte es eine 110 Meter hohe Sterndüne mit sechs verschiedenen Seiten aus, was sie sowohl für Anfänger als auch für Fortgeschrittene geeignet macht. Traut euch ruhig einen Sprung zu – auf dem Sand besteht kaum Verletzungsgefahr.

⁜ Ratschlag für Paare

Nehmt es nicht tragisch, wenn auf eurer Reise nicht alles reine Romantik ist. Manchmal werdet ihr verschwitzt, müde und hungrig sein, und dann ist euch nicht nach Kuscheln zumute – das ist in Ordnung. Sprecht eure Gefühle in solchen Situationen aus. Ihr werdet überrascht sein, wie viel leichter ihr beide danach alles nehmt. Denkt nicht bloß an das, was negativ ist, sondern haltet euch vor Augen, dass es euch nach nur einer Dusche oder Mahlzeit wieder viel besser gehen wird.

Versteinerte Bäume stehen über die Salzebene Deadlvei verstreut.

WAS ES AUF DIESEM KONTINENT NOCH ZU ENTDECKEN GIBT:

» Inseln: Sansibar, Tansania · S. 72

» Auf Safari: Kruger, Südafrika · S. 88

POWER-PAAR: *Lina & David*

Sie sind seit der Highschool zusammen: Das Paar aus Wisconsin ließ den amerikanischen Traum Traum sein, um die Welt zu bereisen. Zu seinen größten Abenteuern zählen ein 119 Tage langer Campingtrip zwischen Kapstadt und Kairo, Wandern auf der Chinesischen Mauer und Seekajaksafaris auf den Philippinen. Die mit Preisen ausgezeichneten Fotografien, Videos und viele gute Reisetipps der Stocks findet ihr auf: *DivergentTravelers.com*

Das faszinierende Valle de la Luna, mit einem Hauch Salz überzogen

ATACAMA-WÜSTE
Chile

Eingebettet zwischen den 5300 Meter hohen Gipfeln der Anden und dem chilenischen Küstengebirge (Cordillera de la Costa), fallen in der Atacama-Wüste pro Jahr weniger als drei Zentimeter Regen. Sie ist die trockenste Wüste der Erde. In einigen Regionen ist nie ein Regentropfen gefallen, und es gibt kein sichtbares Leben. Kein einladender Ort – aber genau in diesen Extremen liegt die Anziehungskraft dieser Wüste. Die ehemaligen Seen sind zu riesigen Salzebenen vertrocknet, deren Kristalle und blaue Pfützen schimmern. Aus vulkanischen Geysiren schießen 22 Meter hohe Dampfwolken in die Luft, und der hohe Mineralgehalt des Wassers verleiht der Kruste des umgebenden Bodens eine Fülle an Farbnuancen. Dass die Atacama kein komfortabler Ort ist, hat weder die Oasenbewohner früherer Kulturen noch die Astronomen, Abenteuersuchenden und Spagänger der heutigen Zeit je von San Pedro de Atacama ferngehalten. Die Adobeziegelhäuser mit ihren Flachdächern wirken auf charmante Art primitiv – hinter ihren Mauern verbergen sich aber Boutiquehotels, Mountainbikeläden und Pisco-Sour-Bars, die vor Leben sprühen. In puncto Ambiente oder Abenteuer ist die Atacama kaum zu schlagen.

⊠ BESTE REISEZEIT
Das Klima ist stabil, mit Durchschnittstemperaturen zwischen 20 und 30 Grad am Tag und 5 bis 15 Grad während der Nacht. Vermeidet den Vollmond, dann habt ihr bestmögliche Sicht auf den Sternenhimmel.

⌂ ÜBERNACHTEN
Awasi: Ein Relais-&-Châteaux-Hotel mit einem Schwerpunkt auf Abenteuer, außergewöhnlicher Küche und einem privaten Fremdenführerservice. **Terrantai:** Ein 200 Jahre altes Gebäude im Kolonialstil, das mit regionalen und zeitgenössischen Details ausgestaltet wurde; in zentraler Lage und vergleichsweise günstig.

♥ ROMANTIK
Das Tierra-Atacama-Resort verbindet Exkursionen mit anschließenden Spabehandlungen. Erlebt die El-Tatio-Geysire in den kühlen Morgenstunden, gefolgt von einer Warmsteinmassage.

☑ HONEYTREK-TIPP
Eines der größten Abenteuer in Südamerika ist eine Geländewagenfahrt von der Atacama zur Uyuni-Salzebene in Bolivien (S. 221). Am besten bucht man sie in San Pedro.

Dampf steigt über dem El-Tatio-Geysirfeld auf.

ABENTEUER FÜR PAARE

Ritt vom Tal des Mondes zum Tal des Todes ▲▲▲
Trabt durch eine rote Mondlandschaft mit Höhlen, Klippen und Tunneln und lauscht dabei dem Geräusch des knisternden Salzes. Esst am Rand des Gebirgszugs zu Mittag und galoppiert dann durch die Sanddünen im Valle de la Muerte. Nur so erlebt man diese beiden Landschaften hautnah.

Sonnenaufgang über den El-Tatio-Geysiren ▲
Fahrt, während es in San Pedro noch dunkel und kühl ist, zum größten geothermischen Feld in der südlichen Hemisphäre. Staunt darüber, wie die Dampfwolken aus 100 weißen Fumarolen aus der verkrusteten Erde wabern, bis sich der Dampf schließlich in der Sonnenhitze auflöst. Lauft durch die seichten Wasserbecken und bewundert die geometrischen Formationen in allen Farben des Regenbogens.

Atacama-Salzebenen und -Lagunen ▲▲
Im 3000 Quadratkilometer großen Los-Flamencos-Nationalreservat wirkt das Land wie ein Mosaik aus Ebenen und Wasserbecken. An der Laguna Chaxa könnt ihr vier

⁂ Lasst euch treiben

Die Cejar-Lagune in der Atacama besitzt einen ebenso hohen Salzgehalt wie das Tote Meer. Der Auftrieb ist so stark, dass Schwimmen unmöglich ist – aber der Versuch allein macht schon eine Menge Spaß. Bei jedem Zug treiben die Gliedmaßen unkontrolliert in alle Himmelsrichtungen ab, und Lachanfälle, während man auf dem Bauch treibt, helfen nicht gerade weiter. Gebt den Versuch zu schwimmen einfach auf – lehnt euch wie in einem Stuhl zurück und meditiert bei dem Ausblick auf die umliegenden Vulkane und genießt das kleine Extra eines natürlichen Salzpeelings.

Ausspannen im Salzwasser der Cejar-Lagune

Flamingoarten durch die flachen Gewässer stolzieren sehen. Beendet euren Ausflug bei Sonnenuntergang an der Laguna Salada mit ihren treibenden Salzplatten und dem Wasser, in dem sich die Anden rosa spiegeln.

Mit einem Astronomen die Sterne betrachten ▲
Bei null Prozent Luftfeuchtigkeit und praktisch keiner Lichtverschmutzung ist der Himmel über der Atacama so klar wie nirgendwo sonst. Lasst euch den Himmel von Celestial Explorations erklären, lernt eine von Südamerikas größten öffentlichen Sternwarten kennen und seht durch ihre Hochleistungsteleskope hinauf zu versteckten Sternen, Galaxien und Sphären des Universums.

WAS ES AUF DIESEM KONTINENT NOCH ZU ENTDECKEN GIBT:

» Berge: Torres del Paine, Chile · S. 40
» Übernatürliches: Departamento Potosí, Bolivien · S. 220

Heißluftballon über einem Tempel der antiken Stadt Theben, Ägypten

Wüsten- & Dünenabenteuer

Sandboarding, Dünen-Bashing und andere Trockenübungen

MEXIKO

1. Fahrt mit dem Chihuahua

Eher eine Achterbahn als ein Zug, schlängelt sich der Chihuahua al Pacifico (El Chepe) an den Kurven und Klippen der Barranca del Cobre entlang – einer der tiefsten Canyons der Erde. Diese landschaftlich extrem reizvolle Fahrt von 12 bis 18 Stunden beinhaltet Zwischenstopps in indianischen Tarahumara-Dörfern und einem Wanderparadies.

ÄGYPTEN

2. Mit dem Heißluftballon über dem Tal der Könige

Schwebt über dem Nildelta bis zum Rand der Wüste, hinein in die königliche Nekropole aus dem 16. Jahrhundert v. Chr. Bestaunt die ausgedehnten Tempelanlagen von Karnak und Luxor und die aufwendigen Pharaonengräber aus der Vogelperspektive.

JORDANIEN

3. Wanderung nach Petra

Dieser 80 Kilometer lange Wanderweg entlang des historischen Überschneidungsgebiets von Arabien, Ägypten und dem phönizischen Syrien ist der ultimative Weg zur weltberühmten Karawanenstadt Petra. Wandert durch die schmalen roten Schluchten und bewundert die aus dem Fels geschlagenen Fassaden.

MAROKKO

4. Kameltrekking durch die Sahara

Folgt auf dem traditionellen Transportmittel der Wüste den Karawanenrouten von einst, vorbei an korallenroten Dünen, Vulkanbergen und verfallenden Kasbahs. Genehmigt euch Pausen, um durch die Souks und Berberdörfer zu schlendern und eure Erfahrungen der arabischen Kultur authentisch abzurunden.

VEREINIGTE STAATEN

5. Sandboarding auf den Küstendünen

Die Oregon Dunes National Recreation Area umfasst 65 Kilometer Sanddünen, die wie ein riesiger Spielplatz sind: Fahrt auf einem Sandboard zum Meer und den Lagunen von Honeyman oder tobt euch im Sand Master Park aus, einem der ersten Sandboarding-Parks.

BOLIVIEN

6. Übernachtung im Salzhotel

Verbringt die Nacht im Zentrum der größten Salzebene der Erde. Das Luna-Salada-Hotel besteht fast ausschließlich aus Salz (Wände, Böden, Betten, Tische und ein Großteil der übrigen Ausstattung). Das Beste daran ist aber, dass eine Nacht in diesem architektonischen Juwel euch die Möglichkeit eröffnet, wertvolle Zeit in der Salar de Uyuni zu verbringen, eine fast unwirklich erscheinende riesige Kristallwüste.

VEREINIGTE STAATEN

7. Einen Geschwindigkeitsrekord miterleben

Seit es Autos gibt, ist die glatte Fahrbahn der Bonneville Salt Flats in Utah der Ort, wo Geschwindigkeitsrekorde gebrochen werden. Verpasst nicht die jährliche Speed Week und erlebt, wie Hotrods, »Belly Tanker« (aus alten Flugzeugtanks) und Streamliner mit bis zu 1000 Stundenkilometern diese natürliche Piste entlangrasen.

MONGOLEI

8. Dino-Eier in der Wüste Gobi suchen

Entdeckt die Bajandsag (Flammenden Klippen), ein paläontologisches Mekka, wo 140 vorher unbekannte Dinosaurierarten und die ersten Saurier-Eier entdeckt wurden. In diesem kaum besuchten Gebiet werden immer noch 80 Millionen Jahre alte Fossilien gefunden – lauft also mit offenen Augen durch diese beeindruckende Landschaft der südlichen Gobi.

PERU

9. Flug über die Nazca-Linien

Nur so sieht man die alten Geoglyphen in der Wüste bei Nazca wirklich, nämlich vom Flugzeug aus: den riesigen Kolibri, die Eidechse, den Wal und ein Dutzend anderer Tiere als Scharrzeichnungen im Boden. Setzt euren Weg dann zu den später entdeckten Palpa-Linien mit ihren ebenso faszinierenden menschlichen Motiven fort.

VEREINIGTE ARABISCHE EMIRATE

10. Dünen-Bashing

Wilde Abenteuerfahrten über die Dünen sind in allen Wüsten eine beliebte Freizeitbeschäftigung, aber Dubai bietet hierfür die besten Möglichkeiten. Springt in einen Hummer oder Land Cruiser und bahnt euch rutschend, schleudernd oder hüpfend einen Weg durch die Arabische Wüste.

*»Geräuschlos fallender Schnee
in der Mitte der Nacht erfüllt mein Herz
stets mit süßer Klarheit.«*

NOVALA TAKEMOTO

Kapitel acht

SCHNEE & EIS

Wenn euch eisige Temperaturen nichts ausmachen, könnt ihr deutlich mehr Zeit des Jahres nutzen und mehr von der Welt entdecken. Rüstet euch entsprechend aus, denn ein verschneiter Wald ist ideal zum Wandern, einen Gletscher kann man besteigen, und ein See mit Eisschollen lädt zum Kajakfahren ein. Kälte ist eigentlich nur eine Blockade in eurem Kopf, und wenn ihr sie überwindet, erlebt ihr Polarlichter, die über den Himmel tanzen, das donnernde Kalben eines Gletschers oder wie ein Pinguin an eurem Kameragurt kaut. Eisige Orte bergen Geheimnisse und teilen sie nur mit jenen, die hart im Nehmen sind. Samische Rentierhirten, Antarktis-Forscher und Ahornzapfer in Vermont verstehen die Schönheit des Winters und wissen, wie man ihn mit einem knisternden Feuer, Wolldecken, heißen Getränken und gemeinsamem Kuscheln am Ende des Tages zähmt. Es ist aber nicht so, dass eine Eislandschaft nur in der kalten Jahreszeit ihre Reize entfaltet. Manche Gletscherziele sind sogar noch besser im Sommer, wenn der Sonnenschein die Kälte mildert. Reist an einen kalten Ort – er wird euch in mehr als einer Hinsicht näher zusammenbringen.

ANTARKTISCHE HALBINSEL
Antarktis

Antarktische Halbinsel

ANTARKTIS

Der kälteste, trockenste und windigste Kontinent hat etwas Utopisches. Keine Nation hat ihn je für sich beansprucht oder ausgebeutet – stattdessen teilen sich Wissenschaftler aus 53 Ländern diesen Ort, um neue Erkenntnisse zum Wohl der Menschheit zu gewinnen. Mutter Natur regiert hier, und mit dem Ozean, dem Wind und allen Tieren hat sie eine der atemberaubendsten Regionen dieses Planeten geformt. Etwa 1000 Kilometer von der Spitze Südamerikas entfernt, dazwischen eines der gefährlichsten Meere der Erde, ist eine Reise zur Antarktis nur den Unerschrockenen vorbehalten. Nach zwei Tagen auf der Drakestraße mit acht Meter hohen Wellen und keinen Anzeichen von Leben taucht plötzlich eine Gruppe Buckelwale auf. Ihr folgt ihnen in Richtung der Eisberge, mit Pinguinen als Begleiter. Dann kommt der schimmernde weiße Kontinent in Sicht – und das ist erst der Anfang. Von hier aus werdet ihr mit einem Zodiacboot zu Eselspinguinkolonien fahren, mit dem Kajak durch gletschergesäumte Inselgruppen paddeln und in die Fußstapfen von Polarforschern treten.

 BESTE REISEZEIT

November bis März ist Expeditionszeit. November und Dezember sind ideal für Wintersportarten. Januar ist am wärmsten (durchschnittlich 1 Grad), und die Pinguine haben Nachwuchs. Im Februar kann man Wale beobachten.

 ÜBERNACHTEN

Quark Expeditions: Einer der abenteuerlichsten, lustigsten und erschwinglichsten Kreuzfahrtunternehmer. **One Ocean:** Ein luxuriöses Schiff mit Schwerpunkt Abenteuer und Umwelt. *Hinweis:* Die meisten Reisen dauern 8–11 Tage und beginnen in Ushuaia in Argentinien oder Punta Arenas in Chile.

 ROMANTIK

Nur wenige reisen hierher. Stoßt auf dem Deck mit Champagner auf diese Tatsache, auf die Liebe, auf Gletscher und auf Pinguine an.

 HONEYTREK-TIPP

Zahlt nicht den vollen Preis. Tragt euch in Expeditions-Newsletter ein, um von Sonderangeboten zu erfahren. Im November und März sind Reisen tendenziell preiswerter. Sucht in Ushuaia nach Last-Minute-Angeboten.

Pelzrobben spielen am Strand von Deception Island.

ABENTEUER FÜR PAARE

Kajaksafari ▲▲▲

Wollt ihr die Antarktis unmittelbar erleben, bucht das Paddelpaket. Wenn ihr eine Woche lang ein Tandemkajak zur Verfügung habt, dann gibt euch das die Freiheit, die friedliche Ruhe des weißen Kontinents zu erleben. Während ihr still zwischen Inseln und Eisbergen herumpaddelt, begegnen euch Pinguine, und neugierige Seelöwen schwimmen neben euch her.

Sei keine Memme! ▲▲▲▲

Ein Sprung ins eisige Wasser ist ein antarktisches Initiationsritual. Wenn ihr in eurer Schwimmkleidung am Rand des Landungsstegs steht und in die frostige Umgebung seht, werden euch sicher Zweifel kommen – springt trotzdem. Das –1 Grad kalte Wasser wird euch zu neuem Leben erwecken und für den Rest eures Lebens mit Stolz erfüllen.

Stehpaddeln um Eisberge ▲▲▲▲

Lasst euer Paddelbrett in einer geschützten Bucht zu Wasser und findet eure Balance. Manövriert zwischen gezackten blauen Eisbergen umher (während ihr euch bemüht, nicht noch einmal in das Polarwasser einzutauchen). Haltet nach Tieren auf den Inseln Ausschau und staunt über die fantastischen Wasserspiegelungen.

✛ Ankunft auf dem siebten Kontinent

Wir schwangen uns aus dem Zodiacboot und betraten das Land, das sich bis zum Südpol erstreckt. Wir rannten den steilen Berg hinauf und freuten uns über jeden rutschigen Schritt und jedes Steinchen, das uns ins Gesicht geschleudert wurde. Wir erreichten eine Felsfläche über dem von Gletschern gesäumten Neko Harbour, und wir fühlten uns, als sei dieser Moment die Vollendung unserer vierjährigen Flitterwochen. Ein Champagnermoment! Wir ließen den Korken knallen, und der kräftige Wind wehte das prickelnde Getränk in die Luft und trieb beim Trinken die Bläschen in unsere Nasen. Wir kicherten, weil das kitzelte, waren überglücklich und prosteten uns ergriffen zu.

Stolz präsentieren wir die antarktische Flagge.

Auge in Auge mit Pinguinen ▲▲

In unterschiedlichen Kolonien erlebt ihr Eselspinguine, Zügelpinguine und Adeliepinguine, die watscheln, rutschen, planschen und einfach nur bezaubernd sind. Ihr solltet euch nie direkt einem Pinguin nähern, aber wenn ihr euch hinkniet und stillhaltet, kommen schon einmal neugierige Küken nah an euch heran. Wenn es gerade geht, könnt ihr auch einen Abstecher zu den lebhaften Aitcho-Inseln oder zum historischen Port Charcot machen.

WAS ES NOCH ZU ENTDECKEN GIBT:

» Berge: Torres del Paine, Chile · S. 40

» Wasserfälle: Iguazú-Fälle, Argentinien & Brasilien · S. 46

WESTLAND
Neuseeland

AUSTRALIEN

Neuseeland
Westland

Von den höchsten Gipfeln der Neuseeländischen Alpen fließen Gletscher kilometerweit bis zum gemäßigten Regenwald und goldenen Strand hinunter. Solche Unterschiede innerhalb eines Nationalparks klingen unglaublich, aber in Westland Tai Poutini gibt es sie. Während man an der Westküste der Südinsel entlangfährt, sieht man ein Tal aus Eis durch die Bäume des Steineibenwaldes hindurchschimmern. Der Fox-Gletscher, wie eine endlose Reihe Haizähne in Perlweiß und durchscheinendem Blau, ist unglaublich – bis ihr nach weiteren 22 Kilometern seinen Zwilling erreicht: Franz Josef. Beide Gletscher erstrecken sich 13 Kilometer in die Neuseeländischen Alpen hinein und können nur per Helikopter und mit Steigeisen wirklich entdeckt werden. Aber das ist kein Problem, sondern ein Abenteuer: In der Nähe beider Gletscher findet ihr Ausrüster für jeden erdenklichen (Winter-)Sport (Eisklettern, Fallschirmspringen, Gletschertrekking usw.) und heiße Quellen, um euch nach eurer Rückkehr zu entspannen. Verbindet euren Ausflug in das Eis mit einem Strandaufenthalt und fahrt die malerische Route nach Gillespies entlang, auf der ihr eine Seehundkolonie und Relikte aus den Zeiten seht, in denen in Neuseeland noch Bergbau betrieben wurde. Wenn von euch einer den Winter und der andere den Sommer liebt – hier könnt ihr die schönsten Seiten beider Jahreszeiten an einem Ort genießen.

☒ BESTE REISEZEIT
Jede Zeit des Jahres ist geeignet. Um weniger Menschen, mehr Sonnenschein und stabiles Eis vorzufinden, solltet ihr aber den neuseeländischen Winter wählen (Juni bis August), mit Temperaturen von 5 bis 10 Grad.

🏠 ÜBERNACHTEN
Te Waonui Forest Retreat: Modern, umweltbewusst und das luxuriöseste Resort der Gegend. **Aspen Court Motel:** Modernisierte Räume mit Küchenzeile und kompetentem Personal mitten im Franz-Josef-Gletschergebiet.

♥ ROMANTIK
Eine Warmsteinmassage für Paare und ein privater Pool warten im Regenwald und Spa der Glacier Hot Pools auf euch.

☑ HONEYTREK-TIPP
Meldet euch jeweils am selben Tag für Gletscherausflüge an. Dabei besteht zwar ein gewisses Risiko, dass die Touren bereits ausgebucht sind, aber dafür könnt ihr eure Flüge und Eis-Treks präzise an den Wetterverhältnissen ausrichten. Das Büro des Department of Conservation ist bekannt für seine präzisen Wettervorhersagen.

Franz-Josef-Gletscher – wo das Eis auf den Regenwald trifft

Helikopterflug über die Gletscher der Neuseeländischen Alpen

ABENTEUER FÜR PAARE

Große Helikoptertour ▲▲

Fliegt mit einem Helikopter in das Herz der größten Berge und Gletscher Neuseelands. Während ihr über die Fox-, Franz-Josef- und Tasman-Gletscher fliegt, den über 3724 Meter hohen Mount Cook umkreist und auf dem Eis zwischenlandet, um darauf herumzutoben, erlebt ihr das ursprünglichste Terrain des UNESCO-Weltnaturerbes Te Wahipounamu.

Minnehaha-Glühwürmchen-Rundweg ▲

Vertraut euren guten Augen und lauft den anderthalb Kilometer langen Rundweg durch den Regenwald unter dem Fox-Gletscher entlang. Fühlt euch wie auf einer Schatzsuche: Unter umgestürzten Bäumen und in Gräben leuchten unzählige biolumineszente Larven wie winzige Sterne in der nächtlichen Dunkelheit.

Eisklettern auf dem Fox-Gletscher ▲▲▲▲

Klettert die Eiswände und blauen Gipfel des Fox-Gletschers hinauf, um ihn hautnah und intensiv zu erleben. Nachdem ihr von Experten eingewiesen und ausgerüstet wurdet, fliegt ihr mit einem Helikopter vom Wald aus zu

✣ Zerbrechlicher Riese

Während wir über die Moräne des Franz-Josef-Gletschers mit ihren ausgehöhlten Wänden, aus denen stetig Wasser herausfloss, wanderten, wurden wir daran erinnert, in welchem Ausmaß dieser Gletscher schmilzt. Seit 1880 hat er fast drei Kilometer an Länge verloren, ein Drittel allein seit 2008. Die Schönheit der reißenden Flüsse und blaugrünen Seen lenkt vom Problem des Klimawandels ab, aber sie sind ein deutliches Zeichen dafür, dass der Schnee schneller schmilzt, als er sich neu bilden kann.

Das Te Waonui Forest Retreat am Fuß des Franz-Josef-Gletschers

einer eisigen Oase hinauf (allein der Flug dorthin ist ein Erlebnis). Bohrt eure Pickel und Steigeisen ins Eis und verdient euch eure Klettersporen.

Wanderung zum Canavans Knob ▲▲

Folgt dem drei Kilometer langen Fußweg durch einen Regenwald mit Farnen, Orchideen und Rimu-Harzeiben, die von Kletterpflanzen überwachsen sind. Zwischen den Bäumen wird schließlich ein Aussichtspunkt sichtbar, mit Blick auf die Tasmansee und den Waiho River, auf dem kleine Eisberge treiben. Lauft nach oben weiter, bis ihr den zweiten Aussichtspunkt erreicht, und steht direkt vor dem Franz-Josef-Gletscher.

WAS ES AUF DIESEM KONTINENT NOCH ZU ENTDECKEN GIBT:

» Roadtrips: Südinsel, Neuseeland · S. 202

» Übernatürliches: Rotorua, Neuseeland · S. 223

Das große Watscheln

Wir legten auf Booth Island an, dem Zuhause Tausender Adelie-, Esels- und Zügelpinguine. Während wir auf dem Fußweg bleiben mussten, waren den pummeligen Jungpinguinen keine Grenzen gesetzt. Sie flitzten in alle Richtungen umher, rutschten auf dem Bauch und schwammen im Kreis, um ihre Umwelt zu erkunden. Auf Knien versuchten wir die Welt aus der Perspektive dieser Wesen zu betrachten, und waren bald von neugierigen Küken umgeben. Sie betrachteten uns eingehend und knabberten an unseren Hosenbeinen, um herauszufinden, ob sie nach Fisch schmeckten.

Pinguine auf Booth Island in der Antarktis

ZENTRAL-VERMONT
Vereinigte Staaten

NORD-AMERIKA
Zentral-Vermont
Vereinigte Staaten

Vermont ist vielleicht nicht so wild wie Patagonien oder so steil wie die Rocky Mountains, aber dieser lebendige Teil Neuenglands mit seinen Ahornsirupfarmen und überdachten Brücken ist in vielerlei Hinsicht genauso faszinierend. Vermont als Staat mit der zweitkleinsten Einwohnerzahl wird oft unterschätzt – aber die Vermonter sind ein cleveres Völkchen. Angesichts der Tatsache, dass ihr Staat zu fast 80 Prozent mit Wald bedeckt ist, verwundert es nicht, dass sie über mehr Wanderwege als Highways verfügen. Die Wildnis geht ihnen über alles, besonders, wenn sie mit Schnee bedeckt ist. Vermont ist eine der schneereichsten Gegenden der Vereinigten Staaten, und für seine Einwohner ist der Winter die beste Jahreszeit. Kinder lernen im Sportunterricht Schneeschuhlaufen, und viele Erwachsene haben immer ein Paar davon im Kofferraum ihres Allradautos. In Vermont findet man auch einige der besten Skiresorts östlich des Mississippi – darunter das von Skifahrern betriebene Mad River Glen und das Killington (landesweit eines der wenigen, die auch im Mai geöffnet bleiben). Besucht den »Green Mountain State« und kehrt mit Schnee im Haar und einem Lächeln auf den Lippen zurück.

❎ BESTE REISEZEIT

Dezember bis April sind winterlich weiß, wobei Februar der schneereichste Monat ist. Im späten März kann man Frühlingsski fahren und Ahornsirup zapfen.

🏨 ÜBERNACHTEN

Mountain Top Inn: Auf 141 Hektar zeigt sich in diesem Resort am Seeufer der Winter mit Eislaufen, Pferdeschlittenfahren und gemütlichen Räumen von seiner besten Seite. **The Woodstock Inn:** Am reizvollen Woodstock Square gelegen, bietet dieses historische Hotel moderne Räume, ein Spa und ein Nordic Center.

❤ ROMANTIK

Eine Pistenraupe zieht euch, in warme Decken eingewickelt, auf einem Schlitten den Killington Mountain bis zur Ledgewood Yurt hinauf. Bei Kerzenlicht und einem knisternden Kaminfeuer genießt ihr ein Fünf-Gänge-Menü mit regionalen Köstlichkeiten.

✅ HONEYTREK-TIPP

Erlebt den ultimativen Vermont-Tag: Fahrt im Suicide Six Ski, kostet auf der Sugarbush Farm Ahornsirup und bei Crowley Cheese Käse nach einem Rezept aus dem 19. Jahrhundert. Genießt danach ein Craft Beer in der Long Trail Brewery.

Das Woodstock Inn bezaubert durch den typischen Vermonter Stil.

ABENTEUER FÜR PAARE

Skifahren auf dem Mad River Glen – traut euch! ▲▲▲

Fahrt mit dem Skilift aus den Vierzigerjahren hinauf zu Amerikas einzigem Berg, der sich im Besitz von Skifahrern befindet. Um Mad River wirklich zu erleben, tobt euch einen Tag lang im Pulverschnee aus oder kauft ein »Roll-Back-the-Clock«-Ticket für den ursprünglichen Eintrittspreis von 3,50 Dollar.

Auf dem Middlebury Tasting Trail ▲

Entlang dieser acht Kilometer langen Tour besichtigt man einige der besten Brauereien, Schnapsbrennereien und Weingüter Vermonts. Nippt in der Scheune von Whistle-Pig an einem Glas Rye-Whiskey, probiert auf der Veranda des Lincoln Peak einen »Starlight Rosé« und bei der Drop-in-Brewing Company ein »Sunshine and Hoppiness«.

Skilanglauf ▲▲

Das Mountain Top Inn in Chittenden, eines der ältesten Skilanglaufgebiete der Vereinigten Staaten, weist 61 Kilometer Langlaufstrecke über Hügel, an Seeufern entlang und durch einen Birkenwald aus. Im Nordic Cen-

ter erhaltet ihr die benötigte Ausrüstung, Infos und heiße Schokolade.

Schneeschuhlaufen auf dem Deer Leap Trail ▲▲

Erlebt zwei Wanderrouten, die zu den schönsten Amerikas gehören: Appalachian Trail und Long Trail. Auf dem ersten geht es durch den verschneiten Wald zur Aussicht auf die Coolidge Range und den Sherburne Pass. Lauft dann ein Stück weiter auf dem zweiten, dem ältesten Weitwanderweg des Landes, bevor ihr euch bei einem Guinness Stew in McGrath's Irish Pub aufwärmt.

✧ Vermont im Herzen

Nachdem wir uns einen Monat lang kannten, fragte mich Mike, ob ich mit in seine Skihütte in Killington einziehen wollte. Da ich nie in Vermont gewesen war und kaum Ski fahren konnte, war es ein Wagnis, sich an einen sechsmonatigen Mietvertrag (und eine neue Beziehung) zu binden, aber ich sagte ohne zu zögern Ja. Fünf Skisaisons später liefen wir einen verschneiten Weg in den Green Mountains entlang und schworen uns, eine Flitterwochenreise um die Welt zu machen. Egal, wo oder ob wir uns überhaupt jemals niederlassen werden – Vermont wird immer unser winterliches Wunderland bleiben.

Unsere winterliche Hochzeit im Freien im Mountain Top Inn

WAS ES AUF DIESEM KONTINENT NOCH ZU ENTDECKEN GIBT:

» Auf Safari: Churchill, Kanada · S. 96

» Eis: Niagarafälle, Vereinigte Staaten · S. 172

TROMSØ
Norwegen

Tromsø
Norwegen
EUROPA

Das Tor zur Arktis, das Paris des Nordens und eine der nördlichsten Städte der Welt: Tromsø trägt beeindruckende Titel. Trotz seiner Lage auf einer Insel innerhalb des Polarkreises und seines ursprünglichen Charakters als Grenzstadt wirkt Tromsø überraschend kultiviert. Wegen der Nähe zu den Eisbären und Walrossen auf Spitzbergen zog es nicht nur Jäger an, sondern auch berühmte Entdecker und Forscher. Heute beherbergt die Stadt das Norwegische Polarinstitut, die Universität Tromsø und Menschen mit über 100 Nationalitäten, die zu einer lebendigen Kulturszene beitragen (hier gibt es mehr Kneipen pro Kopf als irgendwo sonst in Norwegen). In Tromsø ist man nicht weit von den wilden Gebirgen und dramatischen Fjorden entfernt. Abseits der Stadtlichter flackern Polarlichter in Neongrün und Lila, Sami-Hirten hüten ihre Rentiere, und Schneemobile stellen das einzige Verkehrsmittel dar. Folgt den Nordlichtern, fahrt auf einem Hundeschlitten über die Tundra. Für die Wärme in eurem Körper sorgt das Adrenalin.

BESTE REISEZEIT
Um Polarlichter, Wale und Schnee zu sehen, ist die beste Zeit von November bis Februar. Da es am Golfstrom liegt, fallen die Temperaturen in Tromsø nie weit unter den Gefrierpunkt.

ÜBERNACHTEN
Thon Hotel Polar: Ein Boutiquehotel mit eigenwilligem Stil im Herzen Tromsøs. **Camp Tamok:** *Lavvu*-Zelte von Lyngsfjord Adventures und arktische Chalets plus Schneemobilfahren, Rentier- und Hundeschlittenfahren, 80 Kilometer vom Stadtzentrum entfernt.

ROMANTIK
Begebt euch auf das verträumte Vulkana-Spaboot. Entspannt euch in der finnischen Sauna oder im heißen Salzwasserbad auf dem Deck. Von beiden aus habt ihr einen Panoramablick.

HONEYTREK-TIPP
Viele Veranstalter bieten arktische Outdoorkleidung an, also lasst einen Teil eurer Ausrüstung zu Hause. Nehmt Schuhschneeketten mit, weil die Straßen gefroren sind, und ein Dreibeinstativ, um Fotos von den Polarlichtern zu machen.

Polarlichter über Tromsøya

Zelte im *Lavvu*-Stil im Abenteuercamp Tamok

ABENTEUER FÜR PAARE

Stadtrundgang ▲

Erkundet die Stadt, diesen faszinierenden Mix aus Holzhäusern des 18. Jahrhunderts, moderner, vom Eis inspirierter Architektur und gemütlichen Cafés. Besucht das Polarmuseum, stattet der Eismeerkathedrale einen Besuch ab, macht eine Tour durch die geschichtsträchtige Mack-Brauerei, esst in der trendigen Hildr Gastro Bar zu Abend und hängt zu Livemusik im legendären Blå Rock ab.

Buckel- und Schwertwale beobachten ▲

Fahrt mit einem Boot an den Fjorden, Inseln und verschneiten Bergen vorbei zu den Heringsschwärmen. In den vergangenen Jahren sind die sanften Riesen zum winterlichen Festmahl an diesen Ort gewandert. Von November bis Januar sind Buckelwalsichtungen und eine spektakuläre arktische Landschaft praktisch garantiert.

Polarlichterjagd ▲▲▲

Informiert euch bei der Polarlichtvorhersage auf *Norway-Lights.com*, wann der Himmel die spektakulärsten Lichtphänomene zeigt, und bucht dann eure Lichterjagd bei Profis. Wie auch immer die Sonnenwinde wehen: Während ihr aus der Stadt herausfahrt, werdet ihr immer wieder Pausen machen, um die Polarlichter über den Himmel tanzen zu sehen. Optimale Voraussetzungen

dazu hat man, wenn man sich für ein paar Nächte in einer abgelegenen Hütte oder auf einem Boot im Meer einquartiert.

Hundeschlitten fahren ▲▲▲▲

Treibt ein Huskygespann durch die lappische Tundra, durch verschneite Wälder und über gefrorene Flüsse. Wechselt euch beim Lenken des Schlittens ab, und was immer ihr tut – haltet durch! Sowohl Lyngsfjord Adventure als auch Active Tromsø sind professionelle Veranstalter auf atemberaubenden Strecken.

✛ Friluftsliv: Freiluftleben

Ein norwegisches Wort, für das es keine passende Übersetzung gibt: *Friluftsliv* ist Ausdruck einer nordischen Philosophie der Glückssuche in der freien Wildnis – die Überzeugung, dass das Leben in freier Natur für den Menschen essenziell ist und sich in der Natur aufzuhalten so ist, als ob man nach Hause kommt. Als wir nach Sogn og Fjordane kamen, um in der Hütte unseres Freundes Paal zu übernachten (ein Ferienhaus ohne Elektrizität oder fließendes Wasser an einem Ort mit so viel Schneefall, dass man das Dach manchmal nur mithilfe einer Sonde finden kann), wurde uns die Bedeutung von *friluftsliv* schließlich klar.

Die preisgekrönte Bibliothek von Tromsø ist ein kulturelles Zentrum.

WAS ES AUF DIESEM KONTINENT NOCH ZU ENTDECKEN GIBT:

» **Flüsse: Oberes Mittelrheintal, Deutschland · S. 56**

» **Auf See: Norwegische Fjorde, Norwegen · S. 136**

Riesige Eisberge treiben aus dem Ilulissat-Eisfjord heraus.

WEST-GRÖNLAND
Grönland

VON **DAVE BOUSKILL** UND **DEBRA CORBEIL**

Grönland

West-Grönland

NORD-AMERIKA

Weil es zu 80 Prozent von Eis bedeckt ist, steht Westgrönland nicht auf der Abhakliste des Durchschnittstouristen – und genau deshalb reisen wir dorthin. Im abgelegenen Nordatlantik gelegen, wo sich die größte polare Eiskappe außerhalb der Antarktis befindet, ist es vermutlich die letzte Gegend für echten Abenteuertourismus. Eine Reise nach Westgrönland beginnt in Ilulissat, eine Stadt 250 Kilometer nördlich des Polarkreises und dem gleichnamigen Eisfjord benachbart, ein UNESCO-Weltnaturerbe. Der Sermeq Kujalleq ist der aktivste Gletscher der Erde. Zu sehen, wie an seiner Kante riesige Eisberge ins Meer stürzen, ist ein guter Grund Grönland zu besuchen, aber es ist nur einer von vielen. Während ihr auf einem Expeditionsschiff nach Süden reist, werdet ihr auf einem Zodiacboot durch Gletscherbuchten fahren, mit dem Kajak durch namenlose Fjorde paddeln, durch die arktische Tundra wandern und die faszinierenden Inuit kennenlernen. Grönland ist von atemberaubender landschaftlicher Schönheit, reich an Kultur und bietet unbegrenzte Möglichkeiten für Abenteuer.

BESTE REISEZEIT
Besuche sind das gesamte Jahr über möglich. Juni bis August eignen sich besonders zur Walbeobachtung, zum Segeln und zum Erleben der Mitternachtssonne. Dezember bis März sind die Monate der Polarlichter und Wintersportarten.

ÜBERNACHTEN
Quark Expeditions: Aufregende Schiffsreisen zu entlegenen Dörfern und Fjorden. **Hotel Hans Egede:** In Nuuk gelegen und ein großartiger Ausgangspunkt für Individualreisende, die maßgeschneiderte Abenteuer erleben wollen.

ROMANTIK
Fahrt mit dem Schiff nach Uunartoq, wo sich die besten Thermalquellen Grönlands befinden. Stoßt im warmen Wasser mit Champagner an, während Eisberge an euch vorbeitreiben. Es gibt nichts Romantischeres.

DER PLANET-D-TIPP
Aufgrund der Größe und kaum entwickelten Infrastruktur Grönlands bucht man am besten Touren, die auch Unterbringung und Transport organisieren können. Versucht mindestens zwei Wochen zu bleiben.

ABENTEUER FÜR PAARE

Jakobshavn-Gletscherwanderung ▲▲
Wandert zu diesem UNESCO-Weltnaturerbe, vorbei an den bunten Häusern und unzähligen Schlittenhunden Ilulissats. Ein Bretterweg schlängelt sich über den Permafrostboden und führt zu dem mächtigen Gletscher. Weil er sich pro Tag 18 bis 30 Meter bewegt, füllt der Gletscher den Fjord jedes Jahr mit 35 Kubikkilometern Eis.

Mit dem Kajak durch unbekannte Fjorde ▲▲▲
Paddelt am Packeis vorbei und lauscht seinem Knacken. In Fjorden wie Torsukattak und Evighedsfjorden seid ihr von hohen Bergen und Gletschern umgeben, während namenlose Fjorde darauf warten, von euch entdeckt zu werden.

Verkehr auf grönländische Art ▲▲▲
In Grönland gibt es nur wenige Straßen – Hundeschlitten und Schneemobile sind daher immer noch die Haupttransportmittel. Fahrt zu der Insel Qeqertarsuaq mit ihren vulkanischen Bergen und dramatischen Tälern und versucht, beides an einem Tag zu erleben. Lasst euch auf einem Schlitten von Grönlandhunden, einer uralten Züchtung, durch die Wildnis ziehen und jagt dann auf einem Schneemobil den Polarlichtern nach.

Zeit in Inuit-Dörfern verbringen ▲
Kostet in Sisimiut die lokale Küche (es gibt auch Seehund). Besucht die historische Kirche in Paamiut und den örtlichen Fischmarkt. In Itilleq könnt ihr freundliche Dorfälteste treffen und mit den Kindern Fußball spielen. In Grönland erlebt man, wie die alte Welt der einheimischen Gemeinschaften auf die Herausforderungen der neuen Welt trifft.

Verlassenes Inuit-Fischerdorf in der Nähe von Sisimiut

WAS ES AUF DIESEM KONTINENT NOCH ZU ENTDECKEN GIBT:

» Auf Safari: Churchill, Kanada · S. 96

» Schnee: Zentral-Vermont, Vereinigte Staaten · S. 166

POWER-PAAR: *Dave & Deb*

Dieses kanadische Paar, Gründer von *ThePlanetD.com*, hat 105 Länder auf allen Kontinenten erkundet, mit dem Fahrrad quer durch Afrika oder auf großer Fahrt in einem winzigen Auto von England in die Mongolei. Sie wecken bei uns Abenteuerlust, haben zwei Goldmedaillen der Society of American Travel Writers gewonnen und sind anerkannte Experten für Abenteuerreisen. Ihre Beiträge erscheinen regelmäßig im Fernsehen, im Radio oder in den Printmedien.

NIAGARA-FÄLLE

Vereinigte Staaten & Kanada

Kanada
NORDAMERIKA
Vereinigte Staaten
Niagara-fälle

Die sich über zwei Länder erstreckenden Niagarafälle sind die größten Wasserfälle in Nordamerika und gehören zu den meistbesuchten der Welt, aber nur wenige Menschen kommen im Winter hierher. Die eisigen Temperaturen halten Touristen fern, aber sie machen die Niagarafälle erst so außergewöhnlich. Unter allen großen Wasserfällen der Erde (Iguazú, Angel, Victoria usw.) sind sie die einzigen, die im Winter gefrieren. Ihre Kaskaden werden dann von einer Eisschicht umrahmt, ihre Felsen sind in gefrorenen Sprühnebel eingeschlossen, und ihre Bäume hängen voller Eiszapfen. Dieser Anblick ist umwerfend, vor allem, weil man sie praktisch für sich allein hat. Bekannt als »Flitterwochenhauptstadt der Welt«, locken die Niagarafälle schon seit dem späten 18. Jahrhundert Liebespaare an und machen ihrem romantischen Ruf durch luxuriöse Spas, exzellente Restaurants und Dutzende Weinlokale alle Ehre. Einige Sehenswürdigkeiten bleiben im Winter zwar geschlossen, aber die Gegend hat Abenteuerlustigen viel zu bieten. Zieht eure Schneestiefel an und haltet euch fest im Arm – solche Wasserfälle habt ihr noch nie zuvor erlebt.

❎ BESTE REISEZEIT

Das kanadische Festival of Lights dauert von Dezember bis Januar. Von Januar bis März gibt es das meiste Eis.

🏨 ÜBERNACHTEN

The Giacomo: Boutiquehotel im Art-déco-Stil direkt am Niagara Falls State Park. **Niagara Crossing Hotel & Spa:** Im charmanten Dorf Lewiston im Staat New York gelegen, mit Ausblick auf die Niagara-Schlucht.

♥ ROMANTIK

Esst im entzückenden Carmelo's in Lewiston zu Abend. Schlendert anschließend an den Wasserfällen entlang, die jede Nacht bis etwa 23 Uhr durch ein farbenfrohes Lichtspiel beleuchtet werden.

☑ HONEYTREK-TIPP

Verbringt auch Zeit im naturbelassenen Niagara Falls State Park, auch wenn das Pendant auf der kanadischen Seite mehr Aufmerksamkeit beansprucht. Der Park wurde von Frederick Olmsted gegründet. Er war Amerikas erster State Park und bietet 24 Kilometer gepflegter Wege vom Discovery Center nach Goat Island.

Helikopterflug über die Horseshoe Falls

Nächtliche Lichtshows tragen zur Aura der Wasserfälle bei.

ABENTEUER FÜR PAARE

Mit dem Helikopter über den Wasserfällen ▲▲

Fliegt über den Lake Ontario, Fort George, das Weinanbaugebiet und den Niagara River und umkreist die Wasserfälle, um sie von allen Seiten bewundern zu können. Die Vogelperspektive wird euch einen neuen Eindruck von dieser dramatischen Landschaft geben, vor allem, wenn euer Pilot gleichzeitig euer Fremdenführer ist. National Helicopters bietet Winterflüge und die längsten Flugzeiten an.

Mit Schneeschuhen durch die Weinberge ▲▲

Beginnt mit einer Riesling- und Eisweinverkostung, um euch aufzuwärmen, und durchquert dann auf Schneeschuhen die Weinberge, Flüsse und Wälder um die Weinregion von Niagara. Organisierte Touren und Verkostungen im Schnee werden von Thirty Bench Wine Makers angeboten. Wenn ihr auf eigene Faust eine Schneeschuh-Exkursion unternehmen wollt, eignet sich dafür die Schulze Winery mit ihrem Weinberg am Lake Ontario.

Journey Behind the Falls ▲▲

Fahrt an diesem Aussichtspunkt 45 Meter hinab zum Fuß von Kanadas Horseshoe Falls. Lauft durch die zugigen Tunnel und spürt das donnernde Getöse, während über

✣ Kuriose Niagara-Fakten

Interessante und kuriose Fakten wie diese haben zu Niagaras Berühmtheit beigetragen:

• Besonders Wagemutige balancieren seit 1859 auf einem gespannten Seil über die Niagara-Schlucht.

• Die erste Person, die sich in einem Fass die Niagarafälle herunterstürzte, war eine 63 Jahre alte Lehrerin.

• Von den Fischen, die über die 60 Meter hohen Wasserfälle wandern, überleben 90 Prozent.

• Niagara ist der Geburtsort der kommerziellen Stromerzeugung durch Wasserkraft, dank Nikola Tesla.

Kanadagänse am Ufer des Niagara River

zwei Millionen Liter Wasser vor den eiszapfengesäumten Tunnelöffnungen hinabstürzen.

Kostproben im Culinary Institute ▲

Das Niagara Falls Culinary Institute ist das Geheimnis hinter der aufblühenden kulinarischen Szene Niagaras. Nehmt an einer kostenlosen Führung über das beeindruckende, 8000 Quadratmeter große Gelände teil, esst eine Mahlzeit im Savor, ein von Studenten geführtes ausgezeichnetes Restaurant, oder nehmt an einem Mixologie- oder Backkurs teil. Wenn ihr echte Gourmets seid, sucht im Programm des Cannon Culinary Theatre nach Vorträgen von prominenten Köchen.

WAS ES AUF DIESEM KONTINENT NOCH ZU ENTDECKEN GIBT:

» Inseln: **North Eleuthera, Bahamas** · S. 68

» Auf Safari: **Churchill, Kanada** · S. 96

Die blaugrüne Laguna de Los Tres und der berühmte Fitz Roy

LOS GLACIARES
Argentinien

SÜD-
AMERIKA

**Los
Glaciares** *Argentinien*

Der Los-Glaciares-Nationalpark ist ein Paradies für Winterfans. Er liegt in den südlichen Anden und beherbergt eine der größten Eiskappen der Erde. Man findet dort vereiste Gipfel, Seen voll mit Eisbergen und über 200 Gletscher, darunter der legendäre Perito Moreno. Während sich viele Gletscher dieser Erde zurückziehen, arbeitet sich der unerschrockene Moreno täglich etwa drei Meter vorwärts. Wenn man vor seiner fünf Kilometer langen Kante steht, dem Knacken des brechenden Eises zuhört und ihm beim Kalben riesiger Eisbrocken zusieht, die geräuschvoll und wuchtig in den Lago Argentino stürzen, erlebt man eines der faszinierendsten Naturschauspiele in Südamerika. Eine weitere Steigerung wartet auf der anderen Seite des Parks: Dort befindet sich der Fitz Roy, wahrhaftig das Symbol Patagoniens (der Region und auch der bekannten Bekleidungsmarke), den man aus allen Perspektiven erleben kann. Der Ort El Chaltén, eine Oase mit Outdoor-Läden, vegetarischen Restaurants und Brauereien, existiert nur deswegen: um Zugang zu dem »rauchenden Berg« zu gewähren und einen Blick auf seine Schönheit zu ermöglichen. An jeder Ecke des Ortes beginnen Wanderwege, die man einfach gehen muss. Die faszinierende Schönheit Patagoniens wird euren Körper zu Höchstleistungen beim Wandern bringen. Eure Muskeln werden euch die Anstrengung teilweise übel nehmen, aber der Bergsteiger in euch wird euch ewig dafür dankbar sein.

 BESTE REISEZEIT

Im extrem unberechenbaren Patagonien ist es von Dezember bis März meist etwas wärmer, sonniger und weniger windig als sonst. Weniger Touristen trifft man im kalten April oder November.

🏨 **ÜBERNACHTEN**

Hostería Senderos: Ein gemütliches und modernes Gasthaus mit einem guten Preis-Leistungs-Verhältnis in zentraler Lage im lebendigen El Chaltén. **Los Ponchos:** Boutiquehotel mit Zimmern mit Selbstversorgung am Rand von El Chaltén mit Blick auf den Lago Argentino.

♥ **ROMANTIK**

Macht eine dreitägige Kreuzfahrt von Gletscher zu Gletscher an Bord der eleganten *Cruceros Marpatag* mit ihren luxuriösen Kajüten, Gourmetmenüs und unzähligen Anlässen zum Anstoßen mit Champagner, von Spegazzini bis Upsala. Auch Tagesfahrten werden angeboten.

 HONEYTREK-TIPP

Macht euch fit für Patagonien. Wenn ihr diese atemberaubenden Berge und Gletscher seht, wollt ihr nur noch wandern. Trainiert eure Kondition, indem ihr daheim längere Wanderungen unternehmt.

Trekking zum wachsenden Gletscher Perito Moreno

ABENTEUER FÜR PAARE

Wanderung auf dem Eisfeld des Perito Moreno ▲▲▲▲

Vergesst alle gewöhnlichen Gletscherwanderungen und begebt euch mitten ins Herz des Perito Moreno. Lasst den Sonnenschein am Fuß des Berges zurück und tretet in das raue Mikroklima eines wachsenden Gletschers ein. Orientiert euch im Labyrinth der Gletscherspalten, zwängt euch in blaue Eishöhlen und erobert das unsanfte Terrain mithilfe von Steigeisen und Adrenalin.

Zweitageswanderung zur Laguna de Los Tres ▲▲▲▲

Die Wanderung zum Fuß der Granitgipfel und den türkisen Lagunen am Fitz Roy ist die wohl beste Tageswanderung überhaupt, erst recht, wenn man sie auf zwei Tage ausdehnt. Wenn ihr über Nacht im Camp Poincenot bleibt, dann könnt ihr das Spiel der Wolken beobachten (nicht ohne Grund wird der Fitz Roy als rauchend bezeichnet), das Leuchten der Gipfel bei Sonnenauf- und Sonnenuntergang bestaunen und das euch umgebende Tal des Rio Eléctrico mit seinen Gletschern entdecken.

Gletscherabenteuer Upsala ▲

Beginnt mit einer Bootsfahrt um die Eisberge des Lago Argentino zum dramatisch kalbenden Upsala-Gletscher. Fahrt über den Kanal weiter zur Estancia Cristina, ein seit 1914 im patagonischen Eis unverwüstlich bestehendes Gasthaus. Verbringt ein paar schöne Stunden in seinem Restaurant und im Gaucho-Museum und begebt euch dann zu Fuß, per Geländewagen oder zu Pferd zu einem höheren Aussichtspunkt des Upsala-Gletschers.

Trekking zur Laguna Torre ▲▲

Lauft vom Dorf El Chaltén durch die Scheinbuchenwälder auf den 3128 Meter hohen Cerro Torre, den höchsten Gipfel innerhalb der weltberühmten Kette aus vier Bergen. Betrachtet die Spiegelungen der eisbedeckten Spitzen in der Lagune und lauft dann weiter zum Mirador Maestri, wo euch bessere Aussichten auf die Eiskappe erwarten. Um etwas derart Großartiges zu sehen, müsst ihr lediglich eine Wanderung von acht Stunden in Kauf nehmen.

✢ Endlich Erdnussbutter!

Am Tag 107 im Land Nummer 4 unternahmen wir den 22. HoneyTrek-Versuch, in Südamerika Erdnussbutter zu finden. Die Erdnussbutter – cremig, reich an Proteinen und ungekühlt haltbar, also die perfekte Trekkingnahrung – ließ sich einfach nicht auftreiben. Wir betraten einen Lebensmittelladen in El Chaltén und hofften, dass dieser Hippieort uns aus unserer Misere erlösen würde. Wir fragten den Ladenbesitzer: »¿Tiene mantequilla de cacahuete?« Als er »¡Por supuesto!« antwortete, kreischten wir beglückt wie Schulkinder, umarmten den Mann und kauften drei Gläser Trekkergold.

Pure Freude am Regal mit Erdnussbutter

WAS ES AUF DIESEM KONTINENT NOCH ZU ENTDECKEN GIBT:

» Berge: Torres del Paine, Chile · S. 40

» Wasserfälle: Iguazú-Fälle, Argentinien & Brasilien · S. 46

Millionen leuchtender LEDs im
Nabana-no-Sato-Park, Japan

Die ultimativen Winterfestivals

Diese unterhaltsamen Festivitäten halten euch auch in kalten Wintern warm.

KANADA

1. Karneval von Québec

In Québec findet eines der größten Karnevalsfeste der Welt statt, rund um Bonhomme (ein riesiger Schneemann). Die Eröffnungszeremonie findet in einem Eispalast statt, worauf glühweingetränkte Umzüge und das berühmte Eiskanurennen – ein Rennen von Eisberg zu Eisberg, an dem 50 Teams teilnehmen – folgen.

JAPAN

2. Nabana-no-Sato-Lichterfest

In der Stadt Kuwana stellt Japan seinen unglaublichen Sinn für das Detail zur Schau: Die schlummernden botanischen Gärten werden mit Lichtinstallationen aus über acht Millionen bunt leuchtenden LEDs zum Leben erweckt. Attraktionen sind der berauschende Lichtertunnel oder bildhauerische Meisterleistungen wie »Der Fuji im Morgengrauen«.

VEREINIGTE STAATEN

3. Anchorage Fur Rondy

»The Rondy« entstand zu einer Zeit, als Anchorage noch Bergbau- und Pelztierjägerzentrum war. Das Festival feiert den Pioniergeist der Stadt. Mit Wettbewerben wie dem Wettrennen mit Rentieren, Hundeschlittenfahren, Schneeschuh-Softball, Toilettenrennen und der Beard and Mustache Championship ist dieses Festival eine ur-alaskische Angelegenheit.

RUSSLAND

4. Moskauer Winterfestival

Die Hauptstadt begrüßt die Feiertage mit Lichtern, Eisskulpturen, Troikaschlittenfahrten, Eislaufen, Weihnachtsmärkten und Aufführungen auf dem Revolutionsplatz und im Izmaylovo-Park. Durch dieses Winterfest erhält man Einblicke in die russische Kultur.

UNGARN

5. Busójárás-Festival

Der Ursprung liegt im Jahr 1526, als die als Monster verkleideten Dorfbewohner versuchten, die türkischen Soldaten in die Flucht zu schlagen. Heute soll das zum UNESCO-Weltkulturerbe zählende Ereignis den Winter vertreiben helfen. Kostümierte Dorfbewohner befahren auf Booten die Donau, erstürmen auf beeindruckenden, von Pferden gezogenen Wagen die Straßen und stärken sich mit Pálinka (Obstbrand) gegen die Kälte.

VEREINIGTE STAATEN & KANADA

6. Pond Skimming Cup

Die skurrile Frühlingstradition, einen Teich am Fuß eines Skihangs auszuheben und dann zu versuchen, ihn kostümiert auf Skiern zu überqueren, ist mittlerweile ein anerkannter Wettbewerb. Nach Vorentscheiden in ganz Nordamerika schicken Skiresorts ihre besten Skimmer zum Weltcup – bei einer der besten Partys am Skihang werden auch die Kostüme nach Punkten bewertet.

SCHWEIZ

7. Snow Bike Festival

Mountainbiker und Wintersportbegeisterte versammeln sich zum wichtigsten Mountainbikerennen der Welt, das auf Schnee stattfindet. Mit breiteren Reifen und einem tieferen Profil fährt man hier jedes Jahr im Januar auf einer vier Etappen langen Strecke und beim Eliminator-Nachtrennen in den Alpen bei Gstaad in ausgelassener Stimmung um die Wette.

CHINA

8. Internationales Eis- und Schneefestival in Harbin

Jedes Jahr im Januar wird in Harbin eine 607 000 Quadratmeter große Stadt aus Eisblöcken errichtet und die Eisskulptur auf das Größenniveau einer chinesischen Megalopolis gehoben. Dabei entstehen erstaunlich detaillierte Gebäude mit bis zu 15 Stockwerken – von Nachbildungen des Big Ben bis hin zu buddhistischen Tempeln. Lauft durch diese Eiswelt, fahrt Ski oder macht Eisschwimmen.

PERU

9. Inti Raymi

Die Inka-Feier der Wintersonnenwende wurde durch die spanischen Eroberer verboten, bis zur Mitte des 20. Jahrhunderts jedoch heimlich gefeiert. Mittlerweile ist dieses Anden-Fest wieder lebendig, vor allem in Cusco: Dort findet eine kostümierte Prozession durch die altertümliche Sacsayhuamán-Festung statt, und überall in der Stadt werden Partys gefeiert.

DEUTSCHLAND

10. Weihnachtsmarkt in Rothenburg ob der Tauber

In Rothenburg findet seit dem 15. Jahrhundert ein Weihnachtsmarkt statt, für den die pittoresken Häuser der mittelalterlichen Stadt die perfekte Kulisse bilden. An diesem Ort voll Atmosphäre gibt es Kunsthandwerk, Glühwein nippen und jede Menge vorweihnachtliche Stimmung.

Yasuní, Ecuador

»Schau tief in die Natur, und dann wirst du alles besser verstehen.«

ALBERT EINSTEIN

Kapitel neun

DSCHUNGEL & REGENWALD

Geht durch einen uralten Regenwald, vorbei an Farnen und Koniferen, die seit der Zeit der Dinosaurier existieren. Bestaunt eine turmhohe, mit Moos bewachsene Zeder. Seht genau hin: Dieser Baum bietet Bromelien, Fröschen, Vögeln und Hunderten anderen Spezies einen Lebensraum. Es ist verblüffend, wie ein Regenwald funktioniert. Lernt von seinen indigenen Hütern und hingebungsvollen Naturforschern – sie kennen die Geheimnisse des Waldes. Was wie eine Kakophonie aus summenden Insekten, zwitschernden Vögeln und raschelnden Blättern beginnt, schwillt bald zu einer Symphonie an. Die Laute führen euch vielleicht zu einem leuchtend bunten Quetzal, einer Gruppe Klammeraffen oder einer Schule von rosa Flussdelfinen. Schärft eure Sinne – auch den für das Abenteuer – und ihr werdet einen Ort voll unendlicher Wunder erleben. Paddelt durch einen überfluteten Wald, klettert in das Baumkronendach und wandert tagsüber und in der Nacht. Die wertvollen Regenwälder sind leider bedroht. Gebt ihnen die Liebe, die sie verdienen.

Uralter Regenwald trifft auf das Great Barrier Reef.

DAINTREE
Australien

Daintree

Australien

Mit einem Alter von 100 Millionen Jahren ist Daintree einer der ältesten Regenwälder der Erde. Während ein großer Teil Australiens austrocknete, blieb diese Gegend von Queensland üppig grün und behielt ihre uralten Farne, Koniferen und Familien von primitiven Bedecktsamern (12 von 19, die es noch auf der Erde gibt). Die Flora und Fauna sind üppig und vielfältig (mit 12 000 Insektenarten!), aber es sind die endemischen Arten, die Daintree so speziell und einzigartig machen: die Boyds-Winkelkopfagame, das Lumholtz-Baumkänguru und der Helmkasuar. Als Teil der reichen Geschichte des Regenwalds sind Daintrees Ureinwohner immer noch seine Hüter. Die australischen Aborigines bilden die älteste fortwährende Kultur der Erde, und die Kuku Yalanji teilen ihre Traditionen als Ranger, Fremdenführer und Künstler. Auch aus einem weiteren Grund lohnt sich ein Besuch: Daintree liegt direkt am Great Barrier Reef, wodurch gleich zwei UNESCO-Weltnaturerbestätten vor euch liegen. Regenwald, Strand und Kultur – Daintree erfüllt Paaren alle Reiseträume.

 BESTE REISEZEIT

Gleich nach der Regenzeit sind Mai bis September kühlere und klarere Monate mit einer Durchschnittstemperatur von 26 Grad Celsius.

 ÜBERNACHTEN

Daintree EcoLodge & Spa: 15 luxuriöse Baumhausvillen mit einem Fokus auf Nachhaltigkeit.
Cape Tribulation Beach House: Auf der Meerseite des Regenwalds gelegen, entspannte Atmosphäre, Unterkünfte für alle Budgets.

 ROMANTIK

Genießt eine Massage an einem Wasserfall im Regenwald oder – noch besser – eine Spabehandlung im Wasserfall. Das Daintree EcoLodge Day Spa setzt für seine wohltuenden Behandlungen auf das Pflanzenwissen der Aborigines.

 HONEYTREK-TIPP

Quallen und Krokodile sind kein Australienklischee. Wenn ihr sorgenfrei schwimmen möchtet, dann tut dies im Wasserbecken der Mossman Gorge oder hinter Mason's Store.

Temperamentvoll und ungewöhnlich: der Helmkasuar

ABENTEUER FÜR PAARE

Dubuji Boardwalk ▲

Lauft auf diesem Plankenweg unter dem Blätterdach von Fächerpalmen zu drei verschiedenen Ökosystemen: Regenwald, Sumpf und Mangroven. Dieser 45 Minuten lange Spaziergang endet am Myall Beach mit seinen schlanken Mangroven und Riff-Pools sowie einer atemberaubenden Küste.

Geführter Dreamtime Walk in der Mossman Gorge ▲

Am südlichen Ende des Parks, wo der Mossman River riesige Felsen umfließt, könnt ihr den Regenwald aus der Perspektive der Kuku-Yalanji-Aborigines erleben. Ein Stammesältester wird mit euch während eines 90-minütigen Rundgangs durch die Natur sein Wissen über den medizinischen, praktischen und spirituellen Nutzen des Regenwalds teilen.

Geländefahrt auf dem Bloomfield Track ▲▲▲

Erlebt eine der abenteuerlichsten Autostrecken in Australien – sie ist nur mit Geländewagen befahrbar. Auf der Fahrt über 30 Kilometer zwischen der Küste und dem Regenwald entdeckt ihr einsame Strände, Aussichts-

Am Frühstücksbuffet unseres Hotels lernten wir ein niederländisches Paar kennen. Schon bald planten wir mit ihnen eine gemeinsame Autoreise von Cairns nach Daintree. Nach weniger als 24 Stunden Bekanntschaft und Planung saßen wir in ihrem Wagen und machten uns auf den Weg in die Wildnis Queenslands. Wir verbrachten ein unvergesslich schönes Wochenende damit, Strände zu besuchen, im Dschungel zu wandern, in Wasserlöchern zu schwimmen und uns Lagerfeuergeschichten zu erzählen. Sich auf einen Roadtrip mit völlig Fremden einzulassen, erfordert viel Vertrauen, aber das wirkliche Abenteuer liegt im Unbekannten.

Mit unseren neuen Freunden auf dem Dubuji Boardwalk

punkte und Wasserfälle, überquert Flüsse und macht die wilde Fahrt von Cape Tribulation nach Cooktown mit.

Vogel- und Krokodilbeobachtung am Daintree River ▲▲

Bei einer Fahrt entlang des Flusses seht ihr einige der 400 Vogelarten dieser Region: Eisvögel, Rußreiher, Papuaschwalme und, mit etwas Glück, einen riesigen Kasuar. Unternehmt euren Bootsausflug während der Ebbe, dann sonnen sich die Krokodile auf den Flussbänken.

WAS ES AUF DIESEM KONTINENT NOCH ZU ENTDECKEN GIBT:

» Auf Safari: Top End, Australien · S. 86
» Eis: Westland, Neuseeland · S. 162

KHAO SOK
Thailand

ASIEN

Khao Sok ☐ *Thailand*

Karstberge erheben sich aus dem See und Regenwald des Khao-Sok-Nationalparks. Diese uralten Korallenformationen unter einem smaragdgrünen Blätterdach und mit zahlreichen Höhlen machen Khao Sok zu einem von Thailands Traumzielen. Am Fuß der auffallenden Monolithen erstreckt sich ein 100 Millionen Jahre alter immergrüner Regenwald, einer der ältesten seiner Art. Seltene Palmenarten, wilde Mangostane, Würgefeigen und Lianen verbinden sich zu einem reichen Ökosystem, in dem Tiger, Elefanten und Tapire leben. Der Park erstreckt sich über 739 Quadratkilometer und hat zwei deutlich unterscheidbare Zonen: Der Ort Khao Sok ist der Eingang zur »Landseite«, während der Ratchaprapha-Damm den Zugang zur »Wasserseite«, dem Cheow-Lan-See, darstellt. Von mehr als 100 Kalksteinzungen und sechs Hauptzuflüssen gesäumt, verleiht dieser smaragdgrüne See dem uralten Regenwald von Khao Sok besonderen Glanz. Entdeckt die unterschiedlichen Buchten mit ihren Karstinseln, ausgedehnten Höhlen und Tierschutzgebieten auf einem Longtail-Boot. Lasst euch auf einem Kanu oder Schwimmreifen den malerischen Sok-Fluss entlangtreiben. Übernachtet in einem Wasserbungalow, Baumhaus oder im Asyl für Elefanten. Genießt das seltene Erlebnis entspannten Insel-Feelings in einem uralten Regenwald.

✈ BESTE REISEZEIT

Dezember bis April sind die trockensten Monate. Während der Regenzeit schließen einige der Wanderwege und Höhlen, aber dafür werdet ihr mehr Tiere und weniger Menschen sehen.

🏨 ÜBERNACHTEN

Our Jungle House: Baumhäuser in zentraler Lage auf 10 Hektar Flussufer im Ort Khao Sok. **Elephant Hills:** Luxuriöse Safarizelte in abgelegener Lage mit einem Elefantenasyl (zur Pflege, nicht zum Reiten). *KhaoSokLake.com:* Örtliches Unternehmen, das Bungalows am Wasser für alle Budgets anbietet.

❤ ROMANTIK

Eine authentische Thaimassage gehört zu den intensivsten Körperbehandlungen und wird auch oft als unterstütztes Yoga bezeichnet. Werdet geschmeidig und sammelt Energie bei einer Sitzung im Behandlungszimmer oder unter freiem Himmel.

✅ HONEYTREK-TIPP

Bucht keine Touren im Voraus. Die schönsten Treks und See-Exkursionen könnt ihr am besten an Ort und Stelle auswählen. Ihr erhaltet so außerdem preiswertere Angebote.

Longtail-Boote vor den Hütten am Cheow-Lan-See

Badender Elefant im Khlong-Saeng-Wildtierreservat

ABENTEUER FÜR PAARE

Ganztägige See-Exkursion ▲

Bucht eine gewöhnliche Seetour nach Klong Long, Klong Ka oder Klong Pey. Brecht frühmorgens auf, um die von Dunst umgebenen Karstgipfel und Tiere bei der Futtersuche zu sehen. Während ihr auf eurem Longtail-Boot an den Klippen vorbeifahrt, passiert ihr die Drei-Brüder-Inseln, wo man wunderbar Schwimmen gehen kann. Esst in einem der Floßhäuser zu Mittag, dreht einige Runden mit dem Kajak und macht danach eine Höhlenwanderung im Dschungel. *Hinweis:* Wenn euch nur ein Tag am See zur Verfügung steht, fragt nach der Route über Klong Pey, um die Tham-Nam-Thalu-Höhle zu erkunden.

Höhlenwanderung Tham Nam Thalu ▲▲▲▲

Wandert durch den Regenwald, durchquert Flüsse und erlebt eines von Khao Soks wildesten Abenteuern: Watet durch einen unterirdischen Fluss, klettert und schwimmt bis in die entlegensten Ausläufer dieser Stalagmitenlandschaft – und alles aus eigener Kraft und mithilfe von ein paar Seilen. Ein unvergessliches Erlebnis.

Wandern im tiefsten Regenwald ▲▲

Es gibt einige schöne Wandermöglichkeiten durch Bambushaine, an Kaskaden von Wasserfällen entlang und über Berghänge, an denen Riesenrafflesien blühen (mit den größten Blüten der Erde). Obwohl ihr einige Wanderwege allein begehen könnt, habt ihr mehr davon, wenn ihr euch von einem Fremdenführer begleiten lasst, der euch über die beste Route in eurer Umgebung, passend zur Jahreszeit und zu euren Interessen, führen kann.

Khlong-Saeng-Wildtierreservat ▲▲▲

In der entlegenen nordöstlichen Ecke des Sees liegt Khlong Saeng, eines der schönsten Wildtierreservate Thailands. Es beherbergt seltene asiatische Arten wie Nebelparder, Schabrackentapire, wilde Elefanten, Königskobras und Malaienbären. Bleibt eine Nacht (besser aber drei) in einem der rustikalen schwimmenden Bungalows, beobachtet beim Aufwachen eine Familie Weißhandgibbons und wandert in Begleitung eines Rangers durch den Regenwald, wo euch weitere aufregende Begegnungen mit Tieren erwarten.

✣ Reisen mit anderen Paaren

Wir erkundeten Khao Sok gemeinsam mit befreundeten Paaren und hatten dabei viel Spaß. Hier sind unsere Erfolgstipps:
- Jeder in der Gruppe darf seine Ziele und Erwartungen an den Ausflug aussprechen.
- Teilt die Reiseorganisation untereinander auf (Unterbringung, Aktivitäten, Mahlzeiten, Transport etc.).
- Jede Person schreibt drei Dinge auf, die sie unbedingt erleben möchte.
- Setzt gemeinsame Wünsche zusammen in die Tat um, macht euch aber auch klar, dass es vollkommen in Ordnung ist, Dinge auch getrennt voneinander zu unternehmen.
- Legt ein Datum für einen Abend für jedes Paar fest, an dem dieses etwas Besonderes unternehmen kann. Das steigert den Romantikfaktor, und ihr könnt euch hinterher gegenseitig von euren unterschiedlichen Erlebnissen erzählen.
- Macht einfach mit und habt Spaß!

Gemeinsames Reisen mit lieben Freunden und Gefährten

WAS ES AUF DIESEM KONTINENT NOCH ZU ENTDECKEN GIBT:
» Strände: Railay, Thailand · S. 74
» Architektur: Bagan, Myanmar · S. 106

Unser unerschrockener Fremdenführer paddelt den Rio Urubu, Brasilien, entlang.

Lebenstüchtig

Wir folgten dem Vorbild unseres Fremdenführers Cristóvão, als wir durch das schwarze Wasser des Rio Urubu paddelten. Da er im Regenwald des Amazonas aufgewachsen war, waren für ihn viele Handgriffe völlig selbstverständlich: mithilfe eines Buschmessers einen Regenschutz errichten, mit einer Pilkrute fischen, einen Tragebeutel aus Palmblättern anfertigen und sich in einem unbekannten Gebiet orientieren. Sein Leben unterschied sich völlig von unserem, und trotzdem brachte er uns viel bei. In den fünf Tagen, die wir mit ihm in dem Flutwald verbrachten, lernten wir, uns unserer Umgebung anzupassen, findig zu sein und uns in Geduld zu üben. Damals glaubten wir, er brächte uns bei, im Dschungel zu überleben. Aber später wurde uns klar, dass er uns für unsere ganze verrückte Reise um die Welt fit gemacht hatte.

Hängebrücken ziehen sich durch das Blätterdach des Nebelwalds.

MONTEVERDE
Costa Rica

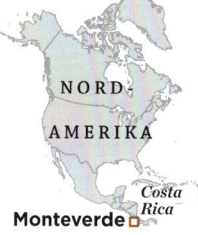

NORD-
AMERIKA

Monteverde □   *Costa Rica*

Direkt auf der kontinentalen Wasserscheide, aber nur 25 Kilometer vom Meer entfernt, befindet sich Monteverde in einer einzigartigen geografischen Lage und ist damit ein Ort voller Wunder. Warme Luft vom Pazifik und der Karibik kondensiert im kühlen Klima der Berge und lässt einen Nebelwald entstehen – eine ideale Voraussetzung für die dortige Biodiversität. Mit etwa 2500 verschiedenen Pflanzenarten, 400 Vogelarten und 100 Säugetierarten sowie dem Ruf, mehr Orchideen als irgendein anderer Ort auf der Erde zu besitzen, ist Monteverde so von Leben erfüllt, dass es manchmal schwierig ist, die faszinierenden Details wahrzunehmen. Aber wenn ihr mit einem Fremdenführer unterwegs seid, stoßt ihr plötzlich auf ein Dreifingerfaultier oder einen farbenprächtigen Quetzal. Gewöhnt euch an die Geräusche, Gerüche und Texturen des Nebelwalds, und sie erzählen euch eine facettenreiche Geschichte über dieses ökologische Wunderland. In Santa Elena schlägt das lebhafte Herz dieser Gegend, mit Straßen, die zu vielen Naturschutzgebieten, Ecolodges, Day Spas und Trekkingausstattern führen. Ihr seid an einem Ort, der so entspannend oder anregend ist, wie ihr ihn haben wollt.

BESTE REISEZEIT

Stimmungsvollen Nebel gibt es das ganze Jahr über, die extrem verregnete Zeit von August bis Oktober sollte man aber meiden.

ÜBERNACHTEN

Monteverde Lodge & Gardens: In Santa Elena gelegen, mit köstlichem Essen, einer wunderschönen Anlage und guten Fremdenführern. **Los Pínos:** Voll ausgestattete Hütten, Wanderwege, Bergblick und eigene Gemüsegärten.

ROMANTIK

Erlernt die Kunst der Schokoladenherstellung von der Bohne bis zur Trüffelpraline. Esst im Freiluftcafé des Caburé zu Mittag, nehmt dann an einer interaktiven Führung teil und bereitet euer eigenes Dessert zu.

HONEYTREK-TIPP

Wenn ihr sparen müsst, dann nicht an einem Fremdenführer. Seine Fähigkeiten (wie Vögel locken) und seine geschulten Sinne werden viel zu eurer Wildniserfahrung beitragen (ohne Fremdenführer bekommt man keinen Quetzal zu sehen!).

Ein naturnah angelegter Teich im Monteverde Lodge & Gardens

ABENTEUER FÜR PAARE

Biologisches Reservat Monteverde ▲

Habt ihr das märchenhafte Bild eines Waldes voll moos-bewachsener Bäume, blühender Bromelien und Nebel-schwaden vor Augen? Dann seid ihr hier richtig. Macht eine geführte Wanderung durch die sechs ökologischen Zonen des Waldes und versucht einen Dreilappenkotinga, einen Zwergleoparden oder einen Gelbhosenpipra zu erspähen, wenn er seinen Moonwalk-ähnlichen Balztanz vollführt.

Hängebrücken und Seilrutschen ▲▲▲

90 Prozent des Lebens spielen sich in den Baumkronen des Regenwalds ab – also rauf mit euch! In der Nähe des biologischen Reservats Santa Elena haben Veranstalter (sowohl Sky Adventures als auch Selvatura sind groß-artig) die Baumkronen durch Hängebrücken und Seil-bahnen verbunden – das sorgt für eine einzigartige Aussicht und extra Nervenkitzel.

Children's Eternal Rainforest ▲

Um die unberührten Regenwälder Costa Ricas für künf-tige Generationen zu erhalten, haben Kinder aus 44 Län-dern mit ihren Spenden dieses 200 Quadratkilometer große private Naturreservat ermöglicht. In Monteverde

liegt die Sektion Bajo del Tigre mit bezaubernden Wan-derwegen, einem Bildungszentrum, Touren mit Audio-guide sowie geführten Tages- und Nachtwanderungen.

Monteverde-Schmetterlingsgarten ▲

Lasst euch nicht durch die schlichte Aufmachung dieses Insektenmuseums täuschen – die beeindruckenden Füh-rungen dort ziehen selbst Insekten- und Spinnenhasser in ihren Bann. Lernt etwas über die 50 Insektenarten, die dort leben, etwa die imposanten Blauen Morphofalter, die euch umflattern, beobachtet die faszinierenden Puppenstadien bei der Metamorphose und haltet einen Nashornkäfer in der Hand.

✤ Insekten – amüsante Fakten

In Costa Rica leben über 300 000 Insektenarten. Hier sind unsere Lieblinge:

Seidenspinnen: Die Weibchen sind 10-mal größer als die Männchen und produzieren Seidenfäden, die 5-mal fester als Stahl sind.

Blattschneiderameisen: Sie bauen unterirdische Kolo-nien, die die Größe eines Basketballfelds einnehmen.

Zopherinae: Ihr Panzer ist so stabil, dass ein Auto darüberfahren kann, ohne ihn zu zerstören.

24-Stunden-Ameise: Ihr Stich soll 30-mal schmerzhaf-ter sein als der einer Wespe.

Briefträger: Jeden Tag fliegen sie Blüten in exakt der gleichen Reihenfolge an (wahrscheinlich sogar an Sonn- und Feiertagen).

Der gewissenhafte Briefträger bei seinem Rundflug

WAS ES AUF DIESEM KONTINENT NOCH ZU ENTDECKEN GIBT:

» Auf Safari: Tortuguero, Costa Rica · S. 100

» Auf See: Mesoamerikanisches Riff, Belize · S. 126

OLYMPIC-HALBINSEL
Vereinigte Staaten

NORD-
AMERIKA
Olympic-
Halbinsel
*Vereinigte
Staaten*

m westlichen Teil des Staates Washington herrscht oft schlechtes Wetter, aber die Regenwälder des Olympic-Nationalparks sind definitiv einen Besuch wert. Die 3000 bis 4000 Millimeter jährlicher Niederschlag in den Olympic Mountains nähren eine extrem üppige Vegetation mit moosbehangenen Zedern, gewaltigen Fichten und nebelverhüllten Douglasien, die bis zu 100 Meter hoch sind. Die Seltenheit eines Regenwalds in den Vereinigten Staaten macht ihn besonders interessant, aber das ist nur eine Trumpfkarte dieses Parks. Anders als die geheimnisvollen gemäßigten Regenwälder Hoh und Quinault liegt diese herzförmige Halbinsel inmitten gletscherbedeckter Berge, bunter Blumenwiesen, 13 blaugrüner Flüsse und 112 Kilometern rauer Küste. Die Vielfalt seines Ökosystems ist so beeindruckend, dass der Park von der UNESCO zum Biosphärenreservat und Weltnaturerbe ernannt wurde. Theoretisch könnte man dort innerhalb eines Tages Eisklettern, Strandspaziergänge und Gebirgswanderungen machen, fliegenfischen und in vulkanischen Thermalquellen baden – und wir schlagen vor, dass ihr das versucht. Egal, wofür ihr euch interessiert: Die Tausenden Quadratkilometer des Nationalparks und 1000 Kilometer Wanderwege werden euch schnurstracks zum Abenteuer führen.

☒ BESTE REISEZEIT

Hartgesottene besuchen den Nationalpark ganzjährig. Wer lange und sonnige Tage liebt, sollte von Juni bis September oder im April und Mai anreisen, dann sind die Wanderwege weniger überlaufen, und es lassen sich Wapitis blicken.

☷ ÜBERNACHTEN

Lake Quinault Lodge: Eine historische und gut geführte Lodge im Park; bucht ein Zimmer im Boathouse. **Kalaloch Lodge:** Von den gemütlichen Hütten an den windumtosten Klippen genießt man Meerblick.

♡ ROMANTIK

Wandert den Boulder Creek Trail entlang bis zu den sieben natürlichen Thermalquellen mitten im Wald, von denen einige eine Temperatur von bis zu 48 Grad erreichen (Nacktbaden erlaubt!).

☑ HONEYTREK-TIPP

Auch wenn ihr keine Campingfreunde seid – verbringt mindestens eine Nacht in einem Urwald. Reserviert im Voraus einen Platz direkt am Fluss auf dem Hoh Campground oder brecht früh auf und bestellt am selben Tag einen Platz auf dem ruhigen Graves Creek Campground.

Der Hall of Mosses Trail im Hoh-Regenwald steckt voller Naturwunder.

Wanderung entlang der Küstenlinie des Olympic-Nationalparks

ABENTEUER FÜR PAARE

Hurricane Ridge ▲▲

Selten ist ein spektakulärer Gipfel zugleich so gut zugänglich, vor allem mit Panoramablick über den ausgedehnten Olympic-Nationalpark: Eine 27 Kilometer lange Autofahrt bringt euch zum besten Aussichtspunkt über die Halbinsel, die Juan-de-Fuca-Straße und die gletscherbedeckten Gipfel der Olympic Mountains. Die Ridge bietet Wanderwege für jedes Fitnesslevel.

Valley of the Giants ▲

Das Quinault-Tal weckt Ehrfurcht: Hier stehen einige der größten Hemlocktannen, Douglasien und Riesenlebensbäume sowie eine 1000 Jahre alte Sitka-Fichte. Beginnt mit dem Quinault Rain Forest Nature Loop, dem ein Kilometer langen Pfad mit Informationstafeln zu diesem Paradebeispiel eines gemäßigten Regenwalds. Setzt eure Wanderung auf einem der sich anschließenden Wege fort oder macht eine bequeme, 50 Kilometer lange Autorundfahrt um den wunderschönen See.

Hoh River Trail bis Five Mile Island ▲▲▲

Lasst die Menschenmassen nach einem Spaziergang durch die berühmte Hall of Mosses hinter euch und folgt dem gletscherblauen Hoh River bis zur Five Mile Island. Jahrhundertealte Zedern verschmelzen zu einem Blätter-

✢ Roadtrip zum Regenwald

Wenn ihr noch mehr geheimnisvolle gemäßigte Regenwälder erleben wollt, dann setzt eure Reise fort nach Vancouver Island. Fahrt vom Olympic-Nationalpark nach Port Angeles und setzt mit der Fähre in die bezaubernde Stadt Victoria über. Fahrt 160 Kilometer an der Ostküste entlang, bis ihr die Cathedral Grove des MacMillan Provincial Park erreicht, und wandert dort zwischen den uralten Douglasien umher. Fahrt dann rund 100 Kilometer weiter nach Südwesten, bis ihr den Pacific Rim National Park erreicht, wo ihr sandige Surfstrände und den wohl schönsten Regenwald British Columbias findet.

Victoria, das Tor zu den Regenwäldern von Vancouver Island

dach, Farne bedecken den Waldboden, und je tiefer ihr in den Wald vordringt, desto mehr Wapitis seht ihr. Auf so ebenem, unbeschreiblich schönem Terrain, das seit Tausenden Jahren nahezu unverändert ist, vergeht eine 16 Kilometer lange Wanderung wie im Flug.

Gezeitentümpel an Beach 4 ▲▲

Als zerklüfteter Strand mit angeschwemmten Treibholzbrocken, mit Bäumen bewachsenen Brandungspfeilern und Faltenbergen hinterlässt der Beach 4 in Kalaloch bleibenden Eindruck und ist vor allem bei Ebbe ein beeindruckendes Erlebnis. Watet vorsichtig durch die Tümpel, um Grüne Riesenanemonen, vielfarbige Seesterne und fröhlich planschende Seeotter zu sehen.

WAS ES AUF DIESEM KONTINENT NOCH ZU ENTDECKEN GIBT:

» Wüsten: Moab, Vereinigte Staaten · S. 142

» Berge: Mount Rainier, Vereinigte Staaten · S. 34

ST. LUCIA
Kleine Antillen

VON NAT SMITH UND JODIE BURNHAM

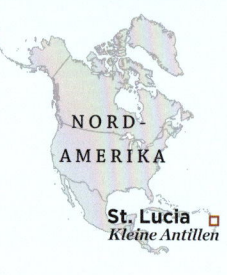

NORD-AMERIKA

St. Lucia
Kleine Antillen

Die ostkaribische Inselnation
St. Lucia ist vor allem bekannt für
ihre Pitons, zwei Vulkangipfel an der Küste, die sich
etwa 750 Meter hoch dramatisch aus der See erheben. Die
beiden Gipfel ziehen zwar die Aufmerksamkeit auf sich, aber
wir schätzen an ihnen besonders den tropischen Regenwald,
der sich hinter ihnen verbirgt. 77 Prozent von St. Lucia sind mit
Wald bedeckt, und ein Netz von Wanderwegen durchzieht die
Landschaft wilder Orchideen und riesiger Farne. Während der
Fahrt entlang der Westküste durch üppige Gebirgswälder und
Obstplantagen ließ die Aussicht über die nebelbedeckten Täler
hinweg und hinaus auf das strahlend blaue Meer unseren Atem
mehrmals stocken. Die Insel ist auch die Heimat eines der
seltensten endemischen tropischen Vögel, der Blaumasken-
amazone (auch *Jacquot* genannt). Eine Mischung aus ortstypi-
schen und europäischen Einflüssen als Ergebnis der einstigen
französischen und britischen Herrschaft prägt die unabhän-
gige Insel und verleiht ihr einen individuellen und erfrischenden Charakter. Erlebt ihre malerischen Berge, bunten Korallenriffe und einen der ursprünglichsten Regenwälder in der
Karibik.

✖ BESTE REISEZEIT

Dezember bis April ist Hochsaison, aber im
sonnigen Mai und Juni vor der Regenzeit sind
die Preise niedriger, obwohl die »Sturmsaison«
oft nur nachmittägliche Regenschauer bringt.

🏨 ÜBERNACHTEN

Crystals St. Lucia: Eigenwillig, aber elegant,
bietet dieses umweltfreundliche Baumhaus-
hotel unglaublich schöne Aussichten. **Ladera
Resort:** Das einzige Hotel innerhalb des
Pitons-UNESCO-Gebiets und eines der luxuriösesten auf der Insel.

♥ ROMANTIK

Trinkt einen Rumcocktail auf der Veranda des
Chateau Mygo und genießt den Sonnenuntergang über der Marigot-Bucht, der oft als der
schönste in der Karibik beschrieben wird.

🌐 NATS & JODIES TIPP

Macht auf dem Weg zum Hewanorra-Flughafen
beim The Reef Beach Café halt, um ein Piton-
Bier zu probieren. Sichert euch im Flugzeug
Fensterplätze, um atemberaubende Ausblicke
auf die Kleinen Antillen zu genießen.

Die Pitons erheben sich aus der Bucht von Soufrière.

ABENTEUER FÜR PAARE

Fahrt zum Vulkan und die Sulphur Springs ▲▲

Befahrt La Soufrière, einen der wenigen Vulkane weltweit,
die auch mit dem Auto zugänglich sind, und erlebt seine
hochaktive geothermische Landschaft. Badet in den zahlreichen heißen Quellen und wälzt euch in den hautpfle-
genden Mineralien der blubbernden Schlammbäder.
Macht euch dann zu den Mineralbädern in den Diamond
Falls Botanical Gardens auf.

Schlemmen auf der nordwestlichen Insel ▲

Schlendert durch die Gebirgsausläufer, über die Strände
und durch die Festungen aus dem 18. Jahrhundert im
Pigeon-Island-Nationalpark. (Und kostet unbedingt ein
Roti im Jambe-de-Bois-Café!) Setzt euren Schlemmer-
spaß auf der Gros Islet Friday Night Street Party fort und
genießt frittierten Fisch, Musik und Tanz.

Luftgondel und Seilrutsche im Regenwald ▲▲▲

Fliegt durch die Baumkronen des ältesten Regenwald-
schutzgebiets der Insel, Castries Waterworks. Schwebt in
einer Gondel gemeinsam mit den kompetenten Fremdenführern von Rainforest Adventures (die Luftseilbahn
wurde gebaut, ohne einen einzigen Baum zu fällen)
oder schwingt euch auf einer Seilrutsche durch die
Bäume.

Vom Piton-Gipfel zum Strand ▲▲

Wandert auf den anspruchsvollen Gros Piton und genießt
dort einen absolut spektakulären Blick auf das benachbarte Martinique und St. Vincent (ein Fremdenführer ist
auf diesem vierstündigen Trek unverzichtbar). Belohnt
euch hinterher mit einem erfrischenden Bad am nahe
gelegenen Jalousie bzw. Sugar Beach zwischen den
beiden Pitons.

✦ Ratschlag für Paare

Reisen kann stressig sein, und euer Partner kann
sich unterwegs anders verhalten als in eurem
gewohnten Umfeld. Seid verständnisvoll und sprecht
mehr miteinander, vor allem dann, wenn sich schwie-
rige Situationen ergeben. Sich frustriert und verärgert
zu zeigen ist meist nicht hilfreich – versucht euch
stattdessen innerlich zu entspannen und verleiht
eurem Ärger später Ausdruck, wenn das für euch wichtig ist. Die heikelste Zeit beim Reisen ist immer die, in
der man hungrig oder müde ist. Gefühle können sich
dann schnell hochschaukeln, also behandelt einander
mit Nachsicht und nehmt nichts persönlich.

Fußbrücke zum abenteuerlichen Regenwald

WAS ES AUF DIESEM KONTINENT NOCH ZU ENTDECKEN GIBT:

» Inseln: North Eleuthera, Bahamas · S. 68

» Roadtrips: Westkuba · S. 214

POWER-PAAR: *Nat & Jodie*

Nat und Jodie reisen seit
2013 ununterbrochen
um die Welt. Sie waren
Haussitter in 17 Ländern
vom Mittleren Osten über
Europa und Amerika bis
Australasien. Über ihre
Lebensweise und gemein-
schaftsorientierten Projekte auf der ganzen Welt berichten sie auf *NatJodie.
com*. Sie animieren ihre Le-
ser zu langsamerem und
intensiverem Reisen.

![Dschungelhütte am bewaldeten Ufer des Napo]

Dschungelhütte am bewaldeten Ufer des Napo

YASUNÍ
Ecuador

Ecuador — Yasuní — SÜD-AMERIKA

Wo der Amazonas auf die Anden trifft, kühles Wasser aus den Bergen herunterfließt und die Äquatorsonne hell scheint, liegt der Yasuní-Nationalpark, eines der artenreichsten Gebiete auf unserem Planeten. Dieses UNESCO-Biosphärenreservat umfasst nur 9328 von den 7,5 Millionen Quadratkilometern des Amazonasbeckens, aber die Dichte seines Artenreichtums ist einzigartig: Auf einem einzigen Hektar leben über 100 000 verschiedene Insektenarten (mehr als in ganz Nordamerika zusammen). Und auf weniger als 0,2 Prozent der gesamten Landmasse des Amazonas sind mehr als 33 Prozent seiner Vogel- und Reptilienarten zu Hause. Aber wenn ihr die Stadt Coca betretet, wo der Zugang zum Nationalpark liegt, glaubt ihr vielleicht zunächst, am falschen Ort zu sein: Sie ist Ecuadors recht derbe Ölhauptstadt, und bevor ihr den Park betretet, müsst ihr euch mit dem Anblick von Bohrtürmen und Erdölraffinerien anfreunden. Lasst euch davon nicht abschrecken, sondern nehmt das als Aufforderung, diesen kostbaren Ort zu unterstützen. Fahrt den Napo-Fluss hinunter, hinein in die geschützte Biosphäre voller Weiden, Kapok- und Tabebuia-Bäume, zwischen denen tropische Vögel umherflattern. Die Schönheit dieser Region ist unbestreitbar, und je genauer man hinsieht, desto faszinierender wird sie. Genießt die Geräusche des Regenwalds, seht einer Spinne beim Weben ihres Netzes zu, bestaunt den nächtlichen Sternenhimmel auf beiden Seiten der Hemisphäre und schreitet vor allem langsam und bewusst voran – mit jedem Schritt entdeckt ihr neues Leben.

 BESTE REISEZEIT

Es ist immer warm, sonnig und feucht. Kommt zu jeder Zeit des Jahres. Seid aber auf gelegentliche tropische Regengüsse gefasst.

 ÜBERNACHTEN

Die folgenden Veranstalter bieten mehrtägige Ausflüge inklusive Unterbringung, Verpflegung und geführter Aktivitäten an. **Manatee Amazon Explorer:** Ein attraktives Flussschiff mit Kajaks und Motorkanus hält alles für ein optimales Entdeckererlebnis bereit. **Napo Wildlife Center:** Die einzige Lodge innerhalb des Parks und eine der besten in Ecuador. **Amazon Dolphin Lodge:** Traditionelle Strohhütten im ökologischen Korridor Pañacocha.

 ROMANTIK

Sucht einen gemütlichen Ort, um euch hinzulegen und die Sterne anzusehen. Da ihr euch am Äquator befindet, seht ihr Sternbilder aus beiden Hemisphären. Sucht nach dem Polarstern, dem Kreuz des Südens und eurem Sternzeichen.

 HONEYTREK-TIPP

Im wilden Yasuní gibt es kaum Infrastruktur für individuelles Reisen. Die zugänglichen Regionen und Aktivitäten sind zum größten Teil die Sache eures Veranstalters. Sucht euch also einen Anbieter, der euch das beste Erlebnis im Rahmen eures zeitlichen und finanziellen Budgets ermöglicht.

Papageien im Futterrausch an den Lehmwänden

ABENTEUER FÜR PAARE

Vogelbeobachtung am Lehmhochufer ▲
Jeden Morgen versammeln sich Hunderte Gelbscheitel-amazone und Blauflügelsittiche an den mineralreichen Flusshochufern. Während sie um einen Platz am Mittags-tisch konkurrieren, krallen sie sich fest und schlagen mit ihren farbenprächtigen Flügeln. Fahrt früh am Morgen mit dem Boot dorthin, um dieses spektakuläre Ritual von Anfang an zu beobachten.

Ökologischer Korridor Pañacocha ▲▲▲
Erkundet die schwarzen Fließgewässer mit ihren schwimmenden Wäldern und ihrer reichen Fauna. Paddelt mit dem Kanu zwischen Bäumen hindurch und wandert auf dem Land. Haltet nach rosa Fluss-delfinen, Krokodilkaimanen, Faultieren, Brüllaffen, Tukanen und Piranhas Ausschau.

Nachtwanderung ▲▲▲
Entdeckt die nachtaktiven Tiere und die überwälti-gende Insektenvielfalt Yasunís. Indem ihr langsam lauft und die einzelnen Bäume mit einer Taschenlampe anleuchtet, bemerkt ihr die Mikrowunder dieses Lebens-raums. Sehr wahrscheinlich erspäht ihr Baumfrösche, Laubheuschrecken, Gottesanbeterinnen und viele andere Überraschungen.

Besuch in Kichwa ▲
Einige indigene Gemeinschaften wie die Sani und Añangu empfangen gern Besucher, um sie an ihrem Alltag teilha-ben zu lassen. Lauft zwischen den strohgedeckten Häu-sern, exotischen Farmen und Schulhäusern umher oder probiert ein traditionelles Gericht wie Tilapia mit Palm-herzen, Hirsebier oder gegrillten Raupen (die viel besser schmecken, als man glaubt).

✦ Weckruf

Auf dem Rückweg zurück nach Coca betrachteten wir das strömende Wasser des Flusses um uns und die Bäume, die zu einer grünen Masse verschwammen, und ließen unsere Begegnungen mit den wilden Tieren dieser Gegend Revue passieren – tauchende Delfine, springende Affen, umherfliegende Aras … Und auf ein-mal wurden wir von einem lärmenden Öltransporter überholt. **Yasuní braucht unsere Hilfe.** Tourismus hat auch seine Schattenseiten, aber je mehr Besucher nach Yasuní kommen, desto mehr Gründe bekommt Ecua-dor, um dieses wertvolle Ökosystem zu beschützen.

Beim Wandern in den Flutwäldern von Pañacocha

WAS ES AUF DIESEM KONTINENT NOCH ZU ENTDECKEN GIBT:
» **Berge:** Urubamba-Tal, Peru · S. 38
» **Roadtrips:** Vulkanstraße, Ecuador · S. 212

MANAUS
Brasilien

Manaus □
Brasilien
SÜD-
AMERIKA

Das Amazonasgebiet ist der größte Regenwald der Erde. Er erstreckt sich über ein Gebiet von 5,5 Millionen Quadratkilometern und acht Länder, 60 Prozent davon liegen allein in Brasilien. Oft als »Lunge der Erde« bezeichnet, beherbergt dieser extrem vielfältige Dschungel Milliarden Bäume, Hunderttausende Tier- und Pflanzenarten und indigene Kulturen. Um eure Entdeckungsreise zu beginnen, fliegt ihr in die Hauptstadt des Amazonas, Manaus. Nutzt die urbane Infrastruktur und deren Ressourcen und dringt gemeinsam mit einem wirklich guten Fremdenführer tief in den Dschungel vor. Viele Aktivitäten kann man nur hier erleben. Die Stadt Manaus wurde 1693 gegründet. Von Anfang an fühlten sich viele von den wirtschaftlichen Möglichkeiten des Regenwalds angezogen – die Palette reicht von den portugiesischen Kautschukbaronen bis zu den Pionieren des Ökotourismus. Einige der besten Dschungelhotels, Tourenveranstalter und Möglichkeiten zur Begegnung mit der indigenen Kultur finden sich direkt hinter den Ufern der beiden Flüsse Negro und Solimões. Aber Manaus besitzt eine starke Anziehungskraft. Eine Hafenstadt, 1600 Kilometer vom nächsten Ozean entfernt? Eine blühende Metropole mitten im Dschungel? Europäische Architektur, umgeben von indigenen Dörfern? Diese Stadt wird euch einige Tage lang in Atem halten, während der sie umgebende Regenwald unbeschreiblich faszinierende Erlebnisse für euch bereithält.

⊠ BESTE REISEZEIT
Mai bis November ist Trockenzeit. Mai und Juni sind optimal, mit klarem Himmel, vollen Flüssen und üppiger Vegetation.

🏠 ÜBERNACHTEN
Casa Teatro: Ein entzückendes Bed and Breakfast im historischen Viertel Manaus' mit einer fabelhaften Dachterrasse. **Anavilhanas Jungle Lodge:** Erstklassiges Resort am Ufer des Anavilhanas-Archipels im Rio Negro mit exzellenter Küche, einer breiten Palette an Aktivitäten und Dschungelführungen.

♡ ROMANTIK
Besucht eine Vorführung im glanzvollen Teatro Amazonas. Dieser prächtige Ort ist mit Oper, Tanz und klassischer Musik genau richtig für eine glamouröse Date Night (und kostenlos, wenn ihr früh genug dran seid, um euch einen Platz für den gleichen Tag zu reservieren).

☑ HONEYTREK-TIPP
Esst so viele exotische Früchte, wie ihr könnt, denn außerhalb Manaus' werdet ihr sie nirgends finden! Versucht auch solche Köstlichkeiten, die ihr nicht eindeutig identifizieren könnt, und in jedem Fall die unglaublich cremige Cupuaçu.

Der Rio Negro ist der größte Schwarzwasserfluss der Welt.

Das Stadtzentrum vereint Stammes-, koloniale und zeitgenössische Kultur.

ABENTEUER FÜR PAARE

Treffpunkt zweier Gewässer ▲

Am Encontro das Àguas treffen der dunkle Rio Negro und der milchige Rio Solimões aufeinander. Da beide eine unterschiedliche Temperatur haben, vermischen sich die Gewässer nicht und fließen als zweifarbiger Fluss kilometerweit nebeneinander her. Um dieses Naturphänomen inklusive spielender rosa Flussdelfine zu sehen, nehmt einen Bus zum Fährenterminal Ceasa und mietet ein Boot (das dürfte günstiger sein und mehr Spaß machen als eine organisierte Tour).

Überleben im Dschungel für Anfänger ▲▲▲▲

Lernt, wie ihr im Dschungel Nahrung findet, eine Unterkunft aus Palmblättern baut, ein Blasrohr schnitzt, Piranhas zum Abendessen fangt und euch wie ein eingeborener Wapishana durch den Dschungel bewegt. Nach den familiengeführten mehrtägigen Wanderungen und Kanu-Ausflügen von Amazonas Indian Turismo zeigt ihr euch jeder Situation gewachsen.

Kanufahren im Sumpfwald ▲▲

Da der Wasserstand des Amazonas pro Jahr um bis zu 15 Meter schwankt, kann der Fluss ganze Wälder über-

✤ **Den Dschungel bewältigen**

Unsere Reise um die Welt begann mit einem One-Way-Ticket nach Manaus, Brasilien. Während wir im Regenwald wanderten, auf Bäumen schliefen, unser Abendessen selbst angelten und in Gewässern voller Piranhas badeten, dachten wir oft: »Sind wir überhaupt reif dafür?« Fünf Tage später verließen wir den Dschungel wieder – wir hatten uns sämtlichen Ängsten gestellt und fühlten uns reif für die Eroberung der Welt.

Soares, der Gründer von Amazonas Indian Turismo

schwemmen. Paddelt bei Tagesanbruch oder in der Abenddämmerung zwischen den Bäumen umher. Auf dem tanninreichen Wasser entstehen surreal anmutende Reflexionen.

Auf uralte Bäume klettern ▲▲▲

Lernt die Grundlagen des Baumkletterns und versucht euch dann an einem 60 Meter hohen Amburana: Euch erwarten singende Vögel, Bromelien und eine Hängematte. Diese Unternehmung ist als Tages- oder mehrtägige Expedition mit Start in Manaus verfügbar.

WAS ES AUF DIESEM KONTINENT NOCH ZU ENTDECKEN GIBT:

» **Wasserfälle: Iguazú-Fälle, Argentinien & Brasilien · S. 46**

» **Dünen: Jericoacoara, Brasilien · S. 150**

Freiwilligenprogramme im Dschungel und Regenwald

Unterstützt auf freiwilliger Basis eine dieser ehrenwerten Naturschutzinitiativen.

Wenn nicht anders angegeben, dauern alle Programme höchstens zwei Wochen.

MALAYSIA

1. Orang-Utans auswildern

Arbeitet im preisgekrönten Matang Wildlife Centre für verletzte und elternlose Orang-Utans. Helft dem Team bei der Tierpflege und schafft ein Umfeld für diese klugen Primaten, damit sie eine Chance haben, wieder in den Wäldern Borneos ausgewildert zu werden.

PUERTO RICO

2. Regenwald aufforsten

Helft beim Kultivieren einheimischer exotischer Laubhölzer, die von der Abholzung bedroht sind. Arbeitet im 4000 Quadratkilometer großen Casas-de-la-Selva-Reservat in den Bergen von Patillas und pflanzt dort Samen, misst das Baumwachstum und stellt die Landschaft mit nachhaltiger Forstwirtschaft wieder her.

INDONESIEN

3. Auf den Spuren der Sumatra-Tiger

Untersucht gemeinsam mit dem WWF den Regenwald als Lebensraum des gefährdeten Sumatra-Tigers. Sucht im Rimbang-Baling-Wildtierkorridor nach Fußspuren, Jagdbeute, Kot und den Raubkatzen selbst, während ihr Daten sammelt und Kamerafallen für wichtige Forschungsprojekte aufstellt.

PERU

4. Wildhüter am Amazonas

Geht auf Flusspatrouillen, sammelt Beweise für illegale Aktivitäten und Daten über Flora und Fauna, haltet Wege instand und begleitet die ARCAmazon-Wildhüter dabei, den Madre-de-Dios-Regenwald zu beschützen. Wertet eure Funde aus, damit ein gesünderer Pflanzen- und Tierbestand entstehen kann.

GUATEMALA

5. Wildtiere retten

Helft dabei, bedrohte und exotische Arten des Maya-Waldes, des zweitgrößten tropischen Regenwalds in Amerika, wieder auszuwildern. Jaguare, Langschwanzkatzen, Wickelbären, Hellrote Aras und Brüllaffen sind im ARCAS Wildlife Rescue Center in Petén unter den Patienten.

MADAGASKAR

6. Feldforschung im Lokobe-Regenwald

Während dieses vier- bis zehnwöchigen Programms auf der schönen Insel Nosy Be wird euch das Madagascar Research and Conservation Institute darin schulen, Feldstudien im tief gelegenen Regenwald durchzuführen und dabei verschiedene Methoden des Fangens und Wiederfreilassens anzuwenden, um Lemuren, Schmetterlinge, Reptilien, endemische Vögel und andere Tiere zu untersuchen.

THAILAND

7. Elefanten pflegen

Begebt euch in die Berge südlich von Chiang Mai und helft Elefanten, die einst für die Waldrodung und den Tourismus ausgebeutet wurden. Unterstützt den ehrenamtlichen Zufluchtsort BEES, indem ihr die Elefanten füttert und badet sowie Bäume pflanzt, um ihren Lebensraum zu erhalten.

COSTA RICA

8. Meeresschildkröten schützen

Sucht an den Niststränden von Tortuguero nach Tausenden Eiern Grüner Meeresschildkröten. Sammelt Daten zu den neugeborenen Lederschildkröten und unterstützt das Sea Turtle Conservancy bei der Erforschung und dem Schutz der vier Arten, die in dieser Region der Karibik beheimatet sind.

VEREINIGTE STAATEN

9. Invasive Pflanzenarten bekämpfen

Erhaltet im Rahmen des Kokee Resource Conservation Program die natürliche Flora Hawaiis. Verbringt eure Tage im Regenwald von Kaua'i und entfernt zerstörerische und schädliche Pflanzen, um ein ausgeglichenes Ökosystem zu erhalten. Freie Unterkunft, Zeitplanung und gebührenfreie Teilnahme.

KAMERUN

10. Bedrohten Affen helfen

Unterstützt die Tiererhaltungsmaßnahmen des Cross River Gorilla Program an vorderster Front, indem ihr den montanen Lebensraum Regenwald begutachtet, Kamerafallen installiert und die einheimischen Gemeinschaften über die Bedeutung des Überlebens des Cross-River-Gorillas und des Nigeria-Kamerun-Schimpansen aufklärt.

Otago, Neuseeland

»Ich konnte nirgends außer überall hinfahren,
also fuhr ich einfach unter dem
Sternenhimmel weiter.«

JACK KEROUAC

Kapitel zehn

ROADTRIPS

<hr>

B ei offenen Autofenstern Musik hören und das endlose Abenteuer vor
der Motorhaube – nichts schenkt einem mehr Freiheit als ein Roadtrip. Mit einem eigenen Auto geht es nicht mehr nur darum, von A
nach B zu kommen, sondern um das gesamte Alphabet bis zum Z. Entdeckt
unbekannte Orte, trefft einheimische Bauern an einem Stand am Straßenrand und findet das Abenteuer in allem, was hinter der nächsten Kurve wartet. Fahrt hin, wo ihr wollt, und haltet an, wo es euch gefällt, sei es wegen
eines Barbecues im Südwesten der Vereinigten Staaten oder eines Volks-
musikfestivals in Nordirland. Plant im Voraus oder seid vollkommen spontan.

Die meisten der in diesem Buch beschriebenen Orte könnten am Beginn
eines unglaublichen Roadtrips stehen. Wir haben uns aber für die folgenden entschieden, weil die Summe ihrer Einzelziele und die Wegstrecken
dazwischen die Vielfältigkeit der Region aufzeigen, ihren Charakter erfassen und die Reise zu einer großen Bereicherung machen. Habt ihr Playlist,
Snacks, mobile Apps und USB-Ventilator dabei? Es wird eine wilde Fahrt.

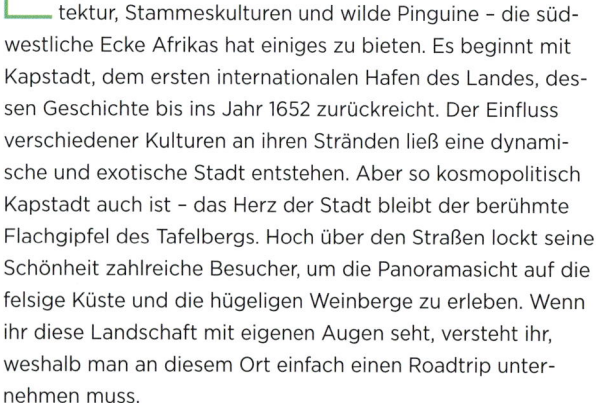

WESTKAP
Südafrika

Eine dramatische Küste, uraltes Gebirge, Weinanbaugebiete, europäische Architektur, Stammeskulturen und wilde Pinguine – die südwestliche Ecke Afrikas hat einiges zu bieten. Es beginnt mit Kapstadt, dem ersten internationalen Hafen des Landes, dessen Geschichte bis ins Jahr 1652 zurückreicht. Der Einfluss verschiedener Kulturen an ihren Stränden ließ eine dynamische und exotische Stadt entstehen. Aber so kosmopolitisch Kapstadt auch ist – das Herz der Stadt bleibt der berühmte Flachgipfel des Tafelbergs. Hoch über den Straßen lockt seine Schönheit zahlreiche Besucher, um die Panoramasicht auf die felsige Küste und die hügeligen Weinberge zu erleben. Wenn ihr diese Landschaft mit eigenen Augen seht, versteht ihr, weshalb man an diesem Ort einfach einen Roadtrip unternehmen muss.

Fahrt an der Westseite der Halbinsel entlang, dem hoch aufragenden Kap der Guten Hoffnung entgegen, wo der Atlantische und Indische Ozean heftig aufeinandertreffen. Fahrt weiter entlang der malerischen Strände von Simon's Town, bis ihr das Mekka der Walbeobachtung, Hermanus, erreicht. Durst auf Edles? Folgt dem Kompass nach Norden und ihr kommt direkt in die unzähligen Weinanbaugebiete des Wineland, wo ihr auch Restaurants der Weltklasse findet. Innerhalb eines Radius von 500 Kilometern lernt ihr drei bezaubernde Welten kennen.

AFRIKA

Westkap | **Südafrika**

 BESTE REISEZEIT

Das beste Strandwetter herrscht von Dezember bis März. August bis September glänzen mit Whale Watching und warmen Temperaturen.

 ÜBERNACHTEN

Grand Daddy Hotel: Ein historisches Kap-Gebäude, auf dessen Dach Airstream-Wohnwagen stehen. **Quayside Hotel:** Hotel in Strandnähe, nicht weit vom Boulders Beach zu einem günstigen Preis. **Le Franschhoek Hotel & Spa:** Ein luxuriöses Anwesen im historischen French Village der Winelands.

 ROMANTIK

Esst im exotischen Africa Café in Kapstadt zu Abend und kostet Gourmetgerichte aus Malawi, Tansania, Äthiopien und anderen Regionen. Verbringt dann eine wunderbare Date Night bei einem Schlummertrunk in der Dachbar des Tjing Tjing.

 HONEYTREK-TIPP

Fast kein »Universaladapter« funktioniert hier. Kauft ein Modell speziell für Südafrika, damit ihr jederzeit über 230 Volt Spannung verfügen könnt.

Rote Aloen umgeben das Slangkop Lighthouse.

ABENTEUER FÜR PAARE

Kapstadt: Kunst- und Feinschmeckerszene ▲
Erlebt eine doppelte Ladung Kap-Kultur, indem ihr einen Ausflug nach Woodstock und in die Old Biscuit Mill unternehmt, eine alte Keksfabrik, die heute zum Kunstmekka geworden ist. Verpasst auf keinen Fall den Samstagsmarkt mit seinen über 100 Pop-up-Stores und Essensständen. Besucht unbedingt den Frying Dutchman und Luke's Rostis.

Tafelberg: Das Herz des Kaps ▲▲
Nehmt die Seilbahn oder wandert einen der ältesten Berge hinauf. Spaziert dann auf seinem brettebenen Gipfel umher und freut euch an den großartigen Blumen (etwa 1470 Arten, 70 Prozent endemisch) sowie der Panoramasicht über die Kap-Halbinsel.

Boulders Bay: Pinguinkolonie ▲
25 Kilometer hinter eurem obligatorischen Fotostopp am Kap der Guten Hoffnung werdet ihr Tausende Brillenpinguine umherwatscheln sehen. Foxy Beach hat die beste Beobachtungsplattform und bietet eine großartige Schwimmgelegenheit (abseits der Pinguine, versteht sich).

✦ Willkommen im Mannesalter

Wollt ihr ein Initiationsritual sehen?«, fragte uns der Besitzer der Mdumbi Backpacker Lodge. Wir waren gerade zehn Minuten in dem Xhosa-Dorf, als wir diese Einladung erhielten. »Klar«, antworteten wir und hatten nicht die geringste Ahnung, was uns erwartete. Vier Jungen im Teenageralter hatten drei Wochen lang nackt im Wald gelebt, um sich auf ihren Übergang zum Mannesalter vorzubereiten; an diesem Tag sollte ihre Beschneidungszeremonie stattfinden. Trommeln erklangen. Eine Ziege wurde geschlachtet. Die Jungen kamen aus dem Wald, eingehüllt in Decken, um gefüttert zu werden – von uns. Wir waren Teil einer sehr intimen Zeremonie und werden das nie vergessen. Fahrt immer weiter und bleibt für alles offen – ihr wisst nie, wozu ihr unterwegs eingeladen werdet.

Xhosa-Jungen warten auf ihr Initiationsritual.

Cape Whale Route: Betty's Bay bis Hermanus ▲
Als Fortpflanzungsgebiet der Buckel-, Südkaper- und Brydewale gehören False Bay und seine Kette von Fischerdörfern zu den besten landgestützten Walbeobachtungsorten weltweit.

Helshoogte Pass: Fahrt durch das Weingebiet ▲
Fahrt die idyllische Bergstraße R310 entlang, die die Weingebiete Stellenbosch und Franschhoek verbindet. Haltet beim alten Bauernhaus Cape Dutch in Boschendal und bei dem hochmodernen Weingut Delaire Graff an, um das gesamte Spektrum der Stile und Jahrgänge der Region zu erleben.

WAS ES AUF DIESEM KONTINENT NOCH ZU ENTDECKEN GIBT:
» **Wasserfälle: Livingstone, Sambia · S. 54**
» **Wüsten: Namib, Namibia · S. 152**

SÜDINSEL
Neuseeland

AUSTRALIEN

Neuseeland
Südinsel

Stellt euch vor, ihr kommt am Ufer eines Gletschersees an, umgeben von leuchtend gelben Pappeln und schneebedeckten Bergen, und ihr sagt: »Wir sind zu Hause.« So ist das Reisen mit einem Wohnmobil in Neuseeland. Jeden Abend haltet ihr an einem wunderschönen Ort eurer Wahl, genießt ein selbst gekochtes Essen mit einem Glas Marlborough-Wein und erwacht am nächsten Morgen bei einer traumhaften Aussicht.

Die Südinsel ist für Roadtrips wie geschaffen. Dort gibt es Gletscher, Fjorde, Vulkane, Weinberge, Wälder wie im Film *Der Herr der Ringe*, einwandfreie Straßen und kaum Menschen, mit denen ihr diese teilen müsst. Bei nur einer Million Einwohnern auf einer knapp doppelt so großen Fläche wie Bayern ist die Südinsel weitgehend verlassen und der ideale Ort, um der Natur nahe zu kommen. Holt einen Camper (oder auch ein Auto, falls nötig) in der »Großstadt« Christchurch ab, durchquert das Zentrum der Neuseeländischen Alpen und fahrt dann an dem geologischen Wunderwerk der Westküste entlang. Bahnt euch euren Weg durch eine beeindruckende Berglandschaft in Richtung des schimmernden Queenstown-Lakes District und beendet eure Reise in den meerblauen Tälern des Fiordland-Nationalparks. Diese 1000 Kilometer lange Strecke gehört zu unseren Lieblingsrouten, aber sie ist nur der Einstieg in ein bemerkenswertes Land. Fahrt, so weit ihr könnt.

BESTE REISEZEIT

Von März bis April zeigen sich die Wälder herbstlich verfärbt. Oktober bis November blühen die Wildblumen. Dezember bis Januar sind sonnig, aber es kommen auch viele Touristen.

ÜBERNACHTEN

Matakauri: Eine stilvolle Relais-&-Châteaux-Lodge mit exzellenter Küche und einzigartiger Aussicht auf den Lake Wakatipu, die ihr Geld wert ist. **Deer Flat Campside:** Wunderschönes Gelände am Flussufer innerhalb des Fiordland-Nationalparks. **Maui Motorhomes:** Luxusappartements auf Rädern für freies Campen.

ROMANTIK

Packt Proviant ein und befahrt mit dem Fahrrad den Gibbston River Trail in Queenstown, durch Obstgärten, Goldgräberorte und Weingüter von Weltklasse wie die Peregrine Winery und die Gibbston Valley Wine Caves.

HONEYTREK-TIPP

Ladet euch die neuseeländische GPS-App *Tourism Radio* herunter. Sie informiert über die örtliche Geschichte und andere wissenswerte Dinge (sie machte uns auf eine verborgene Thermalquelle aufmerksam, an der wir ansonsten einfach vorbeigefahren wären!).

Die Straße von Queenstown nach Paradise

Unser Fremdenführer weist uns den Weg durch den Milford Sound.

ABENTEUER FÜR PAARE

Arthur's Pass: Quer über die Alpen ▲▲
Dieser Pass stellt nicht nur die Verbindung zwischen Christchurch und der Westküste her, sondern ist auch ein überwältigend schöner Nationalpark mit vielzähligen Roadtrip-freundlichen (also kurzen) Wanderungen, z. B. Castle Hill und Devil's Punchbowl.

Küsten- und Wildniswanderung im Paparoa-Nationalpark ▲▲
Eine kurze Fahrt durch den subtropischen Wald auf dem Truman Track bringt euch zu einer ausgedehnten Kalksteinbucht mit einem Wasserfall, der sich auf den Strand ergießt. Etwas weiter unten an der Straße in Punakaiki haben 30 Millionen Jahre Erosion turmartige »Pfannkuchenfelsen«, Lagunen und Blowholes geformt.

Franz Josef & Fox: Großer Helikopterrundflug ▲▲
Fliegt über zerklüftete Gletscher auf zwei der höchsten Berge des Landes zu. Mehr dazu findet ihr auf Seite 163.

Hawea und Wanaka: Magische Seen ▲▲
Diese riesigen Zwillingsseen sind von Bergen umgeben und nur durch eine schmale Bucht verbunden. Wanaka bietet Aktivitäten im Überfluss: Kajakfahren, einen Klettersteig, Radausflüge und mehr, während Hawea die absolute Ruhe verspricht.

Queenstown: Die Abenteuerhauptstadt ▲▲▲
Nehmt die entspannende Gondelbahn zur schönsten Aussicht auf den Lake Wakatipu und die Remarkables-Gebirgskette. Steigert euch dann durch Zorbing, Flyboarding, Jetbootfahren, Schluchtschwingen oder Bungeespringen.

Fiordland ▲▲▲
Fahrt mit dem Kajak durch den legendären Milford Sound, macht den Chasm Walk, fotografiert das auf dem Kopf stehende Schild am Mirror Lake und versucht die Wasserfälle entlang der Milford Road zu zählen.

✧ Immer weiter zur Nordinsel

Wir haben einen Monat damit verbracht, beide majestätischen Inseln zu befahren, also können wir nun nicht anders, als weitere Tipps zu geben: Wandert in den Steineibenwäldern der Catlins, sichtet Wildtiere auf der Otago-Halbinsel, bestaunt die Moeraki Boulders, beobachtet mit Kaikoura Wale, fahrt mit der Fähre durch den Marlborough Sound, wandert auf dem Tongariro Alpine Crossing, erkundet die Waitomo-Höhlen, kostet auf Waiheke Island Weine und fragt die freundlichen Kiwis nach ihren Favoriten!

Sonnenaufgang mit Frühstück am Wohnmobil beim Lake Wahapo

WAS ES AUF DIESEM KONTINENT NOCH ZU ENTDECKEN GIBT:

» **Auf See: Tasman District, Neuseeland · S. 124**

» **Regenwälder: Daintree, Australien · S. 180**

Auf die wilde Tour

Wir bogen von der längsten Weinstraße der Welt ab, auf die kurvige Strecke entlang der südafrikanischen Küste. Wir waren auf dem Weg in den Küstenort Wilderness und in ein Gasthaus namens Wild Farm. Wir wussten weder über das eine noch über das andere viel, aber ihrem Namen nach schienen sie genau das Richtige für uns zu sein. Die Teerstraße wurde zu einem unbefestigten Weg, der sich weitere 15 Minuten den Berg hinauf wand. Wir fragten uns schon, warum es jemanden dorthin verschlagen hatte, aber dann erreichten wir den Gipfel und das bezaubernde Bauernhaus mit Panoramablick auf das Meer, und uns wurde einmal mehr klar: Abseits der ausgetretenen Pfade kann es nur besser werden.

Mit einem zum Cabriolet umgebauten VW-Bus die große Freiheit genießen: Wilderness, Südafrika

Der Virgin River bahnt sich seinen Weg durch den Zion Canyon in Utah.

DER SÜDWESTEN
Vereinigte Staaten

NORD-
AMERIKA
**Der
Südwesten** *Vereinigte
Staaten*

Der Mond, der Mars, Land der Illusionen – das Colorado-Plateau und seine Umgebung wurden mit vielem verglichen, alles davon nicht von dieser Welt. Seine steilen Klippen entlangzufahren und in seinen tiefen Tälern zu wandern, ist wie eine Reise in die Vergangenheit. Sanddünen aus dem Jura wurden langsam zu Stein, und Wind, Wasser und Eis formten diesen zu abstrakter Kunst. Tausende Jahre alte Zivilisationen, gefolgt von den Navajo, Apachen, Spaniern, Mormonen, Wahrsagern und Adrenalin-Junkies, haben alle zum multikulturellen Mix des Südwestens beigetragen. Lasst die Glitzermetropole Las Vegas hinter euch, und bald eröffnet sich euch eine Landschaft mit Nationalparks und UNESCO-Welterbestätten. Einige der bekanntesten Landschaften der Vereinigten Staaten (Red Rocks, Zion, Bryce und der Grand Canyon) befinden sich entlang dieser Fahrstrecke. Diese großen Namen sind sozusagen schon Allgemeingut – die Nebenstraßen, abgelegenen Aussichtspunkte und Wanderwege, die wir hier vorstellen, sind echte Entdeckungen.

⊠ BESTE REISEZEIT
Außerhalb der heißen Monate Juni und August werdet ihr eine friedliche und ruhige Wüste vorfinden. Von Dezember bis Februar liegt Schnee auf den Klippen.

▦ ÜBERNACHTEN
Zion Lodge: Die einzige Unterkunft innerhalb des Nationalparks mit 28 (teuren) Hütten.
Bright Angel Lodge: Denkmalgeschütztes Haus mit rustikalen Zimmern und luxuriösen Hütten am Rand des Grand Canyon.

♥ ROMANTIK
Ein Picknick mit Blick auf den Canyon bei Sonnenaufgang: Kuschelt euch aneinander und beobachtet, wie die Sonnenstrahlen langsam die Felswände erleuchten, Schicht für Schicht.

✓ HONEYTREK-TIPP
Für viele der großen Wanderungen (Narrows, Havasu Falls etc.) muss man sich frühzeitig anmelden. Außerhalb des Sommers könnt ihr aber oft kurzfristig ein Walk-in Permit ergattern. Solltet ihr kein Glück haben, gibt es trotzdem eine Vielzahl alternativer und unglaublich schöner Wanderwege zur Auswahl.

Der Havasu Creek fließt in den Colorado River.

ABENTEUER FÜR PAARE

Red Rock Canyon, Nevada: Surreale Sandsteine ▲▲

Erstaunlich nah beim Las Vegas Strip erheben sich rötliche, 300 Meter hohe Felsen aus der Mojave-Wüste. Fahrt die 24 Kilometer lange malerische Rundstrecke entlang und klettert den Ice Box Canyon bis zum Wasserfall hinab. Alternativ könnt ihr auch den Calico Hills Trail nehmen.

Zion, Utah: Canyons und Klippen ▲▲▲▲

Wandert den schmalen, durch die Klippen verlaufenden Weg nach Angel's Landing; von dort habt ihr einen unglaublichen Ausblick. Seilt euch während einer ganztägigen Exkursion in den Orderville-Slot-Canyon ab und schwimmt durch smaragdgrüne Wasserbecken. Im Norden bei den Kolob Canyons verläuft ein kaum bekannter, aber spektakulärer Wanderweg.

Bryce Canyon, Utah: Hoodoo-Himmel ▲▲▲

Auf dem 30 Kilometer langen Scenic Drive bestaunt ihr von Dutzenden Aussichtspunkten atemberaubende Hoodoos, Plateaus und surreale Gesteinsformen. Legt den 13 Kilometer langen Fairytale-Rundweg zurück – er ist die Anstrengung wert. Wenn Vollmond ist, könnt ihr den Park in Begleitung der Astronomy Rangers des Bryce-Nationalparks entdecken.

Grand Canyon, Arizona: Ikone des Südwestens ▲▲

Ein Querschnitt der Erdkruste, zwei Milliarden Jahre Geologie, die eine Meile in die Tiefe reichen! Dringt mit einer 11 Kilometer langen Wanderung zum Skeleton Point tiefer in diese Welt vor und spaziert bei Sonnenuntergang den Rim Trail entlang, um ein klassisches Panorama zu bestaunen.

Sedona, Arizona: Wüstenkultur ▲

Die natürliche Schönheit Sedonas reicht vom lebendigen Stadtkern bis hin zum Red Rock State Park. Erlebt ein Stück Kultur durch das Tlaquepaque Arts & Crafts Village und die uralten Klippenbehausungen des Montezuma Castle National Monument.

✥ Kleinstadtschätze

Beim handbemalten Schild »Ernest Shirley Rock Shop« hielten wir sofort an. Es handelte sich um eine staubige Schatzkiste mit fossilem Holz, Trilobiten, Obsidianen und unzähligen mysteriösen Steinen. Grandma Shirley erwachte aus ihrem Schläfchen auf der Quarzvitrine und zeigte uns den Weg in den Hof. Aneinandergereihte Gesteinsbrocken, einige davon 2,5 Milliarden Jahre alt, führten uns direkt zu dem »Ausstellungsstück« eines T.-rex-Oberschenkelknochens. Trotz unseres ursprünglich mäßigen Interesses an Geologie kamen wir mit einem Koprolithen, Achaten und mehr Wissen wieder heraus.

Sehenswert: Ernest Shirley Rock Shop in Hanksville, Utah

WAS ES AUF DIESEM KONTINENT NOCH ZU ENTDECKEN GIBT:

» Wüsten: Moab, Vereinigte Staaten · S. 142

» Regenwälder: Olympic-Halbinsel, Vereinigte Staaten · S. 188

NORDKÜSTE
Irland & Nordirland

Nord-
küste *Nordirland (Großbritannien)*

Irland E U R O P A

Stürmische Schönheit macht nicht an der Grenze zwischen Nordirland und der Republik Irland halt – auch wenn es die meisten Reisenden tun. Viele, die den berühmten Wild Atlantic Way entlangfahren, sind nach 1600 Kilometern erschöpft und erreichen deshalb nie das atemberaubende Donegal – sie überqueren erst recht nicht mehr die Grenze zum im Vereinigten Königreich liegenden Nordirland. Statt euren irischen Roadtrip in Dublin zu beginnen, beginnt ihn lieber in der faszinierenden Stadt Belfast. Fahrt durch den Tunnel aus verschlungenen Buchen in Ballymoney und folgt den Vulkanklippen, vorbei an Whiskeybrennereien und mittelalterlichen Burgen bis hin zum geologischen Wunder des Giant's Causeway. Der heulende Wind und die brechenden Wellen liefern den Soundtrack dazu – bis ihr den gedämpften Klang einer Geige in einem Pub hört. Gelächter, Guinness und eine Menge Spaß fließen wie eine mächtige Strömung von Donegal bis ins County Mayo. Die Atlantikküste bleibt den ganzen Weg bis zum äußersten Süden spektakulär, also fahrt weiter, wenn ihr könnt. Ganz gleich, wie viel Zeit ihr für eure Reise habt – ihr werdet froh sein, euch die Zeit für die nördlichen Ausläufer Irlands genommen zu haben.

⊠ BESTE REISEZEIT
Von Mai bis September habt ihr die größten Chancen auf Wärme und Sonnenschein auf der Grünen Insel.

▦ ÜBERNACHTEN
The Bushmills Inn: Mit Gasbeleuchtung, Torffeuer und eigenen Whiskeyfässern ist dies die gemütlichste Wahl am Giant's Causeway. **Lough Eske Castle:** Historische Unterkunft – den Königen von Donegal würdig. **Bunk Campers:** Holt euren eigenen Campingbus mit Selbstversorgung in Belfast ab und verbringt die Nacht am Strand, auf einem Hügel oder überall, wo es nicht ausdrücklich verboten ist.

♥ ROMANTIK
Am berühmten Platz Diamond in Donegal steht eines der besten Restaurants der Stadt: The Olde Castle Bar. Fragt nach einem Tisch am Kaminfeuer oder mit Sicht auf die Burg.

☑ HONEYTREK-TIPP
Die Iren lieben gute Festivals. Informiert euch auf *DiscoverIreland.com* und *DiscoverNorthernIreland.com*, um etwas über Veranstaltungen entlang eurer Route zu erfahren.

Die beeindruckende Küste am Giant's Causeway

Kelly's Cellars, eines der ältesten Pubs in Belfast

ABENTEUER FÜR PAARE

Giant's Causeway: Geologisches Wunder ▲▲
Entdeckt Meeresklippen, Tausende sechseckiger Säulen und Felsen, die wie Schornsteine emporragen. Früh am Morgen könnt ihr die Ruhe dieses surrealen Strandes – eine UNESCO-Welterbestätte – am ausgiebigsten genießen.

Dunluce Castle: Mittelalterliches Irland ▲
Lauft nach einem Schluck Whiskey in der Old Bushmills Distillery zu einem eindrucksvollen Felsvorsprung, auf dem einst eine Wikingerfestung stand. Heute findet man dort eine der schönsten Ruinen Nordirlands.

Fanad Head: Alter Leuchtturm ▲
Auf dieser schmalen, grünen Halbinsel mit schroffen Klippen auf allen Seiten steht ein Leuchtturm aus dem frühen 19. Jahrhundert. Fanad ist der Stoff, aus dem irische Märchenbücher sind.

Donegal Sea Stacks: Felsenklettern ▲▲▲▲
Trefft euch in Falcarragh mit dem Team von Unique Ascent und segelt mit ihm zu diesen vertikalen Inseln, um eine einzigartige Klettererfahrung zu machen. Entdeckt jede beliebige der 150 aufregenden Routen, mit der Meeresbrise im Rücken und tosenden Wellen unter euch.

Ich breitete gerade ein Überraschungspicknick für den Sonnenuntergang auf den Klippen von Moher aus. Den starken Wind fand ich sehr stimmungsvoll, bis ich versuchte, Anne ein Glas Wein einzuschenken, und eine starke Bö uns eine Pinot-Noir-Dusche verpasste. Sobald wir uns abgetrocknet hatten und uns zurücklehnten, um die wunderbare Aussicht zu genießen, riss ihr ein weiterer Windstoß ihre Mütze vom Kopf und wehte sie an den Rand einer 118 Meter hohen Klippe. Die Beanie verschwand, und wir sagten ihr stumm Lebwohl. Zehn Sekunden später sahen wir plötzlich ein pinkfarbenes wolliges Etwas über unsere Köpfe hinwegschießen – der Aufwind von Moher hatte die Mütze wieder zurückgeworfen! In puncto Ausblicke, Drama und Überraschungskomik gibt es keinen besseren Platz zum Picknicken als die Klippen Irlands.

Gewagt und romantisch: Picknick auf den Klippen von Moher

Sliabh-Liag-Halbinsel: Gälisches Land ▲▲▲
Erfahrt im Glencolmcille Folk Village Museum etwas über das traditionelle irische Leben. Wandert dann auf einige der höchsten Meeresklippen Europas. Fordert euren Mut mit dem Sliabh Liag View Walk heraus und findet schließlich wieder eure Balance (und sammelt eure Nerven) für den atemberaubenden One Man's Pass.

Cúil-Iorra-Halbinsel: Uraltes Irland ▲
Entdeckt die Grabkammern, Ráths und Ganggräber auf dem Carrowmore Megalithic Cemetery in der Grafschaft Sligo, die bis auf das Jahr 4600 v. Chr. zurückgehen, und den massiven Cairn für eine Königin der irischen Mythologie auf dem Knocknarea-Hügel.

WAS ES AUF DIESEM KONTINENT NOCH ZU ENTDECKEN GIBT:
» Berge: Lauterbrunnental, Schweiz · S. 32
» Architektur: Gent, Belgien · S. 116

ZENTRAL-GEORGIEN

Georgien

VON LISA GANT UND ALEX PELLING

Zentral-
georgien
Georgien
ASIEN

Wo sich Europa und Asien begegnen, dort liegt Georgien. Dieses Land besitzt mehr Authentizität und Charme als alle anderen Orte, die wir weltweit bereist haben. Beginnt in der Hauptstadt Tiflis und schwelgt in ihren alten Badehäusern und der futuristischen Architektur. Fahrt die berühmte Georgische Heerstraße entlang auf den 5047 Meter hohen Kasbek zu und denkt dabei an die Händler, die dieser Route auf ihrem Weg zwischen zwei Welten gefolgt sind. Fahrt in das westlich gelegene Bordschomi, um die lebendige Mischung von Kulturen des Landes zu verstehen, und erlebt dabei eine der ältesten Weinregionen bei einer Verkostung im Adjarian Wine House. Fahrt an das Schwarze Meer und schlendert die reizvolle Promenade von Batumi entlang, bevor ihr die zeitlosen Bergdörfer von Swanetien besucht. Zu sehen und erleben gibt es an jeder Ecke etwas: Wildwasser-Rafting, Reiten, Heli-Ski, Käsereien, Honigwein und vieles mehr. In Georgien haben wir die wohl nettesten Leute auf unserer Reise getroffen. Oder, wie man dort zu sagen pflegt: »Ein Gast ist ein Gottesgeschenk.«

⊗ BESTE REISEZEIT

Juli bis September bieten ein angenehmes Klima, wobei die Temperaturen je nach Höhenlage enorm schwanken.

⊞ ÜBERNACHTEN

Vinotel: Dem Thema Wein gewidmetes Boutiquehotel mit luxuriösen Zimmern und großartiger Küche. **Castello Mare:** Ein Spahotel auf einer Meeresklippe außerhalb Batumis. *Hinweis:* Übernachtet auch bei Einheimischen und campt im Regenwald oder Botanischen Garten von Batumi.

♡ ROMANTIK

Fahrt mit dem Fahrrad an der Seepromenade von Batumi entlang, bis ihr zur »Statue der Liebe« kommt. Betrachtet die folkloristischen Figuren Ali und Nino, wie sie sich aufeinander zubewegen und eins werden.

⊕ 2PEOPLE1LIFE-TIPP

Haltet eure Augen und Ohren offen, um ein spontanes Ständchen zu hören. Tut es der Person mit dem Trinkspruch gleich, erhebt ein Glas und ruft »Gaumarjos« (Prost), wonach ihr auf die neun wichtigsten Dinge im Leben anstoßt.

ABENTEUER FÜR PAARE

Tiflis: Die Hauptstadt von Heiß & Kalt ▲

Folgt den Spuren der Seidenstraße bis zum historischen Abanotubani-Bäderviertel der Hauptstadt. Unter den mosaikverzierten Kuppeln, die mit Schwefeldampf erfüllt sind, werdet ihr gereinigt und gepflegt und euch wie neu geboren fühlen. Kühlt euch bei einem kurzen Spaziergang auf der Brücke des Friedens ab, die kunstvoll mit Tausenden LEDs erleuchtet ist.

Von Bordschomi nach Wardsia: Quer durch die Jahrhunderte ▲

Trinkt heilendes Wasser im Mineral Water Park von Bordschomi aus dem 19. Jahrhundert, der das größte Exportgut und die kulturelle Mischung des Landes architektonisch unterstreicht. Setzt euren Besuch fort zum Höhlenkloster von Wardsia aus dem 12. Jahrhundert. Es erstreckt sich über 19 Ebenen mit zwölf Kapellen und 25 Weinkellern und ist bis heute von Mönchen bewohnt.

Adscharien: Weine aus der alten und neuen Welt ▲

Auf den Ruinen eines Weinguts aus dem 18. Jahrhundert errichtet, verfolgt das Adjarian Wine House die Mission, die 8000 Jahre alte Weinbautradition Georgiens wiederzubeleben. Indem uralte Methoden und Rebsorten verwendet werden, wird dort ein authentischer Porto Franco und ein großartiger Chacha-Vodka hergestellt.

Swanetien: Zeitlose Bergdörfer ▲

An der Spitze der Enguri-Schlucht inmitten des Kaukasus befinden sich die vier von der UNESCO als Welterbe erfassten Dörfer von Uschguli, die zu den höchstgelegenen dauerhaft bewohnten Siedlungen Europas gehören. Mit bezaubernden, innen und außen mit Fresken verzierten Kirchen aus dem 9. Jahrhundert, sind diese Bergdörfer eine großartige Belohnung für euren mühsamen Aufstieg.

⊹ Ratschlag für Paare

Als reisendes Paar in einem kleinen Camper glücklich zu bleiben, ist eine Herausforderung. Wir haben diese Situation bewältigt, indem wir unsere abendlichen Mahlzeiten zu einer Zeit des Gedankenaustauschs über den Tag gemacht haben: Wir sprachen darüber, was uns beeindruckt hatte, was schiefgelaufen war, warum wir uns zum 800. Mal verirrt hatten und was wir tun könnten, um am nächsten Tag weniger Schwierigkeiten zu erleben. Wir fanden ziemlich früh heraus, dass es zu einem Streit führte, wenn wir in der Abenddämmerung in einer Stadt ankamen, hungrig und nur mit einer unpräzisen Karte von einer Tankstelle in der Hand. Die Moral von der Geschichte: Nicht schmollen, sondern reden.

Kaffeepause im Kvareli Lake Resort

WAS ES AUF DIESEM KONTINENT NOCH ZU ENTDECKEN GIBT:

» Auf See: Kykladen, Griechenland · S. 134

» Übernatürliches: Pamukkale, Türkei · S. 224

POWER-PAAR: *Lisa & Alex*

2011 brach dieses verlobte Pärchen, Gründer der Website *2People1Life.com*, in einem Camper auf, um den idealen Ort zum Heiraten zu finden. Sie fuhren mehr als 250 000 Kilometer durch 70 verschiedene Länder und heirateten während ihrer fünf Jahre unterwegs 70-mal. Ihre Weltreise beinhaltete auch weniger bereiste Routen durch Peru, Marokko, den Iran, Malaysia und Georgien.

VULKAN-STRASSE
Ecuador

Ecuador Vulkan-straße

SÜD-AMERIKA

Über die Panamericana, die sagenumwobene Strecke von Alaska nach Feuerland, kommt ihr nach Zentralecuador, wo sich auf beiden Seiten gletscherbedeckte Berge und rauchende Vulkane erheben. Abseits der Hauptstraße führen euch die kurvigen Straßen des Canyons zu einem blauen Kratersee oder dem Basislager eines 6000 Meter hohen Gipfels. Die Schönheit dieser Region ist überwältigend, bewegend und flößt Ehrfurcht ein. Sobald man glaubt, in dieser Gegend könnten nur Vicuñas und Meerschweinchen überleben, erblickt ihr am Berghang ein Lehmhaus mit Strohdach und eine einheimische Frau, die in Samtrock und Melone ein Feld bestellt.

Oft versuchen Reisende, die Vulkanstraße innerhalb eines Tages abzufahren, indem sie den Cotopaxi- oder Tungurahua-Vulkan anvisieren, aber geologische Wunderwelten wie diese bieten eigentlich genug für ein mehrtägiges Abenteuer. Mit der Aussicht, jederzeit bei einem Vulkan, an einem interessant aussehenden Wanderweg oder für ein gebratenes Cuy anhalten zu können, wird eine Autoreise fast zum Muss. Packt also eure beste Windjacke und Mütze ein und gönnt euch eine ausgiebige Fahrt über die Vulkanstraße.

BESTE REISEZEIT
Entlang des Äquators ist das Wetter meist konstant, aber von November bis Februar herrscht ein milderer Wind.

ÜBERNACHTEN
Hotel Samari Spa: Gehobene Unterkunft mit Anden-Flair in Baños. **Hacienda el Porvenir:** Ein Bauernhof in der fünften Generation im Vorland des Cotopaxi mit liebevoll gestalteten Zimmern für jedes Budget. **Hacienda Pinsaqui:** Großes Bed and Breakfast in Otavalo mit einer langen Liste berühmter Gäste.

ROMANTIK
Genießt die Aussicht auf die Berge um Baños von den heißen Pools des Luna-Runtun-Hotels aus oder nehmt ein Dampfbad im El Refugio Spa Garden.

HONEYTREK-TIPP
Täglich verkaufen Einheimische ihre Waren auf den verschiedenen Märkten entlang der Vulkanstraße. Informiert euch und besucht wenigstens einen davon.

Der südliche Teil der Vulkanstraße in der Nähe von Alausí

Cotopaxi, ein hochaktiver und für die Eingeborenen heiliger Vulkan

ABENTEUER FÜR PAARE

Otavalo: Märkte und Seen ▲▲

Otavalo ist berühmt für seine drei umliegenden Vulkane, seinen großen Kunsthandwerkermarkt und schamanische Rituale – eine blühende Stadt mit indigenem Charakter. Steht früh auf, geht auf der Plaza de los Ponchos einkaufen und wandert dann um den Cuicocha, einen Kratersee, und die »Lagune der Götter« herum.

Cotopaxi: Star unter den Vulkanen ▲▲▲

Entdeckt einen der höchsten aktiven Vulkane der Erde mit einer Höhe von 5897 Metern. Betrachtet die wabernden Rauchschwaden und die Felsbrocken, die er bei den jüngsten Ausbrüchen herausschleuderte. Bei einem Ausritt von der Hacienda el Porvenir zeigen sich der Riese und die ihn umgebenden Vulkane im Panorama.

Quilotoa: Von Flusstälern bis zu Kraterseen ▲

Folgt den verschlungenen Straßen im zerfurchten Tal des Toachi-Flusses. Ein kurzer Fußmarsch zum Rand des Quilotoa-Vulkans wird durch die Aussicht auf einen See mit gelben Schwefelstränden belohnt.

Baños: Abenteuerhauptstadt Ecuadors ▲▲▲

Macht Rafting auf den Klasse-IV-Stromschnellen des Pastaza-Flusses, fahrt mit der Seilbahn zum Manto de la Novia (Brautschleier-Wasserfall), wagt eine Partie auf der »Schaukel am Ende der Welt«, werft einen Blick hinter die fallenden Wassermassen der Teufelsschlucht (Pailon del Diablo) und kommt in dieser adrenalinreichen Stadt am Fuß des Tungurahua-Vulkans voll auf eure Kosten.

Chimborazo: Aufstieg zum Basislager ▲▲

Fahrt zum höchsten Vulkan Ecuadors mit seinen eisenroten Hängen und felsigen Gletschern und seht zu, wie der Höhenmesser eures GPS dabei auf 4900 Meter ansteigt. Trinkt einen heißen Kakao in der Ranger-Station und seht zu, wie Bergsteiger sich zum Aufstieg auf die letzten 1400 Höhenmeter vorbereiten.

Alausí: Fahrt entlang der Teufelsnase ▲

Besteigt den antiken Trén Ecuador und fahrt die steile Spitzkehre bis zum Talboden hinab. Im frühen 19. Jahrhundert war das eine der heimtückischsten Strecken zur Küste – heute ist sie dank dieses Meisterwerks der Ingenieurskunst eine zweistündige Vergnügungsfahrt.

✤ Ecuadorianische Küche

Ecuadorianische Speisen sind eine köstliche Mischung aus herzhaftem Fleisch und exotischen Erzeugnissen. Hier sind unsere Favoriten:

Fritada: Gewürztes und gebratenes Schweinefleisch mit Maisbrei, Kochbananen und geröstetem Mais
Llapingacho: Dicke, säuerliche Kartoffelpfannkuchen mit einer schmackhaften Erdnusssauce
Cevichocho: Vegetarische Ceviche aus Lupinen mit Bananenchips als Beilage
Locro: Cremige Kartoffel- oder Kürbissuppe mit Avocado-Topping
Ají: Ein typischer Salsa-Dip aus Ají-Schoten, Zwiebeln, Koriander, Limettensaft und Tamarillo

Anne auf der »Schaukel am Ende der Welt«

WAS ES AUF DIESEM KONTINENT NOCH ZU ENTDECKEN GIBT:

» Seen: Titicacasee, Bolivien & Peru · S. 52
» Auf Safari: Galapagos, Ecuador · S. 84

WESTKUBA
Kuba

NORD-
AMERIKA

Westkuba □ *Kuba*

Havanna mit seiner bröckeln-
den Kolonialpracht, Oldti-
mern aus den Fünfzigerjahren, pulsierenden
afrokubanischen Rhythmen und seiner Geschichte als Spiel-
wiese Hollywoods und der organisierten Kriminalität lockt
Reisende seit vielen Jahrzehnten an. Die strenge Regulierung
der staatlich organisierten Tourveranstalter und das kommu-
nistische System haben dazu geführt, dass nur wenige Touristen das Land abseits der Hauptstadt bereisen. Sie wissen
nicht, was ihnen entgeht. Meidet das touristische Varadero
und fahrt Richtung Südwesten, wo die Karstberge des
Viñales-Tals über den Tabakfeldern aufragen. Die Schweine-
bucht ist einer der besten Schnorchelplätze in der Karibik –
ihre historische Bedeutung als gescheiterter Landungsort von
Regimegegnern verblasst schnell. Die beeindruckendsten
Beispiele der berühmten Architektur des Landes werdet ihr in
den UNESCO-Welterbestätten Trinidad und Cienfuegos finden.
Die politischen Differenzen werden verblassen, sobald ihr in
einer *casa particular* (Gästehaus) eine Portion *arroz con pollo*
genießt. Ihr werdet die Schlaglöcher und Hindernisse in Form
von Kühen auf den Straßen mit Bravour meistern, weil sie
kubanisches Leben bedeuten – das gastfreundliche Wesen
dieses Landes hilft euch über alles hinweg.

⊠ BESTE REISEZEIT
Am sonnigsten ist es von November bis April,
die meisten Touristen kommen von Dezember bis
Januar.

🏢 ÜBERNACHTEN
Ridel y Claribel: Eine typische *casa particular*.
Die Unterkunft bei einer Gastfamilie punktet mit
traditionellem Essen und schönen Ausblicken auf
das Valle de Viñales bei Sonnenuntergang. **Hotel
La Unión:** Neoklassizistisches Gebäude direkt im
historischen Zentrum von Cienfuegos mit Swimmingpool und Dachterrasse. **El Arcangel:** Gehobene *casa particular* im Herzen Trinidads, die von
einer reizenden Familie geführt wird.

♥ ROMANTIK
Nehmt eine Tanzstunde, während ihr in Havanna
seid, damit ihr euch bei den heißblütigen Tanz-
veranstaltungen überall im Land standesgemäß
zur afrokubanischen Musik bewegen könnt.

✓ HONEYTREK-TIPP
Bucht euren Mietwagen längere Zeit im Voraus.
Ladet euch die Galileo Offline Maps herunter und
besorgt euch Kubas *Guía de Carreteras*. Die Reise-
bestimmungen für Kuba ändern sich häufig –
informiert euch über die aktuellen Bedingungen.

ABENTEUER FÜR PAARE

Valle de Viñales: Zigarrenland ▲▲
Reitet auf einem Pferd zwischen den Karstbergen umher und macht dabei regelmäßig Pausen, um die Höhlen und Tabakplantagen zu besichtigen. Lernt Tabakbauern kennen und genießt eine frisch gerollte Zigarre.

Bahía de Cochinos: Die wahre Schweinebucht ▲
Findet nach dem obligatorischen Besuch des örtlichen Museums heraus, dass die Region eigentlich mehr zu bieten hat als ihren geschichtsträchtigen Namen: Nämlich Schnorcheln in der Caleta Buena, Vogelbeobachtung in den Feuchtgebieten von Zapata und durch das charmante Fischerdorf Playa Girón schlendern.

Cienfuegos: Die Perle des Südens ▲
Spaziert durch die Straßen um den Parque José Martí und verliert euch im neoklassizistischen Glanz dieser UNESCO-Weltkulturerbestätte. Werft einen Blick in das große Tomás-Terry-Theater und trinkt einen Strandcocktail im maurischen Palacio de Valle.

Topes de Collantes: Sprudelnde Wasserfälle ▲▲
Wandert über die dicht bewaldeten Kalksteinberge zu Dutzenden Wasserfällen innerhalb des Nationalparks entlang. Versucht die Spazierwege der El-Nicho-, Salto-del-Caburní- oder Vegas-Grande-Wasserfälle – eine wunderschöne Landschaft und erfrischende Badeseen warten nur auf euch.

Wasserfall Salto del Caburní und Badesee

Trinidad: Koloniale Charmeurin ▲
Pastellfarbene Häuser, Kopfsteinpflaster, Pferdekutschen, alte Damen, die Stickarbeiten und Spitzen machen, und spontane Tanzpartys – Trinidad ist einfach magisch. Schlendert durch die Straßen und besteigt den Turm des Palacio Cantero mit schönster Aussicht über die Stadt.

WAS ES AUF DIESEM KONTINENT NOCH ZU ENTDECKEN GIBT:
» **Strände: Samaná, Dominikanische Republik · S. 78**
» **Regenwälder: St. Lucia · S. 190**

Che Guevara lebt in den kubanischen Herzen weiter und ist entlang der Hauptstraßen allgegenwärtig.

Einige der 75 Haarnadelkurven auf dem Stilfser Joch in Italien

Wildromantische Straßen

Hauptstrecken, Nebenstraßen und Schleichwege, die den Weg zum Ziel machen

MADAGASKAR

1. Baoballee

800 Jahre alte Affenbrotbäume säumen die Straße zwischen Morondava und Belon'i Tsiribihina und unterstreichen den Zauber eines der Länder mit der größten Biodiversität weltweit. Fahrt unter diesen endemischen »Müttern des Waldes« bis zum berühmten Baobab Amoureux entlang, zwei Affenbrotbäumen, die wie in einer Umarmung verschlungen sind.

KANADA

2. Icefields Parkway

Durch die kanadischen Rockies, vorbei an Lake Louise, Banff und Jasper, führt diese zweispurige Straße wie ein Laufsteg durch die schönsten Nationalparks des Landes. Zu beiden Seiten dieser 230 Kilometer langen Strecke wechseln sich gletscherbedeckte Berge mit smaragdgrünen Seen in ihren Tälern ab. Haltet nach Grizzlybären, Elchen, Dickhornschafen und Rentieren Ausschau.

SÜDAFRIKA

3. Sanipass

Mit einer Steigung von 914 Metern auf nur acht Kilometern ist diese Schotterstraße ausschließlich für Geländefahrzeuge mit Allradantrieb geeignet. Meistert die zahlreichen Haarnadelkurven und ihr werdet mit atemberaubenden Aussichten und einem eiskalten Bier im angeblich höchstgelegenen Pub Afrikas (2873 Meter) im faszinierenden Königreich Lesotho belohnt.

NIEDERLANDE

4. Blumenstraße

Niemand lebt den Frühling so wie die Holländer. Sie kultivieren seit 1593 Tulpen, und ihr gärtnerisch-ästhetisches Gespür kulminiert in einer 40 Kilometer langen Straße durch Blumenfelder von Haarlem nach Leiden. Fahrt mit offenen Autofenstern, um den Duft der Blüten zu riechen, und weidet eure Augen an der intensiven Farbenpracht.

ITALIEN

5. Stilfser Joch

Auf dieser Fahrt von den italienischen zu den Schweizer Alpen werdet ihr euch wie eine Flipperkugel fühlen. Startet auf einer Höhe von 2800 Metern und bewältigt dann die 75 Haarnadelkurven, die sich im Zickzack den Berg hinunterziehen. Achtet auf Radfahrer.

NORWEGEN

6. Atlantikstraße

Die Route windet sich über eine Inselgruppe mit Dammstraßen, Viadukten und acht Brücken wie eine Achterbahn durch die Provinz Møre og Romsdal und entlang des Meeres. Wenn euch nach intensivem Nervenkitzel zumute ist, dann befahrt dieses norwegische »Jahrhundertbauwerk« während eines Sturms mit tosendem Wellengang.

BOLIVIEN

7. Nördliche Yungas-Straße

Diese atemberaubende Klippenstraße verläuft von den schneebedeckten Bergen La Paz' bis zum Regenwald von Coroico. Der drei Meter breite, angeblich »zweispurige« Bergpass gilt als Todesstrecke und fordert jedes Jahr Hunderte Menschenleben. Deshalb wurde eine alternative Route gebaut, die den Verkehr und damit Unfälle reduziert und das Fahren auf der nördlichen Yungas-Straße sicherer macht, obwohl die Fahrt nach wie vor die Nerven strapaziert. *Hinweis:* Diese Straße ist auch eine fantastische Mountainbikestrecke.

VEREINIGTE STAATEN

8. Smugglers' Tunnel

Vermont, ein Staat mit so wenigen Einwohnern, dass es nur eine Postleitzahl gibt, zieht Besucher aus der ganzen Welt an, die den spektakulären Indian Summer erleben wollen. Vom späten September bis zum frühen Oktober führen die Straßen durch ein flammendes Meer roter, oranger und bernsteinfarbener Blätter – das Phänomen erreicht seinen Höhepunkt im »Autumn Tree Tunnel« des Smugglers' Notch State Park.

INDIEN

9. Mana-Pass

Der Mana-Pass verläuft über den Himalaya zwischen Indien und Tibet und gehört damit zu den höchsten befahrbaren Straßen der Erde. In mehr als 5500 Metern Höhe ist die Luft dünn, die Sicht dafür weit. Entlang dieser uralten tibetischen Handelsroute liegt eine reiche Geschichte verborgen. In der jüngeren Vergangenheit wurde sie zu einer Schotter-Lehm-Straße »ausgebaut«.

AMERIKA

10. Panamericana

Die längste befahrbare Straße der Welt, von Alaska nach Feuerland, ist die Krönung aller Roadtrips. Diese 30 000 Kilometer lange Reise führt durch 17 Länder und unzählige Kulturen, Klimazonen, Landschaften, und man macht Erfahrungen fürs Leben.

*»Die Natur malt für uns, Tag für Tag,
Bilder unendlicher Schönheit, wenn wir nur den Blick
dafür haben, dies wahrzunehmen.«*

JOHN RUSKIN

Kapitel elf

ÜBERNATÜRLICHES

Die in diesem Kapitel vorgestellten Reiseziele sind mehr als nur schön – sie wirken überirdisch. Blubbernde Schlammbecken und Berge mit Kraterseen, die ihre Farbe nach Regenbogenart wechseln, sind das Werk einer kreativen und launischen Mutter Natur. Ohne Vorwarnung kann sie einen Vulkan ausbrechen lassen und eine unglaubliche Zerstörungskraft entwickeln, doch wenn sich Staub und Asche einmal gelegt haben, hinterlässt sie Orte, die vollkommen verändert sind, aber schöner als zuvor.

Für Abenteuerreisende macht dieses Spiel mit der Gefahr diese »übernatürlichen« Ziele noch aufregender. Große Höhenlagen, weite Entfernungen und gefahrvolle Pässe bewältigt ihr mit Freude, denn die Herausforderung macht euch glücklich. Und wenn ihr wisst, wo ihr suchen müsst, findet ihr beeindruckende Orte. Wärmt euch in einem warmen Wasserfall bei Rotorua, klettert über die schneeweißen Kalksteinterrassen von Pamukkale und beobachtet, wie der Nebel durch den »Avatar-Wald« rollt. Diese Reiseziele von Indien bis Bolivien übersteigen eure kühnsten Träume. Glaubt uns aber nicht einfach, was wir sagen – fahrt dorthin und zwickt euch, um zu sehen, ob ihr nicht gerade träumt.

Die extreme Landschaft des Altiplano in über 4300 Metern Höhe

DEPARTAMENTO POTOSÍ

Bolivien

Bolivien

Departamento Potosí

SÜD-AMERIKA

D er ideale Cocktail aus vulkanischer Landschaft, großer Höhenlage und ein bisschen Regen lässt den im Südwesten Boliviens liegenden Altiplano bezaubernd anstatt düster wirken. Nach der Überquerung der Grenze zu Chile begegnet man tagelang kaum einem Zeichen von Zivilisation mehr, abgesehen von ein paar widerstandsfähigen Volksstämmen und Parkwächtern der Reserva Nacional de Fauna Andina Eduardo Abaroa. Während ihr nur noch undeutlich erkennbaren Reifenspuren von Geländewagen folgt, kommt ihr an neonfarbigen Seen, kochenden Schlammbecken und rauchenden Vulkanen vorbei. Ihr fahrt zur 4267 Meter über dem Meeresspiegel liegenden Laguna Colorada. Während ihr langsam den pinkfarbenen See umrundet und Hunderte Flamingos bestaunt, die sich in der Wasseroberfläche spiegeln, vergesst ihr langsam die extreme Höhe, in der ihr euch befindet. Nach einer kalten Pyjamaparty mit euren Reisegefährten setzt ihr die Reise in die (treffend) »Salvador Dalí« genannte Wüste fort, vorbei an Gärten mit Felsnadeln. Ihr befindet euch auf dem Weg zur Hauptattraktion: der Salar de Uyuni. Die größte Salzebene der Erde besticht durch optische Illusionen. Wenn ihr das Glück habt, nach einem Regenschauer dorthin zu kommen, wird sie zum Spiegel für Wolken, Salzarbeiter und die Isla Incahuasi mit ihrem Kakteenwald. Macht euch bereit: Die Schönheit der Anden erreicht an diesem Ort unvorstellbare Dimensionen.

BESTE REISEZEIT

Das ganze Jahr über ist es frisch und trocken; September bis November sind ein wenig wärmer. Januar und Februar sind leicht regnerisch, was aber auch den surrealen Spiegelungen auf der Uyuni zugutekommt.

ÜBERNACHTEN

Kanoo Tours: Einfache mehrtägige Ausflüge in Kleingruppen von San Pedro de Atacama nach Uyuni (Hin- oder Hin- und Rückfahrt). **Luna Salada:** In diesem komplett aus Salz errichteten Boutiquehotel am Rand der Salar de Uyuni seid ihr am perfekten Ort, um den Sonnenauf- und -untergang zu erleben, bei dem sich die riesige weiße Ebene rosa verfärbt.

ROMANTIK

Erkundet die Salar de Uyuni mit einem Luxuswohnwagen in Begleitung eines privaten Fremdenführers, Fahrers und Kochs. Verbringt die Nacht in abgelegenen Teilen der Salzebene, um euch nichts als Salz und Sterne.

HONEYTREK-TIPP

Bevor ihr zu eurer Geländewagenfahrt aufbrecht, akklimatisiert euch einige Tage in San Pedro de Atacama und trinkt viel Coca-Tee. Während ihr auf dem Altiplano seid, nehmt viel Wasser zu euch und überanstrengt euch nicht. Einheimische kauen außerdem Coca-Blätter.

Tausende Flamingos versammeln sich in der Laguna Colorada.

ABENTEUER FÜR PAARE

Schlammlöcher von Sol de Mañana ▲▲

Lauft in 4877 Metern Höhe vorsichtig über die rissige Erde voll brodelnder Schlammlöcher. Bewundert die geothermischen Becken – der Druck lässt Schlammblasen kunstvoll platzen. Kommt früh am Morgen, wenn der Dampf besonders hoch aufsteigt (über 45 Meter).

Farbige Lagunen ▲▲

Unter dem perfekt geformten Kegel des Licancabur-Vulkans, der über 5920 Meter hoch ist, leuchten die arsenreichen Gewässer der Laguna Verde in einem hellen Blaugrün. Stattet danach ihrer milchig-weißen Zwillingsschwester Blanca einen Besuch ab und fahrt anschließend weiter nach Norden zur Laguna Colorada. Rote Algen verleihen ihrem Wasser eine intensive Rotfärbung und lassen das Gefieder Tausender James-Flamingos noch farbiger erscheinen. Man kann diese langbeinigen Schönheiten stundenlang beobachten.

Salzebene von Uyuni ▲

Durchquert dieses Gebiet prähistorischer Seen, eine sich über 10 582 Quadratkilometer erstreckende kristallisierte Fläche. Mit leuchtend weißen Kristallen und einer extrem ebenen Oberfläche, die manchmal von einer Schicht Wasser bedeckt ist, wirkt diese Salzebene wie eine Vision aus einer anderen Welt. Lasst eurer Fotografierkunst freien Lauf, experimentiert mit der Schärfentiefe, posiert mit Gegenständen, fangt die Reflexion des Himmels ein

✣ Reisen verbindet

Unsere Mitreisenden aus Brasilien, Norwegen, Großbritannien und Deutschland pferchten sich gemeinsam mit uns in einem Geländewagen zusammen, um zu unserem Abenteuer auf dem Altiplano aufzubrechen. Am ersten Abend in der *refugio* an der Laguna Colorada saßen wir dicht gedrängt am Tisch und aßen *pique macho* (eine bolivianische Spezialität aus zerkleinerten Würsten und Kartoffeln). Bei diesem langen Abendessen erzählten wir uns gegenseitig Geschichten von unseren Reisen, um uns bei Temperaturen unter dem Gefrierpunkt warm zu halten. Wir lachten bis spät in die Nacht und auch während der folgenden drei Tage. Bis heute steht unsere Geländewagen-Crew miteinander in Kontakt, denn wenn man eine so außergewöhnliche Reise miteinander teilt, entsteht innerhalb weniger Tage ein dauerhaftes Gemeinschaftsgefühl.

Auf einem der Waggons des Zugfriedhofs in der Uyuni

und ihr werdet verstehen, weshalb dieser Ort der »Himmel auf Erden« genannt wird.

Klettern in der Stadt der Felsen ▲▲

Kurz bevor ihr die befestigten Straßen vor Villa Alota erreicht, fallen euch Felstürme auf, die wie Punkte über die Landschaft verteilt sind, so weit das Auge reicht. Ein Lavastrom erstarrte hier zu einer Mischung aus einem versteinerten Labyrinth und einem Kletterpark. Spielt wie die Kinder Verstecken, klettert auf die Felsen, sucht nach tierähnlichen Gesteinsformen.

WAS ES AUF DIESEM KONTINENT NOCH ZU ENTDECKEN GIBT:

» **Wüsten: Atacama-Wüste, Chile · S. 154**

» **Regenwälder: Yasuní, Ecuador · S. 192**

ZENTRAL-FLORES
Indonesien

ASIEN

Indonesien · Zentral-Flores

Eine Motorradfahrt durch einen dichten Wald führt euch zu einem Dorf, in dem die Zeit stehen geblieben scheint; eine Unterhaltung mit Einheimischen endet mit einem Abendessen in einem strohgedeckten Haus; aus Musikhören entwickelt sich eine traditionelle Tanzstunde; und ein einfaches Lachen überwindet alle Sprachbarrieren: All das findet ihr auf Flores. Diese Insel im Nusa-Tenggara-Archipel Indonesiens, mit Kraterseen, die ihre Farbe wechseln, verlassenen Sandstränden, Dörfern, die der technologische Fortschritt noch nicht erreicht hat, und Menschen, die zu den freundlichsten dieser Welt gehören, bietet alle Voraussetzungen für unvergessliche Abenteuer. Nur Geduld und eine offene Einstellung müsst ihr mitbringen. Denn in Flores ist die Durchschnittsgeschwindigkeit auf den »Autobahnen« 30 Kilometer pro Stunde, ein gut funktionierendes WiFi gibt's nicht, und eine heiße Dusche nimmt man erst, nachdem man Feuerholz dafür gesammelt hat. Aber wenn ihr euch erst einmal dem Rhythmus dieses Landes angepasst habt, hilft ein dahinkriechender Bus dabei, die Schönheit der Umgebung zu verinnerlichen, und man winkt gerne lächelnden Menschen am Straßenrand zu. Man sagt, Flores sei wie Bali in den Siebzigerjahren und das kommende berühmte Reiseziel Indonesiens. Dieser Ort ist zwar so besonders, dass man ihn lieber geheim halten möchte, aber man ist von ihm so sehr begeistert, dass man nicht anders kann, als anderen davon zu erzählen.

⊠ BESTE REISEZEIT

Nach der Regenzeit von April bis September herrscht blauer Himmel. Das ganze Jahr über bewegen sich die Temperaturen zwischen 26 und 32 Grad Celsius.

🏨 ÜBERNACHTEN

Eco Eden Resort: Bambusbungalows an einem ruhigen Strand außerhalb von Riung mit einem hilfsbereiten Besitzer, der Inselausflüge organisiert. **Keelimutu Crater Lakes Ecolodge:** Der Lage in Moni entsprechender Luxus in Hütten am Flussufer mit Ausblick auf den Vulkan. **Homestays:** Wohnt bei einer Ngada-Familie und erlebt Flores hautnah; informiert euch in Bajawa.

♥ ROMANTIK

Wandert südlich von Moni zum Murondao-Wasserfall, eine Kaskade, die aus 15 Metern Höhe in einen kleinen See hinabstürzt. Bringt eure Badesachen, ein Badetuch und einen kleinen Vorrat an Bintang-Bier mit.

✓ HONEYTREK-TIPP

Nehmt Busse, um zwischen Bajawa und Moni hin- und herzufahren (eine tief kulturelle Erfahrung, oft mit Ziegen auf dem Dach). Mietet dann ein Motorrad und erkundet die Dörfer in der Umgebung sowie die wunderbare Landschaft.

Seen wechseln je nach Laune des Kelimutu-Vulkans ihre Farbe.

Steile Strohdächer kennzeichnen die Ngada-Dörfer.

ABENTEUER FÜR PAARE

Eintauchen in Ngada-Dörfer ▲▲▲

Entlang der Hügel des Inerie-Vulkans liegt ein Dutzend pittoresker Dörfer, in denen Katholizismus auf Animismus trifft. Mit zentralen Steinaltären als Zugang zum Überirdischen wirken Ngada-Dörfer wie aus einer anderen Welt. Erlebt das Alltagsleben dieser Menschen: die Frau, die ein Ikat webt; Ball spielende Kinder; der Dorfälteste, der ein Ernteopfer darbringt. Mietet ein Motorrad (oder organisiert einen lokalen Fremdenführer) in Bajawa. Beginnt eure Rundtour in Bela, fahrt weiter nach Luba und übernachtet bei einer Familie in Bena.

Segeln im Nationalpark der 17 Inseln ▲▲

Bewältigt die holprigen Straßen zum verschlafenen Fischerdorf Riung, das Tor zu diesem Paradies voller Palmen. Segelt von Insel zu Insel, schnorchelt zwischen Tropenfischen umher, bestaunt Bäume, in denen Fledermäuse schlafen, esst abends frisch gefangenen Fisch, macht Strandspaziergänge und begegnet dabei kaum anderen Menschen.

Die heißen Quellen von Malanage ▲▲

Um den Sonnenuntergang herum kommen die Dorfbewohner zum abendlichen Bad am Zusammenfluss einer heißen Quelle mit einem kalten Fluss zusammen. Traut euch – badet mit und erlebt die urkomischen Reaktionen der Einheimischen (*Hinweis:* Frauen sollten in einem Sarong baden). Lauft flussaufwärts weiter, um einen hübschen Wasserfall zu sehen, oder fahrt mit dem Motorrad zu dem dampfenden grünen Flussarm.

Wanderung um die dreifarbigen Seen von Kelimutu ▲▲

Nach 30 Minuten Fußweg beobachtet ihr, wie das Licht der aufgehenden Sonne die drei dynamischen Kraterseen des Vulkans zum Leuchten bringt. Je nach der chemischen Reaktion zwischen den Mineralien im Wasser und den Gasen des Vulkans nehmen die drei Seen eine einzigartige Farbkombination aus hellem Türkis, Waldgrün, Rotbraun, Schokoladenbraun und cremigem Weiß an.

✜ Gemeinschaftsarbeit

Wir kamen mit dem Motorrad ins Ngada-Dorf, um dort nach Ridho zu suchen, einem Mann, der angeblich Reisende bei sich aufnahm. Wir fanden schließlich seine Familie, die uns zum Nudelessen hereinbat. Nachdem wir einen Abend mit Händen und Füßen kommuniziert sowie mit den Kindern gespielt hatten, wachten wir am nächsten Morgen auf und sahen Dorfbewohner, die auf ihrem Kopf Steine transportierten. Wir folgten ihnen und boten unsere Hilfe an. Eine Frau band einen Sarong um Annes Kopf und legte einen sieben Kilogramm schweren Stein darauf. Dann grinste sie mich breit an und zeigte auf den Riesenbrocken am Boden. Wir liefen ein paar Dutzend Mal hin und her und halfen dabei, ein Haus für ein frisch vermähltes Paar zu bauen.

Anne beim Steinetragen für den Bau eines Dorfhauses

WAS ES AUF DIESEM KONTINENT NOCH ZU ENTDECKEN GIBT:

» Berge: Cordillera Central, Philippinen · S. 26

» Auf See: Komodo, Indonesien · S. 132

PAMUKKALE
Türkei

Pamukkale
Türkei ASIEN

Römische Ruinen und Quellkalk-
terrassen sind für sich genommen
bereits beeindruckend, aber beides
zusammen? Nicht von dieser Welt … Im 2. Jahrhundert v. Chr.
kamen die Römer wegen der heilenden Wirkung seiner heißen
Quellen in das Flusstal des Großen Mäanders. Für Reisende
aber ist vor allem der Kalziumkarbonatgehalt des Wassers
interessant. Während es seit Jahrtausenden über den Berg
fließt, hat sich das mineralreiche Wasser zu Kalkstein verfestigt
und den Berg wie ein sonderbarer Frühlingsschneesturm überzogen, dessen Niederschlag in türkise Tümpel hineinschmilzt.
Das türkische Wort Pamukkale heißt wörtlich übersetzt
»Baumwollburg«, und so märchenhaft das auch klingen mag,
stehen die uralte Architektur und der verkalkte Berg erst
am Beginn dieses Fantasielandes. In benachbarten Dörfern
werden die Travertine zu roten blubbernden Becken und
erstrecken sich bis tief unter die Erde, wo sie sich zu atemberaubenden Höhlen öffnen. Beeindruckende römische Ruinen
(einige wurden bereits ausgegraben, andere sind noch verborgen) sind über das gesamte Umland verteilt. Macht euch einen
Reim auf diesen fantastischen Ort, indem ihr wandert, badet
oder Paragleiten geht – in dieser Region gibt es einige der
besten heißen Quellen Westasiens.

 BESTE REISEZEIT

Von Februar bis Mai und von September bis
November trifft man weniger Touristen, und es
ist weniger heiß.

 ÜBERNACHTEN

Venus Suite: Ein frisch renoviertes familiengeführtes Hotel mit Dekor im osmanischen Stil,
einem Garten und einem Swimmingpool am
Stadtrand. **Ayapam:** Ein modernes und luftiges
Hotel mit Blick auf die Travertine und einem
teuren Spa.

 ROMANTIK

Erkundet die Baumwollburg im Mondschein.
Watet in den Tümpeln umher und aalt euch im
warmen Wasser des angestrahlten Bergs.
Nachts kommen nur wenige Besucher; freut
euch über diese private Atmosphäre und bleibt,
so lange ihr wollt (sorgt dafür, dass ihr hinein-
geht, bevor das Einlasspersonal Feierabend
macht).

 HONEYTREK-TIPP

Auf den Travertinen ist das Tragen von Schuhen
verboten, aber für die Erkundung des Abschnitts
oberhalb benötigt ihr ein robustes Paar. Nehmt
also einen Rucksack für eure Turnschuhe, euer
Mittagessen, viel Wasser, einen Sonnenschutz
und eure Schwimmsachen mit.

Warmes Wasser strömt die Travertine hinunter.

ABENTEUER FÜR PAARE

Hierapolis-Highlights ▲
Entdeckt diese alte römische Stadt und stellt euch den belebten Markt auf der Agora vor, die Theatervorführungen in dem 12 000 Plätze bietenden Amphitheater und in Togas gekleidete Bürger, die die Frontinus-Straße entlangschlendern. Lauft bis zur wunderbar erhaltenen Totenstadt mit ihren 1200 in den Kalkstein gemeißelten Gräbern. Beendet eure Entdeckungstour mit einem Bad im antiken Bad der Kleopatra: In den Thermalbecken befinden sich Reste antiker Säulen, und das Wasser sprudelt wie Champagner.

Rote und weiße Travertine ▲
Die Texturen, der Dampf und das türkise Wasser von Pamukkales Kalksteinberg treiben euch von Wasserbecken zu Wasserbecken und bieten unerschöpfliche Fotomotive. Ergänzt die Erfahrung der weißen Travertine durch einen Besuch der eisenreichen roten Travertine bei den roten Thermalquellen im Ort Karahayit. Taucht in die Schlammbecken ein und erlebt ein therapeutisches und erfreulich authentisches Bad.

Roadtrip zur Höhle von Kaklik & Ruinen ▲▲
Oft als unterirdisches Pamukkale bezeichnet, besitzen diese Höhlen ähnliche geologische Formationen und Wasserläufe, aber ihre natürliche Isolation verleiht ihnen eine gewisse Mystik. Ihr seid umgeben von gewölbten Felsen, und das Echo der Wasserfälle begleitet euch,

während ihr euch durch die schmalen Durchgänge zwängt. Verbindet dieses Ziel mit den beeindruckenden römischen Ruinen von Aphrodisias und Laodicea, um einen ausgefüllten Tagesausflug zu erleben.

Paragliding über der alten Welt ▲▲▲▲
Gönnt euch einen Tandemgleitschirmflug: Rennt den 30 Meter hohen Dinamit-Hügel hinunter und spürt, wie die Thermik euren Gleitschirm in die Lüfte hebt. Fliegt für bis zu 30 Minuten über die römische Stadt, den Kalksteinberg und die anatolische Landschaft. In dieser Region der Türkei sind einige der längsten Flugzeiten in einer der abwechslungsreichsten Umgebungen möglich.

✤ Spontane türkische Mahlzeit

Wir waren gerade auf unserem Weg zu einem Picknick, als uns ein Antiquitätengeschäft ins Auge fiel. Im Angebot waren volkstümliche Teppiche, Quastenkissen und bunte Kuriositäten. Wir fragten den Ladenbesitzer nach der Herkunft einer kleinen Tasche, und er lud uns zum Tee ein. Wir unterhielten uns mit ihm über die Nomaden Anatoliens und die Symbolik verschiedener Motive. Die Konversation wurde von meinem knurrenden Magen unterbrochen. »Seid ihr hungrig?«, fragte Murat. »Ich habe Käse und Honig.« Wir hatten gerade Brot, Tomaten und Oliven gekauft – die perfekten Zutaten für ein Festmahl mit einem Freund.

Unser spontanes Mittagessen mit einem Antiquitätenhändler

WAS ES AUF DIESEM KONTINENT NOCH ZU ENTDECKEN GIBT:
» **Geschichte: Kappadokien, Türkei · S. 108**
» **Roadtrips: Zentralgeorgien · S. 210**

Der ungewöhnliche Cerro de los Siete Colores, Argentinien

Postkartenmotiv

Während wir uns in einem Souvenirladen in Nordargentinien umschauten, sahen wir eine Postkarte mit einem spektakulären mehrfarbigen Gipfel. *»¿Donde esta?«*, fragte Mike die Frau am Tresen. Sie sagte uns, es handle sich um den Ort Purmamarca und den Berg der Sieben Farben nur 185 Kilometer nördlich. Wir änderten unsere Route, um zu diesem Aussichtspunkt zu wandern und den Sonnenaufgang zu beobachten, der die orangen, rosa, lila, weißen, roten, malvenfarbigen und grünen Felsschichten nach und nach zum Leuchten bringt.

ROTORUA
Neuseeland

AUSTRALIEN

Rotorua
Neuseeland

Rotorua ist einer der unbeständigsten Orte entlang des Pazifischen Feuerrings; seine Lage im Becken einer vulkanischen Caldera garantiert Abenteuer. Direkt auf einem geothermischen Hotspot zu sitzen und von Vulkanen umgeben zu sein, bedeutet ein gewisses Risiko, aber beim Bad in einer heißen Quelle im Wald vergisst man alles. Einst rochen die Ureinwohner die Dämpfe Rotoruas (ihr Spitzname ist »Schwefelstadt«) und strömten in Scharen dorthin, um von den therapeutischen Kräften zu profitieren. Im Herzen der Stadt befinden sich das Badehaus im elisabethanischen Stil und die Government Gardens, ein öffentlicher Park mit einer weitläufigen Rasenfläche, einem Krocketrasen und einer Bimsbetonpromenade. Der hohe Schwefelanteil verleiht dem Rotorua-See einen milchigen Blauton und einen wellenförmigen verkrusteten Strand. Aus der Erde strömt Dampf empor, der Schlammlöcher zum Blubbern bringt wie schäumende heiße Schokolade. Lauft am Ufer entlang, bis ihr ein Maori-Dorf erreicht, in dem die geothermische Energie seit Jahrhunderten zum Kochen, Baden und Heizen benutzt wird. Die Bevölkerung von Rotorua stammt zu einem Drittel von Maori ab, mehr als im Rest des Landes. Lernt bei einem im Erdofen zubereiteten Hängi ihre einzigartige polynesische Kultur kennen, besucht den heiligen Green Lake, probiert einige der unzähligen Aktivitäten aus, die die Gegend zu bieten hat, und lasst euch von ihrer grenzenlosen Energie mitreißen.

⊗ BESTE REISEZEIT

Dezember bis Februar sind die wärmsten, aber auch touristischsten Monate. Zieht den gemäßigten März bis April und Oktober bis November in Erwägung und tragt Kleidung in Schichten, da die tägliche Temperatur schwankt.

⊞ ÜBERNACHTEN

The Prince's Gate Hotel: Mit seinen Wurzeln im 19. Jahrhundert besitzt dieses gehobene Hotel historischen Charme und befindet sich in idealer Lage im Stadtzentrum. **Koura Lodge:** Ein Bed and Breakfast mit zehn Zimmern, dessen abgeschiedene Seelage für sich spricht: Zahlreiche Wasseraktivitäten werden geboten.

♥ ROMANTIK

Nehmt die Gondel zum Weingut Volcanic Hills und genießt dort die großartige Aussicht auf Rotorua sowie exzellente neuseeländische Weine.

✓ HONEYTREK-TIPP

Bevor ihr eine der vielen angebotenen Touren in Rotorua bucht, erinnert euch daran, dass die Schönheit der Vulkanlandschaft an diesem Ort überall ist und die am wenigsten touristischen Attraktionen keinen Cent kosten. Googelt nach kostenlosen Aktivitäten in Rotorua und findet so Dutzende interessante und authentische Ideen, die eure Reisekasse schonen.

Der Champagne Pool im geothermischen Wunderland Wai-O-Tapu

Die Kunst und Kultur der Maori sind in Rotorua allgegenwärtig.

ABENTEUER FÜR PAARE

Wunderland der Geothermie ▲▲

Sorbetfarbenes Wasser mit Temperaturen bis 150 Grad füllt eingebrochene Krater und trägt dazu bei, dass das Wai-O-Tapu Thermal Wonderland seinem Ruf gerecht wird. Zwischen den Geysiren und Schlammlöchern führt ein gepflasterter Weg hindurch – wer noch näher an der Natur sein will, sollte das Waimangu-Gebiet, das jüngste geothermische Ökosystem der Erde, mit einem Boot befahren oder darin wandern. Dieses Tal mit dampfenden Kraterseen und neonfarbenen Flüssen existiert erst seit einem Vulkanausbruch im Jahr 1886.

Lebendige Maori-Kultur ▲

Spaziert durch das traditionelle Maori-Dorf Ohinemutu, wo die Einwohner bis heute über Heißwasserdämpfen kochen und mit warmem Wasser aus der Erde duschen. Besichtigt das mit kunstvollen Schnitzereien verzierte Meeting House und nehmt an einem zweisprachigen Gottesdienst in der uferseitigen St. Faith's Church teil. Einheimische bieten Touren an, aber dies ist alles andere als eine Touristenattraktion: Es geht um das Alltagsleben der Maori. Wer die Kultur mit Hāngi-Essen und Haka-Tänzen erleben möchte, für den ist das Whakarewarewa Living Maori Village die authentischste Möglichkeit.

Heiße Quellen aller Art ▲▲

Zur Vervollständigung eurer Rotorua-Erfahrung dient eine Kombination rustikaler und luxuriöser heißer Quellen. Fahrt mit dem Kanu zu den heißen Becken von Lake Rotoiti, ein Treffpunkt der Einheimischen, der nur mit dem Boot erreichbar ist. Wandert zum Kerosene Creek, wo

✦ Doppeltes Vergnügen

Mike und ich unternehmen gewöhnlich so gut wie alles gemeinsam (sogar das Einkaufen), aber Rotorua bot so viele unterschiedliche Aktivitäten, dass wir sie getrennt erkunden mussten. Wir starteten zusammen bei den blubbernden Schlammlöchern außerhalb des Wai-O-Tapu Thermal Wonderland und trennten uns dann. Während ich auf der Artist's Palette umherlief und mir die emporschießenden Geysire ansah, watete Mike durch das dampfende Wasser des Waimangu Frying Pan Lake. Als wir uns hinterher wieder trafen, war es, als hätten wir uns tagelang nicht gesehen. Jeder von uns hatte Dutzende Fotos und Geschichten, die er mit dem anderen teilen wollte.

Rasenbowling und Badehäuser in den Government Gardens

heißes Wasser mit der Strömung eines Süßwasserflusses vor der Kulisse eines Wasserfalls zusammentrifft. Tobt euch in dem weltberühmten Spa aus und genießt 26 Mineralbäder, inklusive reservierter Abschnitte nur für Erwachsene und privater Plätze am Seeufer.

Biken durch den Whakarewarewa Forest ▲▲

Fahrt durch den Mammutwald, vorbei an psychedelisch schimmernden Wasserläufen und Seen in unterschiedlichen Farbnuancen. Neuseelands erster mit eingeführten Baumarten angelegter Wald besitzt eines der ältesten und ausgedehntesten Netze an Mountainbikestrecken des Landes und ist Schauplatz einschlägiger Weltmeisterschaften. Auf 90 Kilometern Wegstrecke eröffnen sich Möglichkeiten für jedes Niveau.

WAS ES AUF DIESEM KONTINENT NOCH ZU ENTDECKEN GIBT:

» **Eis: Westland, Neuseeland · S. 162**

» **Roadtrips: Südinsel, Neuseeland · S. 202**

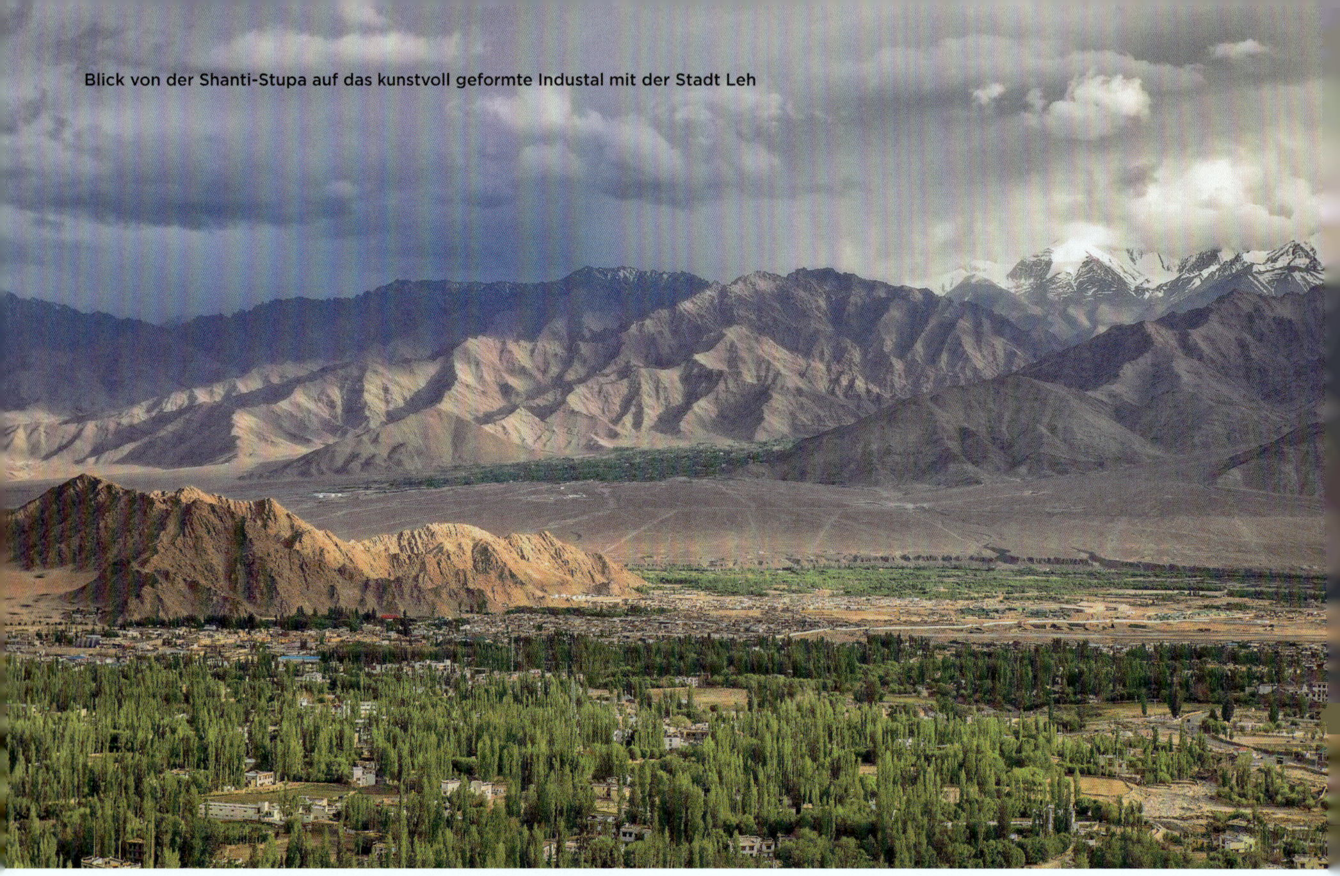

LADAKH
Indien

VON SAVI MUNJAL UND VIDIT TANEJA

ASIEN
Ladakh
Indien

adakh im Teilstaat Jammu, dem nördlichsten von Indien, ist bekannt für seine überirdisch anmutenden Landschaften – schneebedeckte Gipfel, Seen mit wechselnden Farben und Täler, die Mondlandschaften gleichen. Aber das ist noch nicht alles: Die Kultur Ladakhs ist stark vom benachbarten Tibet beeinflusst; buddhistische Rituale, Gebetsfahnen und Gesänge bringen Spiritualität ins Alltagsleben. Das karge Plateau der alten Seidenstraße entlangzufahren, auf dem hier und dort ein leuchtend buntes Kloster zu sehen ist, ist traumhaft. Diese Route gefahren zu sein, erfüllt einen mit Stolz, denn sie führt über die Khardung La, eine der höchstgelegenen befahrbaren Straßen der Welt. Wacht beim Morgengebet im Thiksey-Kloster mit seinen Trommelklängen und transzendenten Om-Gesängen auf, durchquert die Mondlandschaft des Nubra-Tals, macht Rafting auf den wilden Strömungen des Indus und genießt in Gesellschaft freundlicher Ladakhis Buttertee. Die Region bietet Touristen die seltene Gelegenheit, lokale Kultur mit Extremsport und dekadentem Luxus zu verbinden. Die Serpentinen in den Bergen versprechen oft holprige Fahrten. Aber sie bewältigt zu haben, verschafft Ladakh einen besonderen Platz in unseren Herzen.

 BESTE REISEZEIT

Juli bis Oktober sind ideal. Besucht das Ladakh Festival im September. Meidet November bis Mai, die verschneiten Straßen sind oft unpassierbar.

 ÜBERNACHTEN

Chamba Camp: Glamping mit Niveau in palastartigen Zelten und 24-Stunden-Butlerservice mit Blick auf das Thiksey-Kloster. **Lchang Nang Retreat:** Hütten inmitten einer Obstplantage im Nubra-Tal mit Blick auf den Himalaya.

 ROMANTIK

Beobachtet von den Sanddünen bei Hunder die Sterne. Wickelt euch in Decken, legt euch hin und bestaunt Tausende funkelnde Sterne und die Milchstraße, die sich über dem klaren Himmel von Ladakh ausdehnt.

🌐 **BRUISED-PASSPORTS-TIPP**

Um nach Ladakh zu kommen, benötigen Ausländer eine Inner Line Permit (reserviert am entsprechenden Tag im Deputy Commissioner's Office in Leh) sowie einen ortskundigen Fahrer mit eigenem Wagen (am besten auch gleich in Leh buchen).

ABENTEUER FÜR PAARE

Mit dem Fahrrad in luftige Höhen ▲▲▲

Nehmt an einer organisierten Radtour vom Khardung-La-Pass nach Leh entlang der »höchsten befahrbaren Straße« teil. Mit einer Starthöhe von 5360 Metern und einer Länge von 40 Kilometern lohnt sich die Herausforderung.

Riverrafting auf dem Indus ▲▲▲▲

Schwelgt in spektakulären Ausblicken auf die Gebirgskette von Zanskar und ladakhische Dörfer am Flussufer, während ihr durch das schäumende Wasser gleitet. Die beachtlichen Stromschnellen zwischen den Dörfern Alchi und Khaltse sind allerdings nichts für Nervenschwache. Der Schwierigkeitsgrad der Routen reicht von II bis V und kann je nach Niveau ausgesucht werden.

Schillernder See ▲

Die meisten Touristen besuchen den Pangong-See während eines Tagesausflugs. Bleibt jedoch über Nacht, um einen zauberhaften Sternenhimmel und einen atemberaubenden Sonnenaufgang zu erleben. Je nach Licht und Winkel scheint der brackige und hoch gelegene See seine Farbe übergangslos zwischen Blau, Türkis, Grün und Violett zu wechseln. Macht in 4300 Metern Höhe ein Picknick und knabbert an Samosas (indischen Teigtaschen), während ihr auf das Wasser blickt, das bis Tibet reicht.

Vom Lamayuru- zum Hemis-Kloster ▲▲▲▲

Dieser Trek führt euch an Teehäusern entlang über karge Plateaus, grünes Weideland und vorbei an bunten Monumenten – dabei zeigt er euch die wirkliche Vielfalt von Ladakh. Mit einem Aufstieg von 3050 auf 5200 Meter quer über die Zanskar-Gebirgskette erreicht diese anspruchsvolle mehrtägige Wanderung ihren Höhepunkt beim Hemis Gompa, das zu den beeindruckendsten buddhistischen Klöstern in Ladakh gehört.

✤ Ratschlag für Paare

Während ihr eine unbekannte Region erkundet, überrascht euren Partner, indem ihr auf seine Leidenschaften eingeht. Plant für den Kulturinteressierten einen Tag in einem berühmten Museum, ladet den Feinschmecker zu einer kulinarischen Tour ein und macht dem Weinkenner mit dem Besuch einer Kellerei eine Freude. Indem ihr gegenseitig auf eure Vorlieben eingeht, entsteht Zufriedenheit und Romantik. Außerdem eröffnen euch solche Unternehmungen neue Facetten einer Region.

Das luxuriöse Chamba Camp vor der Kulisse der verschneiten Zanskar-Gebirgskette

WAS ES AUF DIESEM KONTINENT NOCH ZU ENTDECKEN GIBT:

» Berge: Annapurna Sanctuary, Nepal · S. 24

» Geschichte: Fenghuang, China · S. 112

POWER-PAAR: *Vid & Savi*

Dank seiner Liebe zu luxuriösem Reisen abseits ausgetretener Pfade bereiste dieses Paar bereits 500 Städte und 70 Länder. Beide sind Vollzeitblogger auf *BruisedPassports.com*, während ihre Abenteuer und Fotografien bei bekannten Medien wie *Discovery Channel* oder in der *Huffington Post* veröffentlicht werden. Als passionierte Autoreisende haben sie kürzlich 33 000 Kilometer in einem Dutzend Ländern zurückgelegt.

SIEM REAP
Kambodscha

A S I E N

Siem Reap □ *Kambodscha*

Das Bild der wabenähnlichen Türme von Angkor Wat, die sich im Lotusteich spiegeln, ist eines der bekanntesten von Kambodscha, wenn nicht von ganz Südostasien. Dieser Tempelkomplex, obwohl er großartig und wunderschön restauriert ist, repräsentiert jedoch nicht einmal im Ansatz den tiefen Zauber des archäologischen Parks Angkor. Die vielen Hundert Tempel aus dem 9. bis 13. Jahrhundert, die über Siem Reap verstreut liegen, sind von Pflanzen überwuchert und strahlen den besonderen Charme von Ruinen aus. Nach dem Niedergang des Khmer-Reichs im 15. Jahrhundert war die Stadt jahrhundertelang verlassen und wurde fast ganz vom Dschungel vereinnahmt, bis europäische Archäologen sie im 19. Jahrhundert wieder freilegten. Innerhalb des 390 Quadratkilometer großen Parks wurde ein großer Teil der wuchernden Pflanzen gezähmt, aber einige Würgefeigen sind so eng mit den Bauwerken verschlungen, dass man sie nicht entfernen kann, ohne den Stein zu beschädigen. Es wird darüber diskutiert, die Tempel vollständig zu restaurieren, aber wir sagen: Die Bäume müssen bleiben, damit die Bauten ihren fotogenen und übernatürlichen Charakter nicht verlieren. Anders als sonst wird man in diesem Park kaum durch Schutzgeländer oder Vorschriften eingeschränkt. Man kann durch die Ruinen laufen, über Trümmer klettern, über eingestürzte Mauern blicken und sein eigenes Abenteuer gestalten. Die Tempel von Angkor bieten Archäologen ebenso viel wie Entdeckern.

⊗ BESTE REISEZEIT

November bis März ist es trocken und kühl. Die Regenzeit dauert von Juni bis Oktober, aber morgens ist es oft sonnig und es gibt kaum Touristen.

⊞ ÜBERNACHTEN

Sofitel Angkor Phokeethra Resort: Zwischen Tempeln in der Innenstadt bietet dieses Retreat im französischen Kolonialstil Swimmingpools, Spas und einen erstklassigen Service. **Viroth's Hotel:** Ein zentral gelegenes modernes Juwel mit einem fantastischen Restaurant.

♥ ROMANTIK

Sonnenuntergang am Bayon, dem Tempel mit 216 überlebensgroßen Steingesichtern: Wegen seiner Ausrichtung nach Osten kommen kaum Touristen zum Sonnenuntergang dorthin – dann zeichnen sich die Silhouetten der Steingesichter aber eindrücklich vor dem rosa Himmel ab.

✓ HONEYTREK-TIPP

Leider verkaufen sehr viele Kinder bei den Tempeln Souvenirs. Ganz gleich wie hartnäckig oder niedlich sie sind, unterstützt auf keinen Fall diese Art der Kinderarbeit. Leistet einen kleinen Beitrag, indem ihr bei den White Bicycles ein Fahrrad mietet, eine gemeinnützige Organisation für Schulstipendien.

In Preah Khan gehen Dschungel und Architektur eine enge Verbindung ein.

Buddhistische Gläubige füllen die Ruinen mit Leben.

ABENTEUER FÜR PAARE

Rikschafahrt zur Roluos-Gruppe ▲

Startet eure archäologische Erkundungsfahrt in chronologischer Reihenfolge mit einer 16 Kilometer langen *Remork*-Fahrt (Motorrikscha) zu den frühesten Tempeln von Angkor. Obwohl diese Bauten aus dem 9. Jahrhundert noch simpel gestaltet sind, stimmen sie euch schon auf die typische Bauart der Khmer ein und sensibilisieren euch für die neueren und feiner ausgearbeiteten späteren Anlagen. Plant etwas mehr Zeit für die Stufenpyramide des Bakong-Tempels und die ausgedehnte Anlage des Preah-Ko-Tempels ein.

Dschungeltempel von Bayon ▲▲

Nehmt ein Fahrrad zu den am stärksten überwucherten Tempeln im Herzen des Parks. Ta Prohm diente aufgrund seines besonderen Charakters als Kulisse im Film *Lara Croft: Tomb Raider*, während die weniger besuchten Anlagen Ta Som und Preah Khan mit ihren in den Stein hineinwachsenden Banyanbäumen und verschlungen wachsenden Würgefeigen ebenso kinotauglich wirken.

Kontakt mit Einheimischen in Beng Mealea ▲▲

Dieser entlegene Komplex aus dem 12. Jahrhundert wurde erst in jüngster Zeit ausgegraben. Sein Grundriss und die Motivwahl ähneln denen Angkor Wats, aber sonst ist kaum etwas bekannt, da der Rest im Dschungel verborgen liegt. Kommt am späten Nachmittag, wenn die Tourenbusse abgefahren sind, klettert mit den Kindern

aus der Nachbarschaft zwischen den Ruinen herum und verbringt die Nacht bei einer einheimischen Familie.

Fluss der tausend Lingas ▲▲

In das steinerne Flussbett des Kbal Spean wurden Motive aus der Angkor-Ära hineingemeißelt. Im oberen Teil erscheint Vishnu gemeinsam mit Tierdarstellungen im Sandstein. Flussabwärts erheben sich Hunderte Lingareliefs. Dieser ebenso schöne wie eigentümliche Ort eignet sich großartig zum Wandern, Picknicken und (während der Regenzeit) auch zum Schwimmen am Wasserfall.

✣ Fluss statt Straße

Es wäre leichter gewesen, die Verkehrsstraße von der französischen Kolonialstadt Battambang nach Siem Reap zu nehmen – ein Bus hätte uns innerhalb von drei Stunden dorthin befördert. Wir entschieden uns aber für eine achtstündige Bootsfahrt in einem Holzboot ohne Sitzpolster. Während wir gemächlich den Tonle-Sap-See und -Fluss hinunterfuhren, passierten wir schwimmende Bambushäuser, Frauen, die Wäsche mit einem Stein schrubbten, Männer, die handgefertigte Fischernetze auswarfen, Kinder, die mit dem Kanu zur Schule fuhren – eine ganze Welt abseits der Hauptstraßen. Dieses Boot war sicher nicht das schnellste und bequemste Beförderungsmittel, aber es war ein unvergesslicher Weg, sich Siem Reap und der kambodschanischen Kultur anzunähern.

Kinder rudern auf dem Tonle Sap zur Schule.

WAS ES AUF DIESEM KONTINENT NOCH ZU ENTDECKEN GIBT:

» Strände: Tioman, Malaysia · S. 76

» Dünen: Mũi Né, Vietnam · S. 144

Tausende Felstürme machen den Zhangjiajie-Nationalpark einzigartig.

WULINGYUAN
China

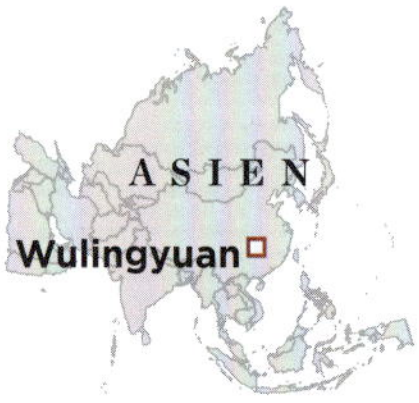

ASIEN

Wulingyuan □

E rinnert ihr euch an die schwebenden, grün umrankten Berge in dem Film *Avatar* mit den umherschwärmenden drachenähnlichen Wesen? Diese Ecke Hunans in China hat diesen Fantasystreifen wesentlich beeinflusst. Im Zhangjiajie-Nationalwaldpark stehen über 3000 Türme aus Quarzsandstein, an deren Klippen sich Bäume und Sträucher festkrallen. Wenn der Talboden mit Nebel gefüllt ist, scheinen sie in der Luft zu schweben, und man kann verstehen, woher der Regisseur James Cameron seine Idee bezog (vielleicht kamen viel weniger Spezialeffekte zum Einsatz, als man meint?). Zhangjiajie ist in vielerlei Hinsicht der Clou; trotzdem ist er nur einer von vier Parks, die zusammen die unglaubliche Szenerie Wulingyuans bilden, das zum UNESCO-Weltnaturerbe zählt. Diese Gegend beeindruckt mit 560 landschaftlichen Attraktionen, von einer der größten Höhlen Chinas bis zum längsten gläsernen Skywalk der Welt, der sich über die mit Felstürmen gefüllten Schluchten erstreckt. Fahrt mit der 7500 Meter langen Seilbahn durch die Karstlandschaft bis auf den Gipfel des Tianmen-Bergs in südlicher Richtung. Dort erreicht ihr das »Himmelstor« und andere überraschende Attraktionen, die nicht von dieser Welt zu sein scheinen. Ein so urbanisiertes Land wie China ehrt seine Naturwunder in diesem Park, wie es scheint, mit besonderer Leidenschaft und einem feinen Gespür für das Besondere. Und obwohl wir gut ohne die Lichtshow, die Musik und die Souvenirläden auskämen, kann man sich kaum der Anziehungskraft dieses geologischen und kulturellen Phänomens entziehen.

 BESTE REISEZEIT

Es gibt keine Garantie dafür, dass ihr Nebel, Regen oder Menschenmengen aus dem Weg gehen könnt. Zwischen Mai und Oktober ist der Himmel klarer als sonst, und wegen der Zwischensaison kommen weniger Touristen.

 ÜBERNACHTEN

Yuanjiajie Zhongtian International Youth Hostel: Diese einfache Herberge ist eine der wenigen Unterkünfte im Zhangjiajie-Nationalwaldpark und aufgrund ihrer Lage und wenigen Reisegruppen eine gute Wahl. **Pullman Zhangjiajie:** Ein luxuriöses Accor-Hotel mit Swimmingpool und Hammam in perfekter Lage zwischen den Nationalparks von Wulingyuan.

 ROMANTIK

Wandert durch den Wald, während die Touristen die himmelhohen Gehwege von Zhangjiajie entlangströmen. Streift durch das neblige Steinlabyrinth und findet einen ungestörten Ort zum Picknicken.

 HONEYTREK-TIPP

Das Eintrittsticket ist zwei Tage gültig, die aber zu kurz sind, um alle Facetten der überwältigenden Schönheit des Wulingyuan-Parks zu entdecken. Setzt also Prioritäten und benutzt die Verbindungsbusse zwischen den Parks, um eure Zeit effizient zu nutzen. Noch besser ist es aber, drei Tage zu bleiben.

Schmuckvoller Anlegesteg am Baofeng-See

ABENTEUER FÜR PAARE

Himmelhohe Brücken ▲▲

Neben seinen Felstürmen beeindruckt der Zhangjia-
jie-Wald auch durch die spektakulären, uralten Brücken.
Überquert den 400 Millionen Jahre alten natürlichen
Steinbogen Tian Xia Di Yi Qiao (»Erste Brücke der Welt«),
an den sich eine der neuesten, längsten und höchsten
Glasbodenbrücken der Welt anschließt. Haltet euch gut
fest – beide sind weit über 300 Meter hoch.

Wanderung auf dem Sadao-Gully ▲▲▲

Folgt dem Wanderweg entlang des berühmten Gold-
peitschenstroms, umgeben von steilen Karstgipfeln,
dichtem Blattwerk und in den Bäumen schaukelnden
Affen. Dieser wunderschöne Pfad wird von Scharen
chinesischer Touristen besucht, aber wenn ihr den
Umweg über den Sadao-Gully nehmt, habt ihr dieses
Paradies praktisch für euch allein.

Segeln im Naturschutzgebiet Suoxi-Tal ▲

Dieses Naturschutzgebiet beherbergt Naturwunder wie
die klippenseitige Zehn-Meilen-Galerie, die Gelbdrachen-
höhle und den Baofeng-See. Jedes einzelne ist einen
Besuch wert, aber was dieses Gebiet zu einem Muss
macht, ist die einzigartige Chance, Wulingyuan per Boot
zu erkunden. Die Gipfel erscheinen doppelt so schön,
während man still über den See gleitet und die sich
auf der Oberfläche des klaren Wassers spiegelnden
Berge betrachtet.

❖ Gute Absichten

Während wir versuchten, uns auf dem Busbahnhof
von Zhangjiajie zurechtzufinden, fragten wir eine
Frau in gebrochenem Chinesisch: »Sprechen Sie Englisch?« Sie schüttelte heftig den Kopf, warf ihre Hände
in die Luft und lief weg. Wir beide fanden dies ein bisschen unhöflich und standen mit dem Gefühl in der
Gegend herum, wohl niemals unser nächstes Ziel zu
erreichen. Dann tippte ein Teenager Mike auf die
Schulter und fragte: »Kann ich euch helfen?« Die
scheinbar unfreundliche Frau hatte ihn zu uns herüber-
geschickt, da er Englisch sprach, und uns auf diese
Weise so gut geholfen, wie es ihr möglich war.

Eine Brücke mit Glasboden führt über die Schlucht von Zhangjiajie.

Das Tor zum Himmel auf dem Tianmen ▲▲

Wandert über den Fußweg, der in etwa 1402 Metern Höhe
über dem Erdboden an den Klippen entlangführt, auf
Hunans berühmtesten Berg (an alle Adrenalinsüchtigen:
Verpasst keinesfalls den schwindelerregenden Abschnitt
aus Glas). Steigt dann die Treppen zum Himmelstor hinauf. Der Felsen mit seinem 132 Meter messenden Loch in
der Mitte rahmt den blauen Himmel mit den vorüberzie-
henden bauschigen Wolken ein, während der Tianmen-
shan-Tempel Spiritualität ausstrahlt.

WAS ES AUF DIESEM KONTINENT NOCH ZU ENTDECKEN GIBT:

» Berge: Emeishan, China · S. 28

» Flüsse: Nam-Ou-Flusstal, Laos · S. 60

Unter der zugefrorenen Oberfläche des Abraham Lake in Kanada sind Gasblasen eingeschlossen.

Übernatürliche Erscheinungen

Erhascht einen Blick auf spektakuläre und flüchtige Naturphänomene, wenn ihr könnt.

VENEZUELA

1. Blitze von Catatumbo

Wo der Catatumbo-Fluss in den Maracaibo-See mündet, treten über mehr als sechs Monate jährlich täglich Blitzgewitter auf. Sturm peitscht über den See, der auf drei Seiten von Bergen umgeben ist, wodurch elektrische Kräfte entstehen, die bis zu 280 Blitzschläge pro Stunde auslösen, während zehn Stunden am Tag.

ENGLAND

2. Surfen auf der Severn Bore

Der Fluss Severn verläuft entlang malerischer Orte in der Grafschaft Gloucestershire und ist ein Geheimtipp für Surfer. Wenn die Flut das Wasser des Atlantiks in den Fluss drückt und seine schmalsten Abschnitte erreicht, türmen sich die beiden gegenläufigen Kräfte zu einer Welle auf, die bis zu 50 Kilometer weit landeinwärts wirkt. Stimmt euren Besuch mit den Gezeiten ab und seht den Surfern zu.

NORDAMERIKA

3. Wanderung der Monarchfalter

Um den kalten Monaten zu entfliehen, legen Monarchfalter jedes Jahr 5000 Kilometer von Kanada nach Mexiko zurück. Seht Millionen dieser schönen Falter an euch vorbeifliegen oder sich in Bäumen entlang ihrer Route sammeln oder erlebt sie im Mariposa-Monarca-Biosphärenreservat der UNESCO in ihrem Zielgebiet im mexikanischen Michoacán.

MALEDIVEN

4. Biolumineszente Strände

Während der dunkelsten Nächte von Juli bis Februar werden viele Strände durch strahlend blaues Phytoplankton erleuchtet. Wenn diese Kleinstlebewesen an den Strand gespült werden, wird dadurch ihre Biolumineszenz aktiviert, was eine überirdisch wirkende Szenerie zur Folge hat. Macht einen Spaziergang durch die Galaxie.

KANADA

5. Gasblasen unter dem Eis

Der Abraham Lake gleicht einer Lavalampe. Methangas aus verwesendem organischem Material auf seinem Grund steigt in die Höhe und erzeugt das ganze Jahr über Blasen. Im Winter bleiben diese jedoch unter einer Eisdecke eingeschlossen, wodurch eine kunstvoll verzierte Eislauffläche entsteht.

TURKMENISTAN

6. Tor zur Hölle

Bei einer sowjetischen Bohrung im Jahr 1971 brach eine mit Erdgas gefüllte Höhle unter der Erdoberfläche ein, wodurch ein massiver Krater entstand. Um das Ausströmen von Methan zu unterbinden, wurde es angezündet und brennt bis heute. Das Inferno mit 70 Metern Durchmesser ist ein beeindruckendes Spektakel, das jederzeit erlöschen kann – reist also bald dorthin.

TANSANIA

7. Wanderdünen

Während sie sich mit einer Geschwindigkeit von fünf Metern pro Jahr langsam über die Ebenen der Serengeti bewegen, sollte sich die Vulkanasche dieser Hügel schon längst zerstreut haben, aber sie wird durch Magnetismus zusammengehalten. Werft eine Handvoll Sand in die Luft und seht zu, wie sich die einzelnen Partikel anziehen. Manchmal erlebt man, wie ein Massai am Fuß der als heilig verehrten Dünen ein Opfer darbringt.

MALAYSIA

8. Nur eine Nacht

Die Blüte der Riesenrafflesie benötigt bis zu neun Monate, um sich zu öffnen – und blüht nur wenige Tage. Die Pflanze, deren Blüte 20 Pfund wiegt und einen Meter Durchmesser erreicht, ist in einigen südostasiatischen Dschungeln zu Hause, aber auf dem Kinabalu wächst sie in besonders hoher Konzentration. Das erhöht die Chancen, diese heftig nach Aas riechenden Blüten zu erleben.

KOLUMBIEN

9. Fluss der fünf Farben

Der Caño Cristales ist ein strahlend bunter Fluss mit tiefschwarzen Felsen, grünen Algen, gelbem Sand und blauen Stromschnellen. Von September bis November aber verwandelt sich sein Flussbett in eine hypnotische Farbenpracht, wenn die *Macarenia clavigera* hellrot blüht. Lauft durch die Kavernen und seht, wie sich die Wasserbecken in einen flüssigen Regenbogen verwandeln.

VEREINIGTE STAATEN

10. Wo Lava aufs Meer stößt

Glühende Lava fließt kilometerweit über schwarzes Schmelzgestein, bis sie die Meeresklippen erreicht und in einem zischenden Spektakel in das Meerwasser hinabstürzt. Seit den Achtzigerjahren ereignet sich dieses Phänomen alle paar Jahre im Volcanoes National Park auf Hawaii. Beobachtet es bei einer Wanderung, von einem Helikopter oder einem Boot aus.

Lemaire-Kanal, Antarktis

SMARTES REISEN

Auf eurer Wunschliste stehen nun Dutzende neuer Reiseziele, also macht euch fertig! Macht euch Gedanken über eure Reisekasse, euren Transport, eure Unterbringung und euer Gepäck. Werdet kreativ, wenn es darum geht, authentische Erfahrungen zu sammeln, die besten Preise zu ergattern und unvergessliche Routen zu planen – und übt auf eurem Weg immer einen positiven Einfluss aus. Hier erfahrt ihr, wie ihr klüger reisen könnt.

EIN LEBEN AUF REISEN PLANEN

Die Welt ist groß, das Leben ist kurz! Nutzt jede freie Minute, lasst mehr Übergangszeit zwischen zwei Jobs und macht selbst aus einer Kündigung das Beste. Verliert keine Sekunde eurer Freizeit nur deswegen, weil ihr sie nicht genießt. Überlegt anhand der folgenden Schritte, wie ihr Reisen besser realisieren könnt und sie zu einem festen Bestandteil eures Lebens machen könnt.

Eröffnet ein Reisekonto

Mit einer Reise investiert ihr in euch selbst. Sie ist kein Luxus, auf den man in finanziell knappen Zeiten verzichtet. Eröffnet ein Reisekonto und überweist regelmäßig 5 Prozent eures Gehalts darauf. Wenn euch schließlich nach Abenteuer, Romantik oder einfach frischer Luft ist, stellt Geld sicher kein Hindernis mehr dar.

Bereitet euch gut vor

Obwohl es oft günstige Last-Minute-Angebote gibt, ist es immer gut, eine längerfristige Strategie zu haben, um unkompliziert und erschwinglich zu reisen. So geht es los: Nehmt an Treueprogrammen von Fluggesellschaften und Hotels teil und nutzt Bonussysteme aller Art (S. 243). Tretet Sharing-Economy-Websites und -Gemeinschaften bei (S. 250). Tragt euch für Reisenewsletter ein und abonniert Reiseblogs, wie sie die in diesem Buch vorgestellten Power-Paare (S. 246) betreiben. Je intensiver ihr euch mit der Reisecommunity befasst, desto mehr Möglichkeiten eröffnen sich für euch. Indem ihr im Vorfeld mögliche Hindernisse aus dem Weg räumt, könnt ihr eure freien Tage voll und ganz auskosten.

Setzt Prioritäten

Verschiebt eure Reisen nicht auf später. Legt eine Liste mit Wunschzielen an und setzt dafür eine grobe Zeitplanung fest. Stellt die größten Abenteuer an den Anfang (euer Körper und das Leben können unberechenbar sein). Haltet euch daran und setzt pro Jahr mindestens eines eurer Ziele in die Tat um. Plant an irgendeiner Stelle eurer Reisechronologie einen Zeitraum für eine mehrmonatige Reise ein, die mehr als nur ein Urlaub ist; sie soll dazu dienen, sich aus dem Alltagsleben komplett zurückzuziehen und das eigene Leben aus einer völlig anderen Perspektive zu betrachten – mit mehr Nervenkitzel, Lachen und Erinnerungen, als ihr euch vorstellen könnt.

Denkt nicht nur daran, euren nächsten Urlaub zu planen, sondern macht euch Gedanken darüber, welche Erfahrungen ihr euch in eurem Leben wünscht und wie ihr sie realisieren könnt.

Railay, Thailand, Teil unserer »Strände-und-Buddhas«-Reiseroute

TRAUMROUTEN

Denkt über Grenzen und 10-Tages-Ausflüge hinaus und taucht tiefer in einige unserer Lieblingsregionen ein. Entdeckt die sieben Kontinente!

Strände und Buddhas

Amüsiert euch in Bangkok und reist dann in den immergrünen Regenwald des Khao-Sok-Nationalparks (S. 182). Reist weiter südlich nach Phuket und nehmt eine Fähre zur Karsthalbinsel Railay (S. 74). Klettert an Meeresklippen und geht Schnorcheln, bevor ihr von Krabi nach Yangon, Myanmar, fliegt. Verbringt einige Tage in dieser britischen Kolonialstadt mit einer der ältesten Stupas der Welt. Reist weiter zum idyllischen Inle-See (S. 48), zu Bergvölkern und schwimmenden Dörfern, und weiter nach Westen bis Bagan (S. 106), wo es mehr als 2000 uralte Tempel zu bestaunen gibt.

Großartiges Ozeanien

Mietet in Christchurch, Neuseeland, einen Camper und entdeckt die Gletscher, Regenwälder und Fjorde auf einem Roadtrip über die Südinsel (S. 202). Haltet euch einige Tage im Tasman District (S. 124) auf, fahrt Kajak, wandert, macht Radtouren und kostet Weine. Fliegt nach Sydney oder direkt nach Cairns zum Great Barrier Reef und zum uralten Daintree-Regenwald (S. 180). Macht eine wilde Reise in das Outback. Geht im Top End auf eine Pirschfahrt (S. 86) zu Wallabys, Salzwasserkrokodilen und zur Steinkunst einer uralten Kultur.

Das große Eis

Reist von Punta Arenas in Chile zum gefrorenen Kontinent Antarktis (S. 160). Umkreist Eisberge mit dem Kajak, verbringt Zeit in Pinguinkolonien und taucht während einer zehntägigen Reise in die polare Welt ein. Wenn ihr nach Punta Arenas zurückkehrt, seid ihr mitten in Patagonien. Dort warten der Torres del Paine (S. 40) mit dem W-Trek, der Graue Gletscher und Ausritte von Enstancia zu Enstancia auf euch. Überquert die Grenze und erlebt den Star unter den Parks von Argentinien, Los Glaciares (S. 174), beim Trekking auf dem wachsenden Perito Moreno und beim Sonnenaufgang hinter dem Fitz Roy.

Afrikanische Highlights

Besucht unter allen Umständen das Apartheid Museum in Johannesburg, bevor ihr zu einer Safari im Kruger-Nationalpark (S. 88) aufbrecht, wo ihr die »Big Five« und etwa 500 Vogelarten sichten könnt. In Südafrika warten großartige Roadtrips, wobei unsere Favoriten die Wein- und Walrouten des Westkaps (S. 200) sind. Erlebt einige Tage im kosmopolitischen Kapstadt und fliegt dann weiter nach Livingstone, Sambia (S. 54), wo ihr die donnernden Victoriafälle seht. Holt euch auf dem reißenden Sambesi-Fluss einen Adrenalinkick und dringt dann langsam zum Südluangwa-Nationalpark (S. 98) vor, wo eine Fülle an wilden Tieren lebt und das Terrain ideal für Fußsafaris ist.

Vielseitiges Europa

Fahrt mit dem Zug durch Westeuropa, angefangen im mittelalterlichen Gent (S. 116). Bewundert die flämische Architektur entlang der Kanäle während Nachmittagsspaziergängen oder ausgedehnten Fahrradtouren und stoßt mit einem Trappistenbier auf euren Tag an. Zieht weiter nach Köln, Deutschland, und fahrt von dort mit dem Zug oder auf der malerischen Schiffsroute nach Rüdesheim, wobei ihr die Schlösser und Weinberge des Oberen Mittelrheintals (S. 56) passiert. Schwelgt in bezaubernden Dörfern und esst Rieslingeiscreme, bis ihr bereit für die Schweizer Alpen seid. Setzt euren Weg, nachdem ihr im Bahnhof von Lauterbrunnen angekommen seid, zu Fuß, mit der Seilbahn oder über die Sprossen der Via Ferrata zu einigen der idyllischsten Bergdörfer der Schweiz fort (S. 32).

Wüsten und Regenwälder

Fliegt nach Las Vegas in Nevada und für einen Roadtrip zu einigen der spektakulärsten Nationalparks des Südwestens, inklusive Zion, Bryce und des Grand Canyon (S. 206). Lasst die Hauptstraßen in einem Geländewagen hinter euch oder fahrt in Moab in Utah Mountainbike und übernachtet anschließend in einem Safarizelt unter dem Wüstenhimmel. Bereit für sattgrüne Landschaften? Nehmt einen Flug nach Seattle und umrundet die Olympic-Halbinsel (S. 188), das Zuhause eines der wenigen echten Regenwälder der Vereinigten Staaten. Lauft unter 1000 Jahre alten Bäumen entlang, sucht die Tümpel zwischen den Klippenpfeilern nach Meerestieren ab und badet ausgiebig in den heißen Quellen. Fahrt nach Südwesten zum Mount Rainier (S. 34) weiter, ein aktiver Vulkan, der von Gletschern überzogen ist. Wandert, fahrt Ski oder tollt inmitten der Wildblumen herum – jede Jahreszeit hält andere Wunder bereit.

Extreme in den Anden

Fliegt nach La Paz, Bolivien. Verbringt einige Tage in einer der höchstgelegenen Städte der Welt mit ihren faszinierenden einheimischen Märkten und spanischer Kolonialarchitektur. Reist weiter nach Norden zum Titicacasee (S. 52), dem spirituellen Geburtsort der heiligen Inkas und dem Ort der schwimmenden Uros-Inseln. Reist nach Norden zum Maccu Picchu und Urubamba-Tal (S. 38) oder erreicht über eine Schlaufe nach Süden das Departamento Potosí (S. 220). Macht einen Roadtrip zur größten Salzebene der Erde, türkisen und rosa Kraterseen und schließlich zur mondähnlichen Atacama-Wüste (S. 154). Bleibt drei Tage in San Pedro de Atacama, wo Adrenalin und Luxus zu Hause sind.

Mehr unserer Traumrouten findet ihr unter *HoneyTrek.com/Dreamitineraries*.

Atemberaubende Berglandschaft an unserer Route »Extreme in den Anden«

DER HONEYTREK-KALENDER

JANUAR
ANTARKTISCHE HALBINSEL (S. 160)
Warme Temperaturen, lange Tage
und überall Babypinguine

FEBRUAR
MANAUS (S. 194)
Das Amazonasgebiet ist während des
brasilianischen Karnevals außer Rand und Band.

MÄRZ
NIAGARAFÄLLE (S. 172)
Die mächtigen Wasserfälle erstarren
zu einem eisigen Spektakel.

APRIL
ANNAPURNA SANCTUARY (S. 24)
Rosa blühender Rhododendron erleuchtet
die Wanderwege des Himalaya.

MAI
SÜDINSEL (S. 202)
Herbstlaub + kühles Wetter – Menschenmassen
= idealer Roadtrip

JUNI
URUBAMBA-TAL (S. 38)
Geht während des lebendigen
Inti-Raymi-Fests im Geist der Inkas auf.

JULI
KRATERHOCHLAND (S. 92)
Millionen Gnus und Zebras
wandern über die Serengeti.

AUGUST
IRISCHE NORDKÜSTE (S. 208)
Die Grüne Insel zeigt sich
von ihrer sonnigen Seite.

SEPTEMBER
TORTUGUERO (S. 100)
Tausende frisch geschlüpfte Schildkröten
kriechen zum Meer.

OKTOBER
NORWEGISCHE FJORDE (S. 136)
Sonnenschein bei Tag,
Polarlichter bei Nacht

NOVEMBER
CHURCHILL (S. 96)
Eisbärenbeobachtung
an der Hudson Bay

DEZEMBER
NORTH ELEUTHERA (S. 68)
Feiert euren Urlaub
nach Junkanoo-Art.

Gnuherden grasen auf ihrem Weg durch die Serengeti.

Bereitet für eure Reise die Zahlungsmittel mit den meisten Treuepunkten, der höchsten Sicherheit und der größten Bequemlichkeit vor. Nehmt geeignete Kredit- und Debitkarten mit. Hier sind unsere bewährten Methoden für Einkäufe während des Reisens sowie Tricks, um Transaktionsgebühren zu umgehen:

Grundregeln für Reisekreditkarten und Debitkarten

Was bei Karten beachtet werden sollte und wie sie auf Reisen sicher transportiert werden können:

Debitkarten: (1) bei bestimmten Banken keine Zusatzgebühren für das Abheben an Geldautomaten (informiert euch vorher darüber); (2) Übernahme anfallender Transaktionskosten durch Dritte, z. B. Händler; (3) keine Währungsumrechnungsgebühren und (4) keine monatlichen Servicegebühren.

Kreditkarten: (1) überschaubare Gebühren für Auslandseinsatz; je nach Kartenvertrag (2) Cashback oder Vielfliegermeilen und (3) Reisevorteile wie Loungezugang oder Freigepäck.

Kartensicherheit: Nehmt zwei verschiedene Debitkarten und zwei verschiedene Kreditkarten mit. Bewahrt sie an verschiedenen Orten auf, falls eine verloren geht oder gestohlen wird. Informiert euer Kreditunternehmen darüber, in welche Länder und wann ihr verreist, sodass eure Konten nicht gesperrt werden.

Spezielle Kreditkarten

Die meisten größeren Fluggesellschaften und Hotelketten bieten Kreditkarten mit lukrativen Anmeldeboni und unterschiedlichen Vergünstigungen an. Meldet euch bei ihren Treueprogrammen an. Registriert euch dann für ein oder zwei neue Reisekreditkarten, um Punkte und Meilen zu sammeln; so könnt ihr die Kosten für eure nächste Reise senken.

Finanzen bei der Ankunft

Lasst die Geldwechselstuben links liegen und hebt Geld an einem lokalen Geldautomaten ab (ladet euch hilfreiche Apps herunter, um umzurechnen). Hebt genügend Bargeld für die ersten paar Tage ab. Dadurch gewinnt ihr Zeit, um einen Eindruck von den örtlichen Preisen zu erhalten und festzustellen, wo überall Kreditkarten akzeptiert werden.

Papier und Plastik

Die Zahlungsmethoden sind von Land zu Land unterschiedlich. Die folgenden Tipps helfen euch in vielen Fällen, egal, wohin ihr reist.

Ein ausgiebiges Straßenessen in Myanmar für 1600 Kyat (90 Cent)

Bargeld: Nehmt im Geldbeutel eine Kreditkarte und genug Bargeld in der lokalen Währung mit, um die Tagesausgaben zu decken. Verwahrt den Rest sicher in eurem Hotelzimmer. Wechselt an der Rezeption oder in einem Laden Geldscheine, um Kleingeld für kleinere Einkäufe zu haben. Hebt eure US-Dollar und Euro für Grenzübertritte und Notfälle auf.

Kredit: Verwendet bei vertrauenswürdigen Geschäften eine Kreditkarte statt Bargeld. Manche Kreditkarten ermöglichen euch das Sammeln von Vielfliegermeilen, das Nachvollziehen eurer Ausgaben und das Anfechten von Zahlungen, wenn die Waren oder Services nicht so sind wie versprochen. Wenn Verkäufer eine Kreditkartengebühr von 2 bis 5 Prozent erheben, sollte man Barzahlung in Betracht ziehen.

Was ihr vermeiden solltet

Geldwechselstuben: Sie erheben meist versteckte Gebühren. Wenn es doch einmal nicht anders geht, dann nicht beim erstbesten Anbieter oder im Hotel tauschen, sondern vergleichen. Vorsicht vor Falschgeld!

Prepaid-Karten: Wenn diese Karte leer ist oder im Ausland Gebühren für die Nutzung anfallen, ist der Vorteil gleich null, also besser zu Hause lassen.

Reiseschecks: Diese Relikte werden nur gegen einen deftigen Aufpreis umgetauscht – wenn sie überhaupt noch akzeptiert werden.

FLÜGE BUCHEN

Wir alle möchten wissen, wann der ideale Zeitpunkt ist, um einen Flug mit dem besten Preis-Leistungs-Verhältnis zu buchen. Fluggesellschaften machen es uns aber schwer und setzen komplexe Algorithmen ein, um jeden Sitzplatz zum höchstmöglichen Ticketpreis zu belegen. Mit einigen Tricks, Websites und Tools könnt ihr aber trotzdem sicherstellen, nicht zu viel zu bezahlen.

Zeitpunkt des Abflugs

Es gibt zwei sichere Methoden, an günstigere Tickets zu gelangen: Fliegt in der Wochenmitte und während der Zwischensaison. Dann sind die Ticketpreise deutlich niedriger, und die Verfügbarkeit ist höher. Zwischen August und September beispielsweise sinken die Flugpreise von den Vereinigten Staaten nach Portugal um 30 Prozent, und bezüglich der Touristenzahl zeigt sich ein noch größerer Unterschied – Reisenden stehen also mehr Restauranttische, Hotelzimmer und Strandkörbe zur Verfügung. Das lässt sich auf viele weitere Beispiele übertragen.

Flugbuchung gegen Bezahlung oder Vielfliegermeilen einsetzen?

Es zahlt sich aus, Vielfliegermeilen zu sammeln und bezüglich eurer Zahlungsmethode flexibel zu sein.

Ein Massai-Krieger hilft uns dabei, unser Gepäck in ein Buschflugzeug zu verladen.

Kreditkarte: Beginnt drei bis vier Monate vor Antritt eurer Flugreise, nach einem Ticket zu suchen, lasst euch per E-Mail über günstige Angebote informieren und bucht euer Ticket mindestens 30 Tage vor dem Abflug. Wenn ihr zeitlich flexibel seid, dann wartet auf Last-Minute-Preise, da Fluggesellschaften die Preise für nicht verkaufte Sitzplätze senken, um sie doch noch zu belegen.

Vielfliegermeilen: Versucht euer Vielfliegermeilenticket so früh wie möglich zu reservieren. Sitzplätze sind normalerweise 300 bis 330 Tage vor Abflug verfügbar.

Den richtigen Zeitpunkt abwarten: Nur weil ihr genügend Vielfliegermeilen angesammelt habt, bedeutet das nicht, dass es an der Zeit ist, sie einzusetzen. Sucht nach dem günstigsten regulären Ticket und vergleicht den Preis mit den »Kosten« in Vielfliegermeilen (1,3 Cent pro Meile ist im Durchschnitt ein guter Richtwert). Denkt daran: Meilen sind nur so viel wert wie die Erinnerungen, die dadurch entstehen.

Spartipps

Legt euch nicht gleich auf das erste Angebot fest. Nutzt bei der Buchung die folgenden Tricks, um das beste Angebot zu finden:

Achtet auf Gebühren: Wenn ihr Flugpreise vergleicht, dann inklusive aller Gebühren, Steuern und Gepäckgebühren. Einige Fluggesellschaften und Vergleichsseiten halten Informationen darüber zurück, bis die finale Buchungsseite erscheint (oder, noch schlimmer, bis ihr am Flughafen ankommt).

Alternative Flughäfen: Einige Flughäfen verlangen höhere Landegebühren, was sich im Ticketpreis niederschlägt. Erweitert eure Ticketsuche also auf unterschiedliche Flughäfen in der Umgebung.

One-Way-Tickets: Ihr fliegt mit einer Airline nach London, verbringt einige Wochen in Großbritannien und fliegt mit einer anderen in Edinburgh wieder ab; vergleicht Kosten und Komfort. Rundreisetickets sind heutzutage nicht zwangsläufig günstiger. One-Way-Tickets geben euch außerdem die Flexibilität, Fluggesellschaften und Städte beliebig zu kombinieren.

Websites von Fluggesellschaften: Sobald ihr ein Ticket auf einer Verkaufsseite gefunden habt, geht auf die Website der entsprechenden Fluggesellschaft und vergleicht den Ticketpreis. Falls ihr hinterher Änderungen an eurem Ticket vornehmen müsst, ist es einfacher, dies direkt bei der zuständigen Fluggesellschaft zu tun.

Mehr Tipps zum Thema preisgünstiges Fliegen geben wir auf *HoneyTrek.com/FlightTips*.

ÜBERLANDFAHRTEN

Wenn ihr erfahrene Reisende nach ihren spannendsten Erlebnissen fragt, dann spielen wahrscheinlich öffentliche Verkehrsmittel darin eine zentrale Rolle. Von Ziegen auf dem Dach bis zu fremden Kindern auf eurem Schoß, von beeindruckenden Bergpässen bis hin zu bunt blühenden Tälern – Überlandreisen zeigen euch alle Facetten. Außerdem sind sie günstig, flexibel, umweltfreundlich und selten langweilig.

Stadt- und Überlandbusse

In westlichen Ländern steht eine umfassende Infrastruktur zur Verfügung, aber auch Entwicklungsländer bieten oft ein dichtes Netzwerk von Verbindungen (auch wenn es ein wenig rustikaler zugeht). Alte Schulbusse, Jeepneys und Daladalas (Gemeinschaftstaxis) fahren regelmäßig und sind äußerst erschwinglich – ihr solltet davon Gebrauch machen, und sei es nur für den Nervenkitzel und die Nähe zu Einheimischen.

Nacht- & Langstreckenbusse

Eine preiswerte und flexible Alternative zu Flügen in einem fremden Land sind Langstreckenbusse. Ein wesentlicher Vorteil ist, dass ihr die Tickets am Tag der Abreise kaufen und eure Route spontan wählen könnt. Außerdem verbessert sich der Komfort solcher Busse weltweit deutlich (wir hatten alles von Wi-Fi bis Whiskey-Service). Die Übernachtung in Langstreckenbussen schenkt euch auch zusätzliche Tage und lässt sogar eine achtstündige Reise im Nu vergehen.

Schiffe und Boote

Wenn eure Route an einem Gewässer entlangführt, dann schaut, ob eine Fähre, eine Dau oder ein Katamaran in eure Richtung fährt. Wasserwege und Küstenabschnitte ermöglichen oft Einblicke in eine Welt, die man auf Straßen und in Flugzeugen nicht zu Gesicht bekommt. Eine Meeresbrise und Sonnenschein machen das Reisen angenehmer.

Motorräder

Leichte Motorräder und Motorroller sind auf Inseln und in ganz Südostasien äußerst beliebt. Sie gehören zu den günstigsten, effizientesten und amüsantesten Möglichkeiten, um entlegene Gegenden zu erkunden und von Ort zu Ort zu fahren. Falls ihr noch nie mit einem gefahren seid, nehmt vor eurer Abreise Fahrstunden und vermeidet Fahrten in großen Städten.

Eisenbahnen

Geräumige Züge, die in gleichmäßigem Tempo malerische Landschaften durchqueren, haben etwas Nostalgisches und sind ein großartiges Transportmittel. Nehmt einen Zug, wann immer ihr könnt, sei es ein japanischer Shinkansen oder ein Bummelzug in Kenia. Maximale Authentizität und leckere Snacks bekommt ihr meist in der zweiten Klasse. Für detaillierte Bewertungen bestimmter Routen ziehen wir immer die Profis von *Seat61.com* zurate.

Routenplanung

Hier sind unsere liebsten Apps und Websites, die euch von Albanien nach Zentral-Vermont bringen:

Rome2rio: Transitmöglichkeiten, Fahrpläne und Preise selbst schwieriger Routen.

Google Maps: Street View und Earth View zeigen unglaubliche Details, wenn es darum geht, ein Geschäft vor Ort oder den Anfangspunkt einer Wanderroute zu finden.

Maps.me: Diese kostenlose GPS-App mit detaillierten und durchsuchbaren Straßenkarten funktioniert an jedem Ort weltweit, ohne dass ein Mobilfunkvertrag nötig ist.

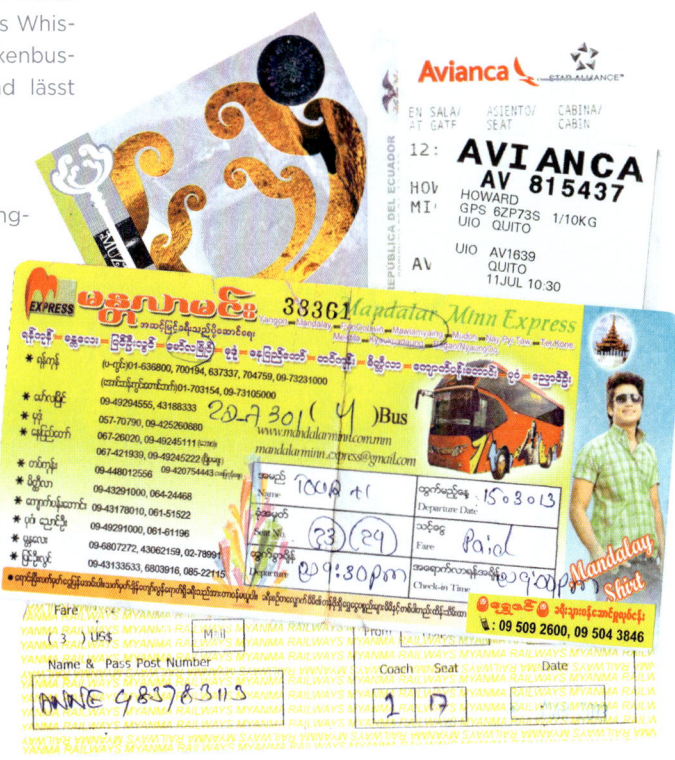

Zug-, Bus- und Flugtickets sind großartige Andenken.

REISETIPPS VON DEN PROFIS

Hier sind die besten Reisetipps von Power-Paaren:

»Bucht einen einheimischen Fremdenführer, sobald ihr ankommt. Wir machten das, als wir zum Everest-Basislager wollten, und konnten kaum glauben, wie viel andere für denselben Trek bezahlt hatten. Unsere einmalige Wanderung kostete gerade einmal ein Drittel und unterstützte außerdem die heimische Wirtschaft.«

Dave & Deb, The Planet D

»Wenn ihr online nach Flügen sucht, dann berücksichtigt unterschiedliche Länderdomains. Tauscht .com gegen .ca, .mx, .de usw. aus. Manchmal findet ihr so deutlich günstigere Preise.«

Dalene & Pete, Hecktic Travels

»Wenn ihr einen Einheimischen nach einer Restaurantempfehlung fragt, dann so: ›Wo essen Sie?‹ Dadurch vermeidet ihr, an typische Touristenorte geschickt zu werden, und findet die Lokale, in denen die Einheimischen essen.«

Dan & Audrey, Uncornered Market

»Mit Housesitting könnt ihr fast überall auf der Welt kostenlos wohnen und müsst dafür lediglich auf ein Haus und die Tiere aufpassen. Außerdem könnt ihr wie die Einheimischen leben.«

Nat & Jodie, Professional House Sitters

»Ein Camper ist das ultimative Roadtrip-Fahrzeug. Ihr erreicht damit Orte abseits der ausgetretenen Pfade und habt alles, was ihr für euren täglichen Komfort benötigt, dabei. Unterbringung und Essen kosten euch so wesentlich weniger, und ihr erlebt das zusätzliche Abenteuer, Lebensmittel in einheimischen Geschäften zu kaufen.«

Lisa & Alex, 2people1life

»Nutzt alle Möglichkeiten von Reisebuchungsseiten aus. Stellt Flugbenachrichtigungen auf verschiedenen Websites ein, um eine Übersicht über die Preise zu erhalten, und tut das über einige Wochen, um sicher zu sein, ein gutes Angebot zu wählen.«

Lina & Dave, Divergent Travelers

»Trockenshampoo ist ein Lebensretter, wenn ihr Zeit in der Natur verbringt, wo euch keine warme Dusche zur Verfügung steht. Außerdem könnt ihr es auch als Deodorant oder Schuherfrischer verwenden.«

Savi & Vid, Bruised Passports

»TSA PreCheck erlaubt es Teilnehmern, schneller die Sicherheitskontrolle an Flughäfen zu passieren, während Global Entry den Papierkrieg und die Wartezeiten reduziert. Für 100 Dollar in fünf Jahren ist dieses Angebot unglaublich nützlich.«

Bret & Mary, Green Global Travel

»Wickelt drei Meter Klebeband um einen Stift, um Ausrüstung zu reparieren. Das nimmt kaum Platz weg, ist aber im Notfall Gold wert.«

Kris & Tom, Travel Past 50

»Checkt am Flughafen frühzeitig ein. Es klingt vielleicht selbstverständlich, aber im Reisestress vergisst man das schnell. Durch diese einfache Maßnahme vermeidet ihr langes Anstehen und könnt direkt zur Gepäckabgabe gehen.«

Lauren & Vaughan, The Travel Manuel

»Esst einheimisch. Man sollte nie in ein anderes Land reisen, um genau das Gleiche wie zu Hause zu essen. So spart ihr nicht nur Geld, sondern ihr sitzt vielleicht auch neben jemandem, der um die Ecke Salsa unterrichtet und bei dem ihr die nächsten Abende tanzen geht.«

Elayna & Riley, Sailing La Vagabonde

Housesitting in einer Villa in Playa Panama, Costa Rica

PACKEN WIE DIE PROFIS

Wir alle wissen, dass wir nicht zu viele Dinge einpacken sollten, aber trotzdem tun es die meisten von uns. Wenn wir dann in der Sommerhitze mit mehreren Rollkoffern über eine Straße mit Kopfsteinpflaster holpern, fragen wir uns doch wieder, warum wir uns das antun. Wenn ihr nicht effizient packt, leidet ihr während eurer gesamten Reise darunter. Findet also das richtige Verhältnis zwischen Mode und Effizienz.

Seid ihr selbst

Tragt Kleidung, in der ihr euch wohlfühlt. Wenn ihr in eurer Heimatstadt keine Wanderhosen tragen würdet, warum solltet ihr dann auf eurer Reise täglich darin herumlaufen? Breitet eure liebsten legeren Kleidungsstücke vor euch aus und wählt dann diejenigen, die am vielseitigsten, leichtesten und robustesten sind. Einige schnell trocknende Stücke dabeizuhaben, ist eine gute Idee, wenn ihr wandern wollt, aber übertreibt es nicht – wenn ihr in Mexiko-City herumspaziert, wollt ihr eher nicht wie Trekkingtouristen aussehen, oder?

Multifunktionale Kleidungsstücke

Nichts in eurem Gepäck sollte nur für eine spezielle Gelegenheit sein (wie ein bunter Rock zum »Ausgehen«). Beschränkt euch auf vielseitige Kleidung, wie ein Kleid, das ihr auch als Rock tragen könnt, und schlichte Stücke, die ihr mehrmals anziehen könnt. Nehmt ein paar Schmuckstücke, Schals oder andere leichte Accessoires mit, um Abwechslung in eure Reisegarderobe zu bringen. Drei verschiedene Paar Schuhe mit unterschiedlicher Funktion – schick, lässig und robust – sind alles, was ihr braucht. Schuhe sollten schon eingelaufen und bequem genug sein, um einige Kilometer darin zu laufen, weil ein kurzer Spaziergang oft zu einem ganztägigen Abenteuer wird.

Auf die örtlichen Sitten achten

Kleidungsgewohnheiten können in anderen Ländern und Regionen konservativer sein, als ihr es gewohnt seid. Selbst in modernen Städten werden an sakralen Orten (oft zugleich die beeindruckendsten architektonischen Attraktionen) weder Tanktops noch knappe Shorts geschätzt. Habt also immer sittsame Kleidung für solche Situationen im Gepäck. Frauen sollten am besten einen langen Rock und einen Sarong dabeihaben, um sich zu bedecken (Anne wurde in Angkor Wat kein Zutritt erlaubt, weil sie kurze Hosen trug, die nicht bis zu den Knien reichten). *Tipp:* Schuhe, die sich schnell anziehen und abstreifen lassen, sind ideal für mehrere Tempelbesuche hintereinander.

Aufs Handgepäck beschränken

Um reibungslos voranzukommen, reduziert euer Gepäck auf Kabinengröße. Ihr überspringt so den Check-in-Schalter, verringert Gepäckgebühren, tragt eure Pässe und Wertgegenstände griffbereit und vergeudet anschließend keine Zeit bei der Gepäckausgabe. Ihr seid in jeder Phase eurer Reise beweglicher, unabhängiger und spontaner. Beschränkt Flüssigkeiten auf Gefäße mit höchstens 100 ml und wählt ein klingenloses Multifunktionswerkzeug aus. Wenn ihr zu einem Abenteuer in einer kalten Region aufbrecht, dann tragt eure dicksten Kleidungsstücke während des Flugs.

Die richtigen Gepäckstücke

Bevor ihr ein Gepäckstück aussucht, denkt über eure Reise nach: Ein klassischer Rollkoffer eignet sich für eine Städtereise und schicke Hotels. Für das holprige Terrain in Entwicklungsländern und der weiten Wildnis ist ein 50-Liter-Rucksack jedoch besser geeignet. Und wenn ihr beides vorhabt? Dann könnte ein Rucksack auf Rädern ein guter Kompromiss sein. Hohe Treppen und Schotterstraßen können euch überall begegnen, also könnt ihr mit einem solchen Gepäckstück nicht viel falsch machen, vor allem wegen des schlanken und modernen Designs.

In Bezug auf das Handgepäck haben wir gute Erfahrungen mit einem stabilen Tagesrucksack und einer dünnen Polyestertasche für Strandbesuche und zum Einkaufen gemacht. Als Geldbeutel sind solche mit Schultergurt und Reißverschluss, die flach am Körper anliegen, eine solide und sichere Option. Wenn ihr technikorientiert seid, dann bieten sich die gepolsterten Fächer eines Kamerarucksacks zum Ordnen eurer Gegenstände an.

Mit System packen

Unser Gepäck ist im Wesentlichen ein Kleiderschrank ohne Schubladen. Verleiht eurem Gepäck mithilfe von Packwürfeln eine ähnliche Struktur. Verwendet dabei unterschiedliche Farben, um den Inhalt zu kategorisieren (Hemden, Hosen etc.) und ihn so schnell zu finden. Packwürfel sind vor allem praktisch, um schmutzige Kleidung, Socken und Unterwäsche von sauberen Sachen zu trennen. Verwendet Kompressionsbeutel für voluminösere Kleidungsstücke oder auf längeren Reisen. Wenn ihr möglichst wenig Gewicht anstrebt und diese Packhilfen lieber weglassen wollt, dann könnt ihr durch Rollen einen ähnlichen Effekt erzielen. Falten vermeidet man dadurch, dass man die Kleidungsstücke flach der Länge des Koffers nach einschichtet.

DIE 10 NÜTZLICHSTEN REISEACCESSOIRES

Wohin wir auch aufbrechen, zu welcher Jahreszeit oder zu welchem Anlass – es gibt unverzichtbare Gegenstände, die wir auf jeder Reise im Gepäck haben.

1. Mehrfachsteckdose
Ein kleiner Überspannungsschutz mit drei Abgängen und zwei USB-Anschlüssen erlaubt es euch, mehrere Geräte gleichzeitig aufzuladen. Das ist vor allem nützlich an Flughäfen mit wenigen Steckdosen oder wenn ihr ausländische Steckdosen, aber nur einen Universaladapter habt.

2. Sarong
Dieses lange und leichte Kleidungsstück ist vielseitig einsetzbar: als Kleid, Augenmaske, Picknickdecke, sittsame Bedeckung an religiösen Orten, Umhängetasche, Umhang nach Sonnenuntergang und noch vieles mehr.

3. Faltbare Feldflasche
Anders als eine Metall- oder Hartplastikflasche ist dieses Trinkgefäß in leerem Zustand flach und wiegt praktisch nichts. Marken wie Nalgene sind für ihre Flaschen aus besonders robusten Materialien und mit weiter Öffnung zur leichten Wasserdesinfektion bekannt.

4. SteriPEN-Wasserfilter
Füllt Wasserflaschen an jedem Wasserhahn oder Wasserlauf. Taucht dann dieses ultraviolette Licht hinein, rührt 50 Sekunden um und tötet 99,9 Prozent der Protozoen, Bakterien und Viren ab. Kein Trink-wasser zu kaufen, spart uns jährlich knapp 1500 Dollar und hält 1000 Plastikflaschen pro Jahr von Müllhalden und Ozeanen fern.

5. Unsichtbares Reiseportemonnaie
Ein flacher Beutel mit Reißverschluss, den ihr an eurem Gürtel befestigt und hinter eurem Hosenbund versteckt, wo euer Bargeld und eure Kreditkarten sicher und unsichtbar aufgehoben sind. Dadurch könnt ihr größere Summen getrennt von eurem Hauptportemonnaie aufbewahren und beruhigt sein, wenn ihr euch an sehr belebten Orten befindet oder gerade Geld an einem Automaten abgehoben habt.

6. Gefrierbeutel
Strapazierfähige wiederverschließbare Beutel (ähnlich Ziplocs in Übergröße) dienen als Wasserschutz für eure technischen Geräte und Dokumente, als Aufbewahrung für nasse Kleidung oder Snacks und helfen euch dabei, euren Gepäckinhalt zu organisieren.

7. SporKnife
Dieses Tool ist Löffel, Gabel und Messer in einem und unverzichtbar für Picknicks, Mahlzeiten unterwegs oder Snacks im Hotelzimmer. Es besteht aus robustem und leichtem Plastik und kann jahrelang verwendet werden.

8. Kabelschlösser
Mit biegsamen Gepäckschlössern könnt ihr mehrere Reißverschlüsse auf einmal absichern. Nehmt ein kurzes Kabelschloss für jedes Gepäckstück und ein langes mit, für den Fall, dass ihr euer Gepäck zusammenschließen müsst oder sie zusammen an etwas befestigen wollt.

9. Euer eigenes Kopfkissen
Wir wissen, es nimmt eine Menge Platz ein, aber weil guter Schlaf so wichtig ist, ist euer eigenes Kissen von unschätzbarem Wert. Egal, wo ihr übernachtet – in einem Fünf-Sterne-Hotel oder in einem Zelt –, euer Kissen macht für euch jeden Ort zu eurem Zuhause.

10. Frisiertes Smartphone
Verwandelt euer Smartphone in einen Reise-Ninja, indem ihr es »entsperrt« (sodass es mit ausländischen SIM-Karten funktioniert), und ladet euch diese klugen Apps herunter: XECurrency-Währungsrechner, Maps.me-Offline-GPS, Wunderground-Wetterapp, Google Voice und TripIt-Reiseplaner.

Mike desinfiziert in Japan Flusswasser mit einem SteriPEN.

Die luxuriösen geodätischen Kuppelbauten des EcoCamp Patagonia, Chile

UNTERKÜNFTE

Wir meinen, dass jeder Reisende unterschiedliche Unterkünfte ausprobieren sollte. Unsere Lieblingsunterkünfte wählen wir aufgrund ihres Charakters und ihrer regionalen Authentizität, sei es ein Boutiquehotel mit üppigem Dekor oder das Airbnb eines stolzen Einheimischen. Unser Grundsatz: Lasst es euch etwas kosten, wenn es euch eine einzigartige Erfahrung bietet (ein Loft in den Weinbergen von Mendoza oder ein Schlosshotel in Irland), und spart, wenn es nur darum geht, sich eine Nacht auszuruhen (z.B. in einem Hotel in Flughafennähe). Übernachtet in jedem Land mindestens einmal bei Einheimischen – diese Erfahrungen mit anderen Kulturen kann nichts aufwiegen. Nutzt die folgenden Tipps, um euch in der sich ständig verändernden Welt der Unterkünfte zurechtzufinden und die für euch beste Auswahl zu treffen.

Buchungssysteme
Onlinebuchungsmaschinen bieten alles in einem. Bezüglich Unterkünften erhaltet ihr oft die günstigsten Deals, wenn ihr eure Hotelbuchung mit eurer Flug- oder Mietwagenbuchung verbindet. Websites wie *Travelocity.com* und *Orbitz.com* bieten deutliche Vergünstigungen für Pakete an und passen die Hotelpreise bis zu 24 bis 48 Stunden vor eurer Abreise an.

Sonderrabattseiten
Wenn ihr nicht auf ein bestimmtes Hotel fixiert seid und nach einem Schnäppchen sucht, versucht *Hotwire.*

com, *Priceline.com* und *HotelTonight.com*. Nutzt ihre Last-Minute-Angebote oder nennt einen eigenen Preis für eine bestimmte Gegend und einen Qualitätsstandard. Auch wenn ihr auf diesem Weg nicht immer wisst, wo ihr übernachten werdet, bis die Buchung durchgeführt wurde, werdet ihr deutliche Einsparungen für Unterbringungen erzielen, die euren Bedürfnissen entsprechen.

Boutiqueluxus
Wenn wir auf der Suche nach einem Hotel sind, für das Luxus mehr als nur äußerlich ist – ein Feeling, authentischer Charme, durchdachtes Design und aufmerksames Personal –, konsultieren wir mehrere bekannte Netzwerke und kuratierte Websites. *RelaisChateaux. com*, *SLH.com*, *MrandMrsSmith.com* und *FiveStarAlliance.com* sind unter unseren bevorzugten Websites für besondere Anlässe.

Peer-to-Peer-Unterkünfte
Das Zuhause eines Einheimischen zu mieten – sei es ein Anwesen oder ein einfaches Zimmer –, wird dank Websites wie *Airbnb.com* oder *Homestay.com* immer beliebter. Sucht nach einem Privatzimmer und der idealen Kombination aus einem günstigen Preis und Lokalkolorit. Findet über Airbnb einen Gastgeber, der euch Surfen beibringt, die Underground-Musikszene durch und durch kennt oder euch durch die Straßenmärkte führen kann.

KREATIVE KONTAKTE MIT EINHEIMISCHEN

Dringt mit diesen Sharing-Economy-Plattformen in das Herz der lokalen Szene vor. Von Feinschmeckerdinnerpartys im Loft eines Kochs in Buenos Aires bis zum Ernten von Oliven im Tausch gegen Unterkunft und Verpflegung in der Toskana helfen euch die folgenden Tipps, in die Kultur eines Landes einzutauchen.

Tauschunterkünfte

Tauscht einige Stunden eurer Zeit gegen ein Zimmer, Verpflegung oder eine Einladung in die örtliche Gemeinschaft ein.

Housesitting: Es gibt mehrere Websites, auf denen sich Reisende für einen Aufenthalt überall von einem Schloss in Frankreich bis hin zu einem Strandhaus in Costa Rica bewerben können. Als Gegenleistung übernehmt ihr alltägliche Aufgaben wie Hunde Gassi zu führen oder einfach nur den Briefkasten auszuleeren. Es gibt Aufenthalte von einigen Tagen bis zu einigen Monaten. Sie bieten die Möglichkeit, wie Einheimische zu leben. Um mehr darüber zu erfahren oder nach einem Housesitting zu suchen, besucht *HoneyTrek. com/HousesittingTips*.

WWOOF: Wohnt mithilfe von *WWOOF.net* (Worldwide Opportunities on Organic Farms) auf einem Ökobauernhof in über 100 Ländern und erfahrt, wie unterschiedliche Kulturen ihr Land nutzbar machen. Indem ihr während einer Woche oder länger vier Stunden pro Tag arbeitet, bekommt ihr eine Unterkunft, Mahlzeiten und lernt dazu. Der einzige Kostenfaktor ist die sehr niedrige Mitgliedsgebühr.

WorkAway: Arbeitet auf freiwilliger Basis in einem Yoga-Retreat, einer Kochschule, einer Sprachschule, einem Wildtierreservat oder in einer anderen Einrichtung: Auf *WorkAway.info* könnt ihr unter Tausenden Möglichkeiten in über 150 Ländern auswählen. Für wenige Stunden Arbeit erhaltet ihr ein Zimmer, Essen und könnt andere Menschen kennenlernen.

Freies Logis

Es klingt vielleicht verrückt, aber weltweit nehmen Menschen Reisende aus keinem anderen Grund als aus Freude am kulturellen Austausch auf. Zwischen *Couchsurfing.com*, *TrustRoots.org* und *BeWelcome.org* sind über 10 Millionen Menschen in 200 000 Städten Teil dieser Reisegemeinschaft. Nehmt mit einer offenen und großzügigen Einstellung (seid, wenn möglich, auch Gastgeber) daran teil, und ihr werdet sehen, dass es nicht um »kostenlos« geht, sondern um Vertrauen und darum, Barrieren abzubauen und weltweit Freundschaften zu schließen.

Abendessen

Lasst Restaurants Restaurants sein und nehmt an einer Dinnerparty teil. Professionelle Köche und Kulinarik-Enthusiasten öffnen ihr Heim für einen gemeinsamen Abend mit großartigem Essen und interessanten Gesprächen – egal, ob ihr mit ihnen kocht oder euch mit euren Reisekumpanen zurücklehnt. Versucht *EatWith. com* für eine Gourmeterfahrung und *BonAppetour.com* für ein persönliches Erlebnis mit Einheimischen.

Ausflüge

Findet einmalige Reiserouten und ungewöhnliche Exkursionen – von Flohmarktshopping mit einem erfahrenen Antiquitätenhändler bis zu einer von Künstlern geführten Graffititour. Sowohl *Vayable.com* als auch *WithLocals.com* machen einen Tag in der Stadt zum Erlebnis.

Fahrgelegenheiten

Lasst euch von einem registrierten Fahrer in seinem Auto mitnehmen. Websites mit Mitfahrgelegenheiten wie *BlaBlaCar.com* bieten eine erschwingliche und persönliche Alternative zu Mietwagen.

Portugiesischer Kochkurs zu Hause beim Kochprofi

ACHTSAM REISEN

Die Entscheidungen, die ihr aufgrund eures Zeitbudgets und eurer Ausgaben trefft, können die Orte, die ihr besucht, positiv beeinflussen. Von Einkäufen über Touren bis hin zu Freiwilligenarbeit – im Folgenden findet ihr Tipps, wie ihr einen Beitrag leisten könnt, während ihr eure Leidenschaft lebt.

Tourismus mit sozialer Komponente

Wenn eure gewöhnlichen Reiseaktivitäten wie Essen, Einkaufen und Touren Nonprofitorganisationen und sozialen Randgruppen helfen können, dann ist das großartig. *Visit.org* ist eine Plattform, die Reisende mit wohltätigen Organisationen in Verbindung bringt. Sie bietet authentische Exkursionen an, wie etwa Webunterricht in den Anden, der eine gemeinnützige Organisation für peruanische Frauen auf dem Land unterstützt. Geht ihr in einer der großen südostasiatischen Städte zum Abendessen oder Einkaufen? Schaut bei einem Friends-International-Gourmetrestaurant oder -Laden für fairen Handel vorbei. Diese gemeinnützige Organisation bildet gefährdete Jugendliche in den kreativen und Dienstleistungsindustrien aus und gibt jegliche Einnahmen wieder an die Organisation zurück. Es gibt unzählige tourismusorientierte Unternehmen, die einen höheren Zweck verfolgen, als nur Geld zu verdienen. Unterstützt sie, wo ihr könnt.

Voluntourismus

Touren, die klassische Reiseaktivitäten wie Wandern oder Sightseeing mit Freiwilligenarbeit verbinden, sind ein großartiges Mittel zu altruistischen und erfüllten Ferien. Seid euch aber bewusst, dass einige Veranstalter versuchen, Profit aus dem Trend zu Freiwilligenferien zu schlagen, und daher lukrative Projekte entwerfen statt solcher, die tatsächlich hilfreich für die örtlichen Gemeinschaften sind. Recherchiert zu ihrem Ruf und langfristigem Engagement für die Region. World Expeditions' Community Project Travel ist ein großartiges Beispiel für einen Tourenveranstalter, der mit örtlichen Unternehmen zusammenarbeitet, um einen nachhaltigen Wandel zu bewirken.

Freiwilligenarbeit

Sich für soziale und Umweltbelange einzusetzen, ist eine der bereicherndsten Arten zu reisen und führt euch von den Touristenpfaden weg. Holt euch zunächst auf *Catalyst.cm* Ideen, eine Onlinecommunity, die nachhaltige Projekte, Blogs und Foren präsentiert. Die Videobibliothek auf *LearningService.info* ist eine großartige Ressource für das A und O wirkungsvoller Freiwilligenarbeit. Um ein Projekt bei einer seriösen und erschwinglichen Organisation zu buchen, besucht beispielsweise *VolunteerHQ.com*, dessen Team alle Programme in 30 Ländern persönlich überprüft. Eine Möglichkeit, etwas Gutes zu tun, während ihr unterwegs seid, ist *TheMuskokaFoundation.org*, eine Organisation, für die wir in Brasilien und Vietnam Freiwilligenarbeit geleistet haben.

Expertise weitergeben

Nutzt eure Berufserfahrung, um soziale Organisationen zu unterstützen. *MovingWorlds.org* bringt selbstlose Reisende mit Nonprofit- und Hilfsorganisationen in Verbindung, die fachspezifische Hilfe benötigen. Sucht nach gewünschtem Land und Aufenthaltslänge, um Projekte zu entdecken, die euren Lebenslauf bereichern und einen sozialen Nutzen haben.

Eine bewusste Wahl treffen

- Macht lokale Fremdenführer und Reiseunternehmer ausfindig.
- Unterstützt keine Attraktionen, die Tiere ausbeuten (Elefantenreiten, Delfinschwimmen etc.).
- Seid vorsichtig bei Freiwilligenprogrammen in Kinderheimen.
- Kauft authentische Souvenirs direkt bei Kunsthandwerkern.
- Kauft keine Produkte aus tierischen Materialien (Elfenbein, Pelz, Korallen etc.).
- Vermeidet es, Plastikverpackungen oder -gegenstände zu kaufen (es wird kaum recycelt).

Lachende Gesichter – unterstützt lokale Gemeinden!

Pure Lebensfreude auf dem
Franz-Josef-Gletscher,
Neuseeland

WIR SEHEN UNS UNTERWEGS

Die Bezeichnung »Bucket List«, von der man heute in sozialen Medien so oft liest, ist meist ein Euphemismus für »die Träume, die ich eines Tages verwirklichen werde«. Warum warten?

Beim Reisen entstehen Erinnerungen, an die ihr für den Rest eures Lebens mit einem Lächeln zurückdenken werdet. Es vergeht kein Tag, an dem wir nicht an einen lustigen Moment, einen schönen Ort oder ein anregendes Gespräch auf unserer Reise denken. Reisen erweitert unseren Horizont. Es ermöglicht uns, das Leben aus einer völlig neuen Perspektive zu betrachten. Andere Kulturen zeigen uns neue Herangehensweisen – sei es eine einfallsreichere Form für einen Flaschenverschluss oder wie man für mehr Beteiligung der Bevölkerung an der politischen Willensbildung sorgt. Wenn man einen lächelnden Bauern auf seinem Ochsenkarren oder eine Töpferin an ihrer Drehscheibe sieht, dann werden wir daran erinnert, dass es viele Wege zu Erfolg und Glück gibt. Wir sind sehr dankbar dafür, dass wir dies erfahren durften.

Es gibt eigentlich immer einen Anlass zum Reisen. Es fängt an mit Jahres- und Geburtstagen – es gibt keine schönere Art, sie zu feiern. Verlängert eine Geschäftsreise um ein Wochenende, wenn sich die Möglichkeit bietet, eine neue Region zu erkunden. Unterwegs zu einer Hochzeit? Nutzt diesen Flug an einen exotischen Ort aus. Kühles Wetter kann ein Grund sein, an einen sonnigeren Ort zu reisen, und glühende Hitze den Anstoß geben, eine schneereiche Gegend zu besuchen. Nutzt eure Urlaubstage aus und schafft euch freie Zeit, wo ihr könnt.

In diesem Buch wurden über 75 Reiseziele vorgestellt. Obwohl es durchaus möglich ist, sie alle zu besuchen, ist es das Wichtigste, eure eigenen Traumziele auszuwählen und sie so an eure Bedürfnisse anzupassen, dass ihr sie verwirklichen könnt. Wir hoffen, euch mit unseren Planungs- und Reisetipps gezeigt zu haben, wie clevere Reisende an jeden beliebigen Ort gelangen können. Und dass es mehr Spaß machen kann, den normalen Bus zu nehmen statt einen Individualtransfer. Dass ein Picknick auf einer Felsklippe genauso romantisch sein kann wie ein edles Fünf-Gänge-Menü. Und dass das Abenteuer nur größer wird, wenn ihr euch verirrt – Hauptsache, ihr habt einander.

Nachdem ihr dieses Buch zugeschlagen habt, beginnt das nächste Kapitel in eurem Leben als Reisende. Eine unvergessliche Geschichte wartet darauf, niedergeschrieben zu werden.

> *»Laufen, atmen, fliegen, schweben,*
> *alles zu erlangen, während man gibt,*
> *die Straßen ferner Länder entdecken,*
> *zu reisen heißt zu leben.«*

HANS CHRISTIAN ANDERSEN

Kappadokien, Türkei

QUELLEN

BERGE

ANNAPURNA SANCTUARY, NEPAL
Trekking Agencies' Association of Nepal
www.TAAN.org.np
Tipps & Fotos
www.HoneyTrek.com/Annapurnas

CORDILLERA CENTRAL, PHILIPPINEN
Native Village Inn
www.NativeVillage-Inn.com
Misty Lodge
MistyLodgeSagada@gmail.com
Tipps & Fotos
www.HoneyTrek.com/Cordillera

EMEISHAN, CHINA
Emeishan Hostel C
www.Facebook.com/emeishan.hostelc
Golden Summit Hotel
www.EMJDJD.com/en
Tipps & Fotos
www.HoneyTrek.com/Emeishan

LAUTERBRUNNENTAL, SCHWEIZ
Hotel Staubbach
www.Staubbach.com
Schilthorn Restaurant
www.Schilthorn.ch
Via Ferrata Mürren
www.Klettersteig-Muerren.ch
Berggasthaus Obersteinberg
Info@Stechelberg.ch

MOUNT RAINIER, VEREINIGTE STAATEN
Paradise Inn
www.MtRainierGuestServices.com
Packwood Lodge
www.PackwoodLodge.net
Crystal Mountain
www.CrystalMountainResort.com
Mount Tahoma – Hüttenwanderungen
www.SkiMTTA.com

Mount Rainier National Park
www.NPS.gov/mora

VIRUNGA-VULKANE, RUANDA
Sabyinyo Silverback Lodge
www.GovernorsCamp.com
Mountain Gorilla View Lodge
www.3BHotels.com
Iby'Iwacu Cultural Village
www.CBTRwanda.org
Ruanda – Parks & Tourismus
www.RwandaTourism.com
Tipps & Fotos
www.GreenGlobalTravel.com

URUBAMBA-TAL, PERU
Hotel Andenes al Cielo
www.AndenesalCielo.com
Inkaterra Machu Picchu
www.Inkaterra.com
Andean Treks
www.AndeanTreks.com
Reiseinformationen
www.Peru.travel
Tipps & Fotos
www.HoneyTrek.com/Urubamba

TORRES DEL PAINE, CHILE
EcoCamp Patagonia
www.EcoCamp.travel
Hostería Pehoé
www.HosteriaPehoe.cl
Torres del Paine
www.TorresDelPaine.com
Tipps & Fotos
www.HoneyTrek.com/TorresDelPaine

SEEN, FLÜSSE & WASSERFÄLLE
IGUAZÚ-FÄLLE, ARGENTINIEN & BRASILIEN
Boutique Hotel de la Fonte
www.BoutiqueHotelDeLaFonte.com
Sheraton Iguazú
www.SheratonIguazu.com

Nationalpark- und Vollmondtour
www.IguazuArgentina.com
Tipps & Fotos
www.HoneyTrek.com/Iguazu

INLE-SEE, MYANMAR
Pristine Lotus Spa Resort
www.PristineLotus.com
Nawng Kham, The Little Inn
www.Facebook.com/nawngkhamthelittleinn
Red Mountain Estate
www.RedMountain-Estate.com
Tipps & Fotos
www.HoneyTrek.com/Inle

TITICACASEE, BOLIVIEN & PERU
Hotel Rosario, Lago Titicaca
www.GrupoRosario.com
Hotel La Cúpula
www.HotelCupula.com
Inka Sailing
www.InkaSailing.com
Tipps & Fotos
www.HoneyTrek.com/LakeTiticaca

LIVINGSTONE, SAMBIA
Tongabezi Lodge & Livingstone Island
www.Tongabezi.com
Royal Livingstone Hotel
www.Royal-Livingstone.Anantara.com
Wasserfälle – Ultraleichtflug
www.LivingstonesAdventure.com
Tipps & Fotos
www.HoneyTrek.com/Livingstone

OBERES MITTELRHEINTAL, DEUTSCHLAND
Breuer's Rüdesheimer Schloss
www.Ruedesheimer-Schloss.com
Hotel Im Schulhaus
www.Hotel-Im-Schulhaus.com
Drosselkeller
www.DrosselKellerei.de
Burg Bacharach, Hostel & Café
www.HIHostels.com/hostels/bacharach
Tipps & Fotos
www.UncorneredMarket.com

MEKONG-DELTA, VIETNAM
Nam Bộ Boutique Hotel
www.NamBoCanTho.com
Oasis Hotel
www.BenTreHotelOasis.com

Song Xanh Sampan
www.SongXanhCruiseMekong.com
Tipps & Fotos
www.HoneyTrek.com/Mekong

NAM-OU-FLUSSTAL, LAOS
Nong Kiau Riverside
www.NongKiau.com
Tiger Trail
www.Laos-Adventures.com/23765
Tipps & Fotos
www.HoneyTrek.com/NamOu

STRÄNDE & INSELN

KAUA'I, VEREINIGTE STAATEN
St. Regis Princeville Resort
www.StRegisPrinceville.com
Fern Grotto Inn
www.KauaiCottages.com
Beach House Restaurant
www.The-Beach-House.com
Island Sails Kaua'i
www.IslandSailsKauai.com
Jack Harter Helicopters
www.Helicopters-Kauai.com

NORTH ELEUTHERA, BAHAMAS
The Cove Eleuthera
www.TheCoveEleuthera.com
Coral Sands Hotel
www.CoralSands.com
The Landing
www.HarbourIslandLanding.com
Harbour Island History Tour
MartinLeeGrant@yahoo.com
Tipps & Fotos
www.HoneyTrek.com/Eleuthera

SANSIBAR, TANSANIA
Baraza Resort and Spa
www.Baraza-Zanzibar.com
Zanzibar Coffee House
www.RiftValley-Zanzibar.com
Emerson Spice Tea House
www.EmersonSpice.com
Tangawizi Spice Farm
www.TangawiziSpiceFarm.com
The Rock Restaurant
www.TheRockRestaurantZanzibar.com
Tipps & Fotos
www.HoneyTrek.com/Zanzibar

RAILAY, THAILAND
Railay Phutawan Resort
www.RailayPhutawan.com
Rayavadee Resort
www.Rayavadee.com
Deepwater Solo Climbing
www.BaseCampTonsai.com
Tipps & Fotos
www.HoneyTrek.com/Railay

TIOMAN, MALAYSIA
1511 Coconut Grove
www.1511CoconutGrove.com
Ella's Place
www.Tioman.org/ella-place.htm
Grahame Massicks's Scuba
www.Tioman-Scuba.com
Tipps & Fotos
www.TheTravelManuel.com

SAMANÁ, DOMINIKANISCHE REPUBLIK
Dominican Tree House Village
www.DominicanTreeHouseVillage.com
Sublime Samana Hotel
www.SublimeSamana.com
El Cabito Restaurant
www.ElCabito.net
Samaná Zipline
www.SamanaZipline.com
Tipps & Fotos
www.HoneyTrek.com/Samana

AUF SAFARI

GALAPAGOS, ECUADOR
Finch Bay Eco Hotel
www.FinchBayHotel.com
Active Adventures
www.ActiveAdventures.com
Tipps & Fotos
www.HoneyTrek.com/Galapagos

TOP END, AUSTRALIEN
Adventure Tours Australia
www.AdventureTours.com.au
Wildman Wilderness Lodge
www.WildmanWildernessLodge.com.au
Mindil Beach Sunset Market
www.Mindil.com.au
Northern Territory Visitors Center
www.NorthernTerritory.com
Tipps & Fotos
www.HoneyTrek.com/TopEnd

KRUGER, SÜDAFRIKA
Sabi Sabi Earth Lodge
www.SabiSabi.com
Mvuradona Safari Lodge
www.Mvuradona.co.za
Chalkley Treehouse
www.LionSands.com
Sweni Trek, Satara Rest Camp, Shipandani Hide
www.SANParks.org
Tipps & Fotos
www.HoneyTrek.com/Kruger

KRATERHOCHLAND, TANSANIA
Nomad Serengeti Safari Camp
www.Nomad-Tanzania.com
Ndutu Safari Lodge
www.Ndutu.com
Tipps & Fotos
www.HoneyTrek.com/CraterHighlands

SAMBURU, KENIA
Elephant Bedroom Camp
www.Atua-Enkop.com
Saruni Samburu & Sera Rhino Tracking
www.SaruniSamburu.com
Joy's Camp
Info@Elewana.com
Tipps & Fotos
www.HoneyTrek.com/Samburu

CHURCHILL, KANADA
Frontiers North Adventures
www.FrontiersNorth.com
Seal River Heritage Lodge
www.ChurchillWild.com
Tipps & Fotos
www.HeckticTravels.com

SÜDLUANGWA, SAMBIA
Nsefu Camp
www.RobinPopeSafaris.net
Mfuwe Lodge
www.MfuweLodge.com
The Bush Spa
www.Bush-Spa.com
Sambia Parks & Abenteuer
www.ZambiaTourism.com
Tipps & Fotos
www.HoneyTrek.com/SouthLuangwa

TORTUGUERO, COSTA RICA

Tortuga Lodge
www.TortugaLodge.com
Aracari Garden
www.AracariGarden.com
Sea Turtle Conservancy
www.ConserveTurtles.org
Tipps & Fotos
www.HoneyTrek.com/Tortuguero

GESCHICHTE & ARCHITEKTUR

BAGAN, MYANMAR

The Hotel @ Tharabar Gate
www.TharabarGate.com
Bagan Thande Hotel
www.ThandeHotel.com
Balloons Over Bagan
www.BalloonsOverBagan.com
Tipps & Fotos
www.HoneyTrek.com/Bagan

KAPPADOKIEN, TÜRKEI

Museum Hotel
www.MuseumHotel.com.tr
Kelebek Hotel
www.KelebekHotel.com
Kapadokya Hot Air Balloons
www.KapadokyaBalloons.com
Matiana Travel
www.Matiana.com.tr
Tipps & Fotos
www.HoneyTrek.com/Cappadocia

FENGHUANG, CHINA

Fenghuang Melody Inn
www.FenghuangMelody.com
Fengxiang Jiangbianlou Inn
349 Jinjiayuan, Fenghuang, China
Tipps & Fotos
www.HoneyTrek.com/Fenghuang

GUANAJUATO, MEXIKO

Villa María Cristina
www.VillaMariaCristina.net
Alonso 10
www.HotelAlonso10.com.mx
Mexico Street Food Tours
www.MexicoStreetFood.com

GENT, BELGIEN

Ghent River Hotel
www.Ghent-River-Hotel.be
Ghent Marriot
www.Marriott.com
Huyghe-Brauerei
www.Delirium.be
Tipps & Fotos
www.TravelPast50.com

SINTRA, PORTUGAL

Tivoli Palácio de Seteais
www.TivoliHotels.com
Sintra Bliss House
www.SintraBlissHouse.com
Tacho Real
Telefon: +351 21 923 5277
Park E Bike
www.ParkEBike.com
Tipps & Fotos
www.HoneyTrek.com/Sintra

AUF SEE

TASMAN DISTRICT, NEUSEELAND

Abel Tasman Great Walk
www.GreatWalks.co.nz
Abel Tasman Lodge
www.AbelTasmanLodge.co.nz
Wilsons Abel Tasman & Great Taste Trio
www.AbelTasman.co.nz
Gourmet Sailing
www.GourmetSailing.co.nz
Project Janszoon
www.Janszoon.org
Tipps & Fotos
www.HoneyTrek.com/Tasman

MESOAMERIKANISCHES RIFF, BELIZE

Colinda Cabanas
www.ColindaCabanas.com
Maya Beach Hotel
www.MayaBeachHotel.com
Raggamuffin Tours
www.RaggamuffinTours.com

NÖRDLICHES PALAWAN, PHILIPPINEN

The Birdhouse
www.TheBirdhouseElNido.com
La Natura Resort
www.LaNaturaResort.com

Tao Philippines
www.TaoPhilippines.com
Waz SUP El Nido
www.WazSupElNido.com

KOMODO, INDONESIEN
Bayview Gardens Hotel
www.Bayview-Gardens.com
Dive Komodo
www.DiveKomodo.com
Seraya Hotel
www.SerayaHotel.com
Tipps & Fotos
www.HoneyTrek.com/Komodo

KYKLADEN, GRIECHENLAND
AthensWas Hotel
www.AthensWas.gr
Sunsail
www.Sunsail.com
Harmony Mexican Bar and Restaurant
www.HarmonyIos.com
Visit Greece
www.VisitGreece.gr
Tipps & Fotos
www.Sailing-LaVagabonde.com

NORWEGISCHE FJORDE, NORWEGEN
Hurtigruten
www.Hurtigruten.com
G Adventures
www.GAdventures.com
Hotel Union Øye
www.UnionOye.no
Visit Norway
www.VisitNorway.com
Tipps & Fotos
www.HoneyTrek.com/NorwegianFjords

WÜSTEN & DÜNEN

MOAB, VEREINIGTE STAATEN
Moab Under Canvas
www.MoabUnderCanvas.com
Hauer Ranch & Trail Rides
www.MoabHorses.com
Castle Creek Winery
www.CastleCreekWinery.com

Redtail Air Adventures
www.FlyRedtail.com
Moab Visitors Page
www.DiscoverMoab.com

MŨI NÉ, VIETNAM
Source Kiteboarding
www.SourceKiteboarding.com
Princess D'Ân Nam
www.PrincessDAnNam.com
Windchimes Kiteboarding
www.Kiteboarding-Vietnam.com
Tipps & Fotos
www.HoneyTrek.com/MuiNe

DURANGO, MEXIKO
Hostal Mexiquillo
www.HostalMexiquillo.com
Hotel Gobernador Durango
www.HotelGobernador.com.mx
Visit Durango
www.VisitDurango.mx

JERICOACOARA, BRASILIEN
La Villa Jericoacoara
www.LaVilla-Jeri.com
Baoba Jeri
www.BaobaJeri.com
Tipps & Fotos
www.HoneyTrek.com/Jericoacoara

WÜSTE NAMIB, NAMIBIA
Sossusvlei Lodge
www.SossusvleiLodge.com
Namib Desert Lodge
www.Gondwana-Collection.com
Alter Action Sandboarding
www.Alter-Action.info
Tipps & Fotos
www.DivergentTravelers.com

ATACAMA-WÜSTE, CHILE
Awasi
www.AwasiAtacama.com
Terrantai
www.Terrantai.com
Tierra Atacama Hotels
www.TierraHotels.com
Celestial Explorations
www.SpaceObs.com
Tipps & Fotos
www.HoneyTrek.com/Atacama

SCHNEE & EIS

ANTARKTISCHE HALBINSEL, ANTARKTIS
Quark Expeditions
www.QuarkExpeditions.com
One Ocean Expeditions
www.OneOceanExpeditions.com
Tipps & Fotos
www.HoneyTrek.com/Antarctica

WESTLAND, NEUSEELAND
Te Waonui Forest Retreat
www.TeWaonui.co.nz
Aspen Court
www.AspenCourtFranzJosef.co.nz
Glacier Hot Pools
www.GlacierHotPools.co.nz
Fox/Franz – Helikopterservice
www.Scenic-Flights.co.nz
Fox Glacier Guiding
www.FoxGuides.co.nz
Tipps & Fotos
www.HoneyTrek.com/Westland

ZENTRAL-VERMONT, VEREINIGTE STAATEN
Mountain Top Inn
www.MountainTopInn.com
Woodstock Inn
www.WoodstockInn.com
Killington Resort & Ledgewood Yurt
www.Killington.com
Mad River Glen
www.MadRiverGlen.com
Middlebury Tasting Trail
www.MiddTastingTrail.com

TROMSØ, NORWEGEN
Thon Hotel Polar
www.ThonHotels.com/Tromso
Lyngsfjord Adventure
www.Lyngsfjord.com
Vulkana Nautic Spa
www.Vulkana.no
Active Tromsø
www.ActiveTromso.no

WESTGRÖNLAND, GRÖNLAND
Quark Expeditions
www.QuarkExpeditions.com
Hotel Hans Egede
www.HHE.gl
Siku Aput – Hundeschlitten & Schneemobile
www.SikuAput.gl

Tipps & Fotos
www.ThePlanetD.com

NIAGARAFÄLLE, VEREINIGTE STAATEN & KANADA
The Giacomo Hotel
www.TheGiacomo.com
Niagara Crossing Hotel & Spa
www.NiagaraCrossingHotelandSpa.com
Carmelo's Restaurant
www.Carmelos-Restaurant.com
National Helicopters
www.NationalHelicopters.com
Thirty Bench Wine Makers
www.ThirtyBench.com
Schulze Vineyards & Winery
www.SchulzeWines.com
Niagara Falls Culinary Institute
www.NFCulinary.org
Tipps & Fotos
www.HoneyTrek.com/Niagara

LOS GLACIARES, ARGENTINIEN
Hostería Senderos
www.SenderosHosteria.com.ar
Los Ponchos
www.LosPonchosApart.com.ar
Cruceros Marpatag
www.CrucerosMarpatag.com
Hielo & Aventura
www.HieloyAventura.com
Estancia Cristina
www.EstanciaCristina.com
Tipps & Fotos
www.HoneyTrek.com/LosGlaciares

DSCHUNGEL & REGENWALD

DAINTREE, AUSTRALIEN
Daintree EcoLodge & Spa
www.Daintree-EcoLodge.com.au
Cape Tribulation Beach House
www.CapeTribBeach.com.au
Dreamtime Walks
www.MossmanGorge.com.au
Port Douglas & Daintree
www.PDDT.com.au
Tipps & Fotos
www.HoneyTrek.com/Daintree

KHAO SOK, THAILAND
Our Jungle House
www.KhaoSokAccommodation.com
Elephant Hills Rainforest Camp
www.ElephantHills.com
Tipps & Fotos
www.HoneyTrek.com/KhaoSok

MONTEVERDE, COSTA RICA
Monteverde Lodge & Gardens
www.MonteverdeLodge.com
Los Pinos Cabins & Gardens
www.LosPinos.net
Café Caburé
www.Cabure.net
Sky Adventures
www.SkyAdventures.travel/monteverde
Children's Eternal Rainforest
www.ACMCR.org/content
Monteverde Butterfly Garden
www.MonteverdeButterflyGarden.com

OLYMPIC-HALBINSEL, VEREINIGTE STAATEN
Lake Quinault Lodge
www.OlympicNationalParks.com
Kalaloch Lodge
www.TheKalalochLodge.com
Olympic National Park & Campgrounds
www.NPS.gov/olym

ST. LUCIA, KLEINE ANTILLEN
Crystals Resort
www.StLuciaCrystals.com
Ladera Resort
www.Ladera.com
Chateau Mygo
www.ChateauMygo.com
Rainforest Adventures
www.RainforestAdventure.com
Diamond Falls
www.DiamondStLucia.com
Sulphur Springs
www.SoufriereFoundation.org

YASUNÍ, ECUADOR
Manatee Amazon Explorer
www.ManateeAmazonExplorer.com
Napo Wildlife Center
www.NapoWildlifeCenter.com
Amazon Dolphin Lodge
www.AmazonDolphinLodge.com
Tipps & Fotos
www.HoneyTrek.com/Yasuni

MANAUS, BRASILIEN
Boutique Hotel Casa Teatro
www.CasaTeatro.com.br
Anavilhanas Jungle Lodge
www.AnavilhanasLodge.com
Amazonas Indian Turismo
AmazonasIndian@hotmail.com
Tropical Tree Climbing
www.TropicalTreeClimbing.com
Tipps & Fotos
www.HoneyTrek.com/Manaus

ROADTRIPS

WESTKAP, SÜDAFRIKA
Grand Daddy Hotel
www.GrandDaddy.co.za
Quayside Hotel
www.AHA.co.za/quayside
Le Franschhoek Hotel & Spa
www.LeFranschhoek.co.za
Africa Café
www.AfricaCafe.co.za
The Old Biscuit Mill
www.TheOldBiscuitMill.co.za
Tipps & Fotos
www.HoneyTrek.com/SouthAfrica

SÜDINSEL, NEUSEELAND
Matakauri Lodge
www.MatakauriLodge.com
Maui Campervans
www.Maui.co.nz
Tourism Radio
www.TourismRadio.co.nz
National Parks & Deer Flat Campground
www.DOC.govt.nz
Tipps & Fotos
www.HoneyTrek.com/SouthIsland

DER SÜDWESTEN, VEREINIGTE STAATEN
Zion Lodge
www.ZionLodge.com
Bright Angel Lodge
www.GrandCanyonLodges.com
Zion, Bryce & Grand Canyon
www.NPS.gov

NORDKÜSTE, IRLAND & NORDIRLAND

The Bushmills Inn
www.BushmillsInn.com

Lough Eske Castle
www.SolisHotels.com/lougheskecastle

Bunk Campers
www.BunkCampers.com

Olde Castle Bar
www.OldeCastleBar.com

Unique Ascent
www.UniqueAscent.ie

Glencolmcille Folk Village Museum
www.GlenFolkVillage.com

ZENTRALGEORGIEN, GEORGIEN

Vinotel
www.Vinotel.ge

Castello Mare
www.CastelloMare.com

Adjarian Wine House
www.AWH.ge

Tipps & Fotos
www.2people1life.com

VULKANSTRASSE, ECUADOR

Hotel Samari Spa Resort
www.SamariSpa.com

Hacienda el Porvenir
www.TierraDelVolcan.com

Hacienda Pinsaqui
www.HaciendaPinsaqui.com

Luna Runtun
www.LunaRuntun.com

El Refugio Spa
www.ElRefugioSpa.com

Tren Ecuador
www.TrenEcuador.com

Tipps & Fotos
www.HoneyTrek.com/VolcanoAvenue

WESTKUBA, KUBA

Casa Particular Ridel y Claribel
Ridel326@gmail.com

Hotel La Unión
www.HotelLaUnion-Cuba.com

Casa Arcangel
www.Facebook.com/miguelangeltvc

Galileo Offline Maps
www.Galileo-App.com

ÜBERNATÜRLICHES

DEPARTAMENTO POTOSĹ, BOLIVIEN

Kanoo Salt Flats Tours
www.KanooTours.com

Hotel de Sal Luna Salada
www.LunaSaladaHotel.com.bo

Crillon Airstream Tours
www.Uyuni.travel

Tipps & Fotos
www.HoneyTrek.com/Potosi

ZENTRAL-FLORES, INDONESIEN

Eco Eden Flores
www.Facebook.com/EcoEden.Flores

Kelimutu Crater Lakes Ecolodge
www.KelimutuEcolodge.com

PAMUKKALE, TÜRKEI

Venus Suite
www.VenusSuite.com

Ayapam Hotel
www.AyapamHotel.com

Pamukkale Hijackers Paragliding
www.PamukkaleHijackers.com

ROTORUA, NEUSEELAND

Prince's Gate Hotel
www.PrincesGate.co.nz

Koura Lodge
www.KouraLodge.co.nz

Volcanic Hills Winery
www.VolcanicHills.co.nz

Wai-O-Tapu Thermal Wonderland
www.Waiotapu.co.nz

Waimangu Volcanic Valley
www.Waimangu.co.nz

Whakarewarewa Living Maori Village
www.Whakarewarewa.com

Lake Rotoiti Hot Pools
www.LakeRotoitiHotPools.co.nz

Polynesisches Spa
www.PolynesianSpa.co.nz

Tipps & Fotos
www.HoneyTrek.com/Rotorua

LADAKH, INDIEN
Chamba Camp Thiksey
www.TUTC.com
Lchang Nang Retreat
www.LchangNang.com
Rafting
www.SplashLadakh.com
Kloster-Trek
www.DreamLadakh.com
Tipps & Fotos
www.BruisedPassports.com

SIEM REAP, KAMBODSCHA
Sofitel Angkor Phokeethra
www.Sofitel.com
Viroth's Hotel
www.Viroth-Hotel.com

The White Bicycles
www.TheWhiteBicycles.org
Tipps & Fotos
www.HoneyTrek.com/SiemReap

WULINGYUAN, CHINA
Zhongtian International Youth Hostel
www.HIHostels.com
Pullman Zhangjiajie
www.PullmanHotels.com
Tipps & Fotos
www.HoneyTrek.com/Wulingyuan

DANK

Nach fünf Jahren auf Reisen können wir von ganzem Herzen sagen: Es waren die Menschen, die sie so besonders gemacht haben. Schon bevor wir aufbrachen, ermutigte uns die Liebe und Unterstützung unserer Familien, Freunde und sogar Vorgesetzten. Sie hätten uns auch für verrückt erklären können, weil wir die Sicherheit unseres Zuhauses aufgaben, aber stattdessen vermittelten sie uns das Gefühl, mutig zu sein. Als wir sagten: »Mom, wir kündigen unsere Jobs und machen eine mehrjährige Verlobungsreise«, rechneten wir nicht mit Zustimmung. Bei »Dad, wir wollen von jetzt an Vollzeit-Reiseblogger sein« waren wir auf einen langen Seufzer gefasst. Komischerweise haben sie uns aber immer wieder gesagt, wie stolz sie auf uns sind, dass wir unseren eigenen Weg gehen. Wir danken unseren Familien, dass sie uns bei der Erfüllung unserer Träume unterstützen.

Beständig auf Reisen zu sein, ist Gemeinschaftsarbeit. Wir sind von Herzen dankbar für all die Menschen, die das Projekt HoneyTrek bis heute möglich machen. Danke an Pat Howard für das Babysitten unseres Autos, das Sortieren unserer Post und dafür, uns nach alldem immer noch gern zu haben. An Robin Collins, die sich durch regelmäßige E-Mails nach unserem Wohlbefinden erkundigt: »Wo seid ihr? Ruft mich an! Alles Liebe, Mom.« An Pat Collins, der jeden einzelnen Blog liest und alle Zeitungsartikel über uns sammelt. An unsere Geschwister (Kate, Matt, Ryan, Chelsea und Will), die immer für uns da sind. An alle

unsere Freunde, die einzelne Stücke unserer Wohnungseinrichtung behüten. Wir hoffen, ihr habt Spaß daran (Familie Hottenstein, wir versprechen, dass wir die Couch eines Tages abholen werden). An Jeff Radlin, unseren lieben Freund und Immobilienmakler, der immer parat steht, wenn irgendein Gerät nicht funktioniert. An Andrew Corcione, unseren Felsen in Hoboken, der uns beständig mit Ideen und Problemlösungen versorgt (wir werden die Nation aufmischen!). An unser Heimteam in New York, das immer wieder dort an die guten Zeiten angeknüpft hat, wo sie aufgehört haben. An unsere Crew in Killington für ihre Hilfe, uns zu besseren Bloggern und Skifahrern zu machen.

Danke an unsere HoneyTrek-Fans. Euer Enthusiasmus, eure Neugier und eure eigenen Geschichten motivieren uns jeden Tag, aufzubrechen und unsere Abenteuer mit euch zu teilen. An Tagen, an denen wir Aufmunterung brauchen, erscheint immer ein mitfühlender Facebook-Kommentar von Jim S., Cindy S., Carol L., Rashaad J., Wynne G., Annie M., Erica V., Paal G., Deb G., Ken W., Steph B., Anna V., Christy C. und Tausender ihrer Freunde, alt und neu. Über unsere Social-Media-Kanäle wurden Bekanntschaften mit unseren Kindheitsfreunden wie den Stolfis und ehemaligen Kollegen wie Justin C. wiederbelebt. Über sie bleiben wir auch mit Menschen in Verbindung, die wir auf der ganzen Welt getroffen haben, von unserem Massai-Führer Bernard bis hin zu Purisima, der Schneiderin aus Buenos

Aires, die uns seit 2012 mit überschwänglichen Emojis begleitet.

Danke an die gesamte Community von Meet Plan Go und die Reiseblogging-Community: Eure Freundschaft, eure klugen Ratschläge und eure Ermutigung über die Jahre sind für uns bis heute von unschätzbarem Wert. An unsere Studenten von Trip Coach, die die Welt bereist haben – wir sind stolz auf euch. An alle in der Sharing Economy, die uns bei sich zu Hause aufgenommen haben und uns ein Bett in einem freien Zimmer zur Verfügung gestellt haben, uns ihre Farm überlassen haben oder uns ein neues Rezept beibrachten – wir sind glücklich darüber, euch kennengelernt zu haben: Kat & Willie, Susan J., Ro & Majo, Gareth R., Tena & Alena, Toni L., Dave R., Jeanne & Bill, Neil M., Judith & Larry und viele andere.

An unsere Freunde jenseits der digitalen Welt: Unsere gemeinsame Zeit war zwar nur kurz, aber eure Freundlichkeit und euer großartiges Wesen haben uns für immer verbunden: Pepitome, der uns zwei Tage lang bei sich aufnahm, als unser Motorrad im thailändischen Dschungel kaputt ging; Cristóvão, der uns beibrachte, wie man Piranhas fängt und am Amazonas überlebt, und Kat-san, die uns beibrachte, jedes Reiskorn zu schätzen. Danke an die Dorfbewohner von Achoma – wir denken immer wieder gern an jene schicksalhafte Tanzparty in Peru zurück. An unsere Studenten in Ta Phin und unsere Ratgeber von MovingWorlds und Muskoka, die uns daran erinnern, Gutes zu tun, während wir unterwegs sind.

Danke an alle, die uns zustimmen ... Das Leben besteht aus Flitterwochen! Danke an Tom und Honeymoons.com dafür, uns romantische Orte eröffnet zu haben und uns eine Plattform geboten zu haben, um diesen Liebeszug ins Rollen zu bringen. An Aunt Peggy, die uns halb Ostafrika vorgestellt hat und unser PR-Champion ist. Danke an Hayes, der die flügge gewordenen Liebesvögel repräsentiert. An Mey und Glamping.com, die wissen, dass Abenteuer und Luxus perfekt zusammenpassen ... und dass die Flitterwochen weitergehen müssen!

Danke an National Geographic, das an unsere Geschichte und die Wunder des Reisens als Paar glaubt. An Rainer Jenss, der das Projekt initiiert hat. An Bill O'Donnell, der immer an unserer Seite war. An Susan Straight, die uns eine Stimme verliehen hat. An Ellen Neuborne und Michael O'Connor, die immer den Durchblick bewahrt haben. An Sanáa Akkach, Nicole Miller und Moira Haney, die dieses Buch so schön gestaltet haben. An die Power-Paare, die zu diesem Werk beigetragen haben – ihr seid der lebende Beweis, dass Liebe und Reisen die Welt am Laufen halten.

An all die Paare, die dieses Buch lesen: Danke, dass ihr euch nicht nur an einem Strand bräunt, sondern Reisen als eine lebensverändernde Erfahrung seht, die man besser zu zweit macht als allein.

Laguna Q'ara, Bolivien: Abenteuer und Romantik

REGISTER

Fettgedruckte Zahlen verweisen auf Illustrationen.

BILDNACHWEIS

Impressum

Verantwortlich: Susanne Caesar
Übersetzung aus dem Englischen: Gunda Abelshauser
Redaktion und Satz: VerlagsService Dietmar Schmitz GmbH
Korrektorat: Christine Gerstacker
Repro: LUDWIG:media
Umschlaggestaltung: Christa Thieser
Herstellung: Bettina Schippel
Gesamtherstellung: GeraNova Bruckmann Verlagshaus GmbH

Sind Sie mit diesem Titel zufrieden? Dann würden wir uns über Ihre Weiterempfehlung freuen.

Erzählen Sie es im Freundeskreis, berichten Sie Ihrem Buchhändler, oder bewerten Sie bei Onlinekauf. Und wenn Sie Kritik, Korrekturen, Aktualisierungen haben, freuen wir uns über Ihre Nachricht an NG Buchverlag, Postfach 40 02 09, D-80702 München oder per E-Mail an info@nationalgeographic-buch.de.

Unser komplettes Programm finden Sie unter

www.nationalgeographic-buch.de

Alle Angaben dieses Werkes wurden von den Autoren sorgfältig recherchiert und auf den neuesten Stand gebracht sowie vom Verlag geprüft. Für die Richtigkeit der Angaben kann jedoch keine Haftung übernommen werden.

Titel der amerikanischen Originalausgabe:
Ultimate Journeys for two

The German edition is published by NG Buchverlag GmbH, München under licensing agreement with National Geographic Partners, LLC.

Druck: Neografia
Printed in Slovakia

© 2019 NG Buchverlag GmbH, München
ISBN 978-3-86690-689-1

Seit ihrer Gründung 1888 hat sich die National Geographic Society weltweit an mehr als 12 000 Expeditionen, Forschungs- und Schutzprojekten beteiligt. Die Gesellschaft erhält Fördermittel von National Geographic Partners LLC, unterstützt unter anderem durch Ihren Kauf. Ein Teil der Einnahmen dieses Buches hilft uns bei der lebenswichtigen Arbeit zur Bewahrung unserer Welt. Das legendäre NATIONAL GEOGRAPHIC-Magazin erscheint monatlich. Darin veröffentlichen namhafte Fotografen ihre Bilder, und renommierte Autoren berichten aus nahezu allen Wissensgebieten der Welt. National Geographic im TV ist ein Premium Dokumentations-Sender, der ein informatives und unterhaltsames Programm rund um die Themen Wissenschaft, Technik, Geschichte und Weltkulturen bereithält. Falls Sie mehr über National Geographic wissen wollen, besuchen Sie unsere Website unter **www.nationalgeographic.de**.

EBENFALLS ERHÄLTLICH

ISBN 978-3-86690-240-4

ISBN 978-3-86690-476-7

ISBN 978-3-86690-450-7

ISBN 978-3-86690-546-7